俞祖成 —— 著

社会治理视域中的日本非营利组织

上海人民出版社　上海远东出版社

图书在版编目(CIP)数据

社会治理视域中的日本非营利组织 / 俞祖成著. —
上海：上海远东出版社,2022
ISBN 978-7-5476-1788-5

Ⅰ.①社… Ⅱ.①俞… Ⅲ.①非营利组织—组织管理
—研究—日本 Ⅳ.①C233.13

中国版本图书馆 CIP 数据核字(2022)第 035243 号

责任编辑　曹　建　刘思敏
封面设计　赵　军

社会治理视域中的日本非营利组织

俞祖成　著

出　　版　上海远东出版社
　　　　　(201101　上海市闵行区号景路 159 弄 C 座)
发　　行　上海人民出版社发行中心
印　　刷　上海中华印刷有限公司
开　　本　700×1000　1/16
印　　张　20.25
字　　数　270,000
插　　页　4
版　　次　2022 年 7 月第 1 版
印　　次　2022 年 7 月第 1 次印刷
ISBN 978-7-5476-1788-5/C·56
定　　价　98.00 元

资 助 说 明

本书出版获中央高校基本科研业务费以及上海外国语大学学术著作出版资助。

此外,本书部分内容的研究获上海外国语大学青年教师科研创新团队项目、上海市哲学社会科学规划一般课题(2017BZZ004)以及上海市人才发展资金资助计划(2018070)资助。

序一

　　祖成君新著《社会治理视域中的日本非营利组织》即将付梓,嘱我代序并将书稿寄来,通读有感,乃欣诺提笔。

　　我与祖成君相识于学界。他是后辈,但笔耕勤,成果多,我一直视为同仁,又因相同的留日经历,自来亲熟无间。我请他帮忙的事无论大小急缓,他都一口应允并认真完成;他投给《中国非营利评论》的稿子,不管编辑部要求怎样修改乃至退稿,他从不托我说情。相隔京沪两地又隔着疫情,我们遥相观照,诚相藉慰。

　　祖成书稿我一气读完,感佩他在学术上的坚韧严谨、耕耘累积与求实创新。书的多数章节都以论文发表过,但全书浑然一体,不仅结构严整,理论性强,创新和探索颇多,且数据资料详实新颖,实践案例生动具体,分析讨论深入细致,堪为一部有研究力度和实践价值的学术专著。多年前,我和几位朋友曾苦于国内不了解日本非营利组织的窘况,合力编写了《日本非营利组织》一书。十多年来,日本这方面的理论和实践发展很快,却遗憾我们都忙,无力更新再写。今幸有祖成君新著,不仅弥补了我们的缺憾,其研究之深度、广度、新度及亮度,皆为我们所不及。这也正是我想借此序力荐祖成新著的理由,相信此书对于国内正在大力推进的社会治理创新及共同富裕的实践,会有很多的借鉴意义。

　　谨以《周易》升卦象辞,与祖成君共勉:

"君子以顺德,积小以高大。"

清华大学公共管理学院教授、公益慈善研究院院长

 王名

2022 年 2 月 6 日

于双清苑求阙堂

序二

今年年初,祖成寄来了他即将付梓的书稿《社会治理视域中的日本非营利组织》,并嘱我作序。作为日本研究领域的"忘年交"和"同道者",我欣然允诺。

我们相识已近10个年头,我一直称呼他"祖成"。2013年,我去大阪参加一个学术交流活动,而他正在同志社大学攻读政策科学博士学位。之前我们只是互通邮件,探讨学术问题,一直未曾谋面。衣着得体、谦逊温和、好学善思,是祖成留给我的第一印象。当时我便有一种预感,这个年轻人是块做学问的料,将来一定会在学术上有一番作为。

2016年,祖成作为"海外优博人才"被引进上海外国语大学并落户上海,事业和生活逐渐步入正轨。如今的他,已是上海外国语大学国际关系与公共事务学院公共管理系执行主任、博导、副教授了。近年来,祖成在教学之外,专著、学术论文、理论文章、报刊文章等成果层出不穷。他的研究主题和内容日趋多样,研究视野日渐宽广,涉及中日两国非营利部门、社会治理、社区治理、乡村治理、危机管理等多方面,选题新颖,有创新性,不少属于我国日本研究领域的前沿课题。日本NPO是祖成研究的关注点和兴趣点。国内所受的良好基础教育以及留学日本的经历,让祖成在研究日本NPO上具有中日两国的双重视角。

祖成新书凝聚了他迄今为止在学术道路上的研究和思考,涉及公共管理、政治学、社会学等多学科,从日本的社会治理的视角,对非营利法人制度、NPO 法人制度、公益法人制度、募捐政策、NPO 参与城市治理、基层治理和社区治理乃至全球治理和公共危机治理等多方面进行研究和论证,特别是日本的募捐政策、社区基金会、红十字会、故乡纳税制度等领域的研究在国内尚属未开发的处女地。从这个意义上来说,祖成新书无疑为中国的日本研究贡献了一份颇具份量的成果。

祖成新书的学术意义还在于,他在大量阅读和分析日本学界研究成果的基础上,从制度设计和制度实践两方面来构架了全书的内容框架;分章节对日本的"社会治理""非营利组织""NPO 法人""公益法人""新公共性""协动""社区基金会"等概念进行了厘清和定义;对日本的非营利法人制度、NPO 法人制度、公益法人制度、募捐政策等的相关制度进行了详实的阐述和严谨的论证;既有理论阐述又有案例分析,书中还配有不少图表,一目了然,增加了学术著作的可读性。祖成的观点也十分鲜明,他认为,当今日本,NPO 在参与中央政府和地方政府的决策过程中,已成为社会治理的重要主体。日本社会治理模式已经从"政府独占"转变为"多元共治"。NPO 与政府的关系实现了从"对立""融合"到"协动"的历史性转换。

祖成新书具有较强的现实意义。祖成的研究初衷蕴含着对中国社会的强烈关注和作为一名中国学者的使命感,他认为:在新时代中国,不管是创新社会治理体系还是加强基层治理体系和治理能力现代化,抑或是推进共同富裕和第三次分配和全过程人民民主,事实上均离不开社会各类组织的积极协同以及群众的广泛参与。因此,立足中国国情,探讨日本的社会治理、NPO 等各类组织以及民众的广泛参与有着极强的现实意义,可以对中国社会治理提供有益的参考和借鉴。因此,祖成新书的出版对于中国的社会治理也是一件有意义的事情。

顺便介绍一下,祖成在研究日本社会的同时,注重将自己的研究与实践相结合。"纸上得来终觉浅,绝知此事要躬行"。他深入社区、基层调研,承接了上海市、虹口区、普陀区等委托课题,将教、学、研与实践相结合,去发现当今中国社会、社区存在的问题,在日本社会研究中寻找中国问题的解决方案。祖成在教学与科研的同时,也收获了不少荣誉,曾入选"上海市人才发展资金资助计划""北京亿方公益基金会菁莪计划"以及"上海外国语大学志远卓越学者",荣获第16届日本NPO学会优秀奖、上海外国语大学校级优秀科研成果奖等多种奖项。他还作为民革党员以及虹口区政协委员的身份参政议政;作为上海社区治理、社会组织活动的评审专家开展了一系列社会服务。

学无止境,研究亦无止境,希望祖成在学术道路上砥砺前行,不负韶华,取得更多学术成果。

最后,以"学者当自树其帜"这句话送给祖成,并与祖成共勉。

是为序。

中国社会科学院日本研究所社会研究室主任、研究员

2022年2月18日于北京美丽园

目录

导论

一、研究背景

2013 年 11 月 12 日,党的十八届三中全会审议通过《中共中央关于全面深化改革若干重大问题的决定》,其中明确将"创新社会治理体制"作为推进国家治理体系和治理能力现代化的重要内容,提出"加快形成科学有效的社会治理体制,确保社会既充满活力又和谐有序"的目标要求。为此,有学者认为"社会治理"是党的十八届三中全会所确定和阐发的重要改革内容,更是关乎我国能否顺利推进"国家治理体系和治理能力现代化建设"的关键要素,[1]从而要求我们必须尽快着手"社会治理体系的重新规划问题,包括社会治理中的行动者、运行机制、环境、问题、方法和路径等方面的创新性构想"。[2]

2021 年 1 月 28 日,中共中央政治局审议通过《关于加强基层治理体系和治理能力现代化建设的意见》,凸显了作为社会治理之根据的基层治理对于实现国家治理现代化的重要性。在这份意见中,中共中央和国务院提出了我

---

[1] 引自王浦劬:《国家治理、政府治理和社会治理的含义及其相互关系》,《国家行政学院学报》2014 年第 3 期,第 11—17 页。

[2] 引自张康之:《论主体多元化条件下的社会治理》,《中国人民大学学报》2014 年第 2 期,第 2—13 页。

国基层治理现代化建设的宏伟目标,即"力争用 5 年左右时间,建立起党组织统一领导、政府依法履责、各类组织积极协同、群众广泛参与,自治、法治、德治相结合的基层治理体系,健全常态化管理和应急管理动态衔接的基层治理机制,构建网格化管理、精细化服务、信息化支撑、开放共享的基层管理服务平台;党建引领基层治理机制全面完善,基层政权坚强有力,基层群众自治充满活力,基层公共服务精准高效,党的执政基础更加坚实,基层治理体系和治理能力现代化水平明显提高。在此基础上力争再用 10 年时间,基本实现基层治理体系和治理能力现代化,中国特色基层治理制度优势充分展现。"同时,中共中央和国务院首次要求将公益慈善事业融入基层治理工作,提出"完善社会力量参与基层治理激励政策,创新社区与社会组织①、社会工作者、社区志愿者、社会慈善资源的联动机制,支持建立乡镇(街道)购买社会工作服务机制和设立社区基金会等协作载体,吸纳社会力量参加基层应急救援。完善基层志愿服务制度,大力开展邻里互助服务和互动交流活动,更好满足群众需求。"

与此同时,习近平总书记于 2021 年年初提出作为"全面建设社会主义现代化国家之目标"的"共同富裕",并在不同场合反复强调"坚持以人民为中心的发展思想,在高质量发展中促进共同富裕,正确处理效率和公平的关系,构建初次分配、再分配、三次分配协调配套的基础性制度安排,加大税收、社保、转移支付等调节力度并提高精准性,扩大中等收入群体比重,增加低收入群体收入,合理调节高收入,取缔非法收入,形成中间大、两头

① 在境外(含港澳台地区),类似我国大陆的"社会组织"一般被称为"非营利组织"(Non-profit Organization,简称 NPO)或"非政府组织"(Non-Governmental Organizations,简称 NGO)。由于本书涉及较多的中日比较内容,为了便于读者理解以及行文方便,在接下来的章节中,如果论及我国社会组织的相关内容,原则上采取"社会组织(NPO)""社会组织(NGO)"或"社会组织部门(非营利部门)"的用词;如果论及日本非营利组织的相关内容,原则上采取"NPO""NGO"或"非营利部门"的用词。不过,各章标题采用"非营利组织"的用词,特此说明。

小的橄榄型分配结构,促进社会公平正义,促进人的全面发展,使全体人民朝着共同富裕目标扎实迈进。"其中,如何推进"第三次分配"的问题,迅速引起我国社会各界的高度关注和热烈讨论。

在我们看来,我国社会各界就"共同富裕背景下的第三次分配"已达成基本共识,即初次分配强调"效率",其主导者是市场;第二次分配注重"公平",其主导者是政府;而第三次分配是以"社会责任"为基础,其主导者则是社会。第三次分配"是建立在自愿的基础上,以募集、自愿捐赠和自主等慈善公益方式,对社会资源和社会财富进行的再分配"。毫无疑问,第三次分配是对初次分配和第二次分配的有效补充,其对缩小社会差距,推进共同富裕,实现更合理的收入分配和社会公平正义具有重要意义。为此,我们必须积极推动我国公益和慈善事业的发展,建立健全公益和慈善机构、企业、高收入群体回报社会的激励机制,充分发挥其在三次分配中的调节作用。

此外,2021年11月11日,中国共产党第十九届中央委员会第六次全体会议通过《中共中央关于党的百年奋斗重大成就和历史经验的决议》,再次提出推进"全过程人民民主",即"必须坚持党的领导、人民当家作主、依法治国有机统一,积极发展全过程人民民主,健全全面、广泛、有机衔接的人民当家作主制度体系,构建多样、畅通、有序的民主渠道,丰富民主形式,从各层次各领域扩大人民有序政治参与,使各方面制度和国家治理更好体现人民意志、保障人民权益、激发人民创造。"

综上,我们认为不管是创新"社会治理体制",还是加强"基层治理体系和治理能力现代化",抑或推进"共同富裕和第三次分配"和"全过程人民民主",事实上都离不开"社会各类组织的积极协同以及群众广泛参与"。这就启示我们,在新时代语境下,应积极创新相应的机制和体制,在坚持和完善党领导社会治理(基层治理)制度的前提下,积极推动以社会组织(NPO)为核心的多元社会力量有效参与社会治理(基层治理)的建设过程。为此,我国政治学者房宁指出,"相对于社会制度和发展道路,社会治理更具有技术色彩,是更属于管理科学范畴的问题。因此,国外社会治理中一些成功的做法和经验值得我们研究和借鉴。"①换言之,在社会治理领域,我们不但需要及时总结本国的改革实践经验,同时也应积极借鉴国外社会治理的有益成果。

我们注意到,在国外发达国家中,同为东亚国家的邻国日本在社会文化背景以及国家——社会关系上与我国最为接近,并且一直以精细化的社会治理模式闻名于世。然而,囿于诸多原因,日本的社会治理经验,尤其是其NPO(Non-profit Organization,非营利组织)参与社会治理的制度安排及其实践经验一直未能得到我们的充分重视,从而导致我们一直无法准确认知并有效借鉴日本的经验。

二、文献回顾与述评

(一) 国内已有文献的学术史梳理

事实上,我国学界早对日本 NPO 参与社会治理的相关问题展开了探索性研究。概括而言,近年来,国内已有研究的关注焦点从"日本 NPO 的法人政策"逐渐转变为"日本 NPO 在社会治理中的作用"。具体而言,1998 年,日本政府时隔 100 余年改革 NPO 政策,出台《特定非营利活动促进法》(通称 NPO 法)。对此,邓国胜(2003)对该制度变革进行了初步研究并总结出对我国的若干启示,从而首次将日本 NPO 研究纳入我国学界的视野中。② 紧接着,旅日学者沈洁(2004)从社区福利供给的视角对日本福利 NPO 的作用进行了探析。③ 在此背景下,国家民政部开始关注日本 NPO 在社会治理中的

---

① 引自房宁:《国外社会治理经验值得借鉴》,《红旗文稿》2015 年第 2 期,第 15—17 页。
② 参见邓国胜:《日本非营利组织登记管理制度的变革及其对中国的启示》,《科学新闻》2003 年第 3 期,第 16—17 页。
③ 参见沈洁:《福利非营利组织在社区福利供给中的作用》,《华中科技大学学报(社会科学版)》2004 年第 2 期,第 76—81 页。

作用,并委托清华大学研究团队对日本 NPO 的发展历史和政策变迁进行概览式梳理,从而为我国学界进一步研究日本 NPO 奠定了基础。①

2008 年,日本再次推行 NPO 政策改革,废除基于旧民法第 34 条的公益法人制度并出台"公益法人制度改革关联三法案",包括《关于一般社团法人和一般财团法人之法律》(简称"一般法人法")、《关于公益社团法人和公益财团法人的认定等法律》(简称"公益认定法")、《关于一般社团法人和一般财团法人之法律以及关于公益社团法人和公益财团法人的认定等法律的实施所需配套法律之整备等法律》(简称"整备法")。对此,王世强对日本 NPO 的法律框架变迁进行了跟进研究,并首次论及日本 NPO 的税制问题。② 与此同时,刘星首次聚焦日本 NPO 在日本教育领域的制度安排及其社会功能问题,推动了我国对于日本 NPO 在社会治理中所扮演的角色和作用的细化研究。③ 翌年,胡澎基于社会学研究视野,尝试性地梳理了日本 NPO 在日本社会若干领域所扮演的角色。④ 之后,胡澎结合中央所提出的"创新社会治理体制"之时代要求,首次将日本 NPO 纳入社会治理研究范畴,对日本 NPO 参与社会治理的背景及发展路径进行了初步性探讨。⑤

(二) 国外已有文献的学术史梳理

较之我国学界,国外学界对于日本社会治理与 NPO 的关系问题则进行了较为深入和细致的研究。在欧美学界,Robert Pekkanen 作为日本 NPO 研

---

① 参见王名:《日本非营利组织》,北京大学出版社 2007 年版。
② 参见王世强:《日本非营利组织的法律框架及公益认定》,《学会》2012 年第 10 期,第 48—53 页。
③ 参见刘星:《日本教育非营利组织研究及对中国的启示》,《日本研究》2012 年第 2 期,第 98—106 页。
④ 参见胡澎:《非营利组织在日本社会发展中的作用》,《南开日本研究》2013 年第 1 期,第 42—80 页。
⑤ 参见胡澎:《日本非营利组织参与社会治理的路径与实践》,《日本学刊》2015 年第 3 期,第 140—158 页。

究的代表性学者,首次关注到日本 NPO 的"双重结构"及其在日本社会治理中所发挥的作用。① 此外,Rosario Laratta 等人则聚焦于近年来在日本社会治理过程中逐渐兴起的社会企业,对其组织形态、法律框架及其财务状况进行了考察。② 而在日本学界,初谷勇从历史演变与政策变迁的视角对日本 NPO 参与社会治理的制度框架进行了详尽梳理。③ 在此基础上,神野直彦从民主建设的高度首次阐述日本语境下的"社会治理"(ソーシャル・ガバナンス)之内涵,即它是指"以公民个体和非营利部门(NPO/NGO)为主体的社会体系,逐渐向政治体系和经济体系进行外延性拓展,并逐渐替代政治体系所承载的社会整合功能之动态过程。"④

受神野直彦研究的启发,新川达郎将"社会治理"概念融入公共治理框架并对日本 NPO 在其间的角色功能进行重新定位。⑤ 紧接其后,在日本首次提出"协动"概念的荒木昭次郎对日本官民关系进行重新诠释,提出"NPO 是日本构建协动型自治行政体系的关键所在",从而赋予日本 NPO 参与社会治理的公共哲学理论支撑。⑥

与此同时,雨森孝悦对日本 NPO 的法人制度框架及其在社会治理各领域(福利、医疗、教育、环境、社区营造、国际交流及其他领域)中所扮演的角色进行简要考察。⑦ 在此基础上,辻中丰等人对日本 NPO 的特殊类型——自治会/町内会参与社区治理的制度安排、政策困境及未来发展进

---

① 参见 Robert Pekkanen., Japan's Dual Civil Society: Members Without Advocates. *Stanford: Stanford University Press*, 2006.
② 参见 Rosario Laratta, Sachiko Nakagawa, Masanari Sakurai, "Japanese social enterprises: major contemporary issues and key challenges." Social Enterprise Journal, 7(1), 2011, pp. 50—68.
③ 参见初谷勇『NPO 政策の理論と展開』大阪大学出版会,2001 年版。
④ 引自神野直彦・澤井安男『ソーシャル・ガバナンス』東洋経済新報社,2004 年版。
⑤ 参见新川達郎『公的ガバナンスの動態研究』ミネルヴァ書房,2011 年版。
⑥ 参见荒木昭次郎『協働型自治行政の理念と実際』敬文堂,2012 年版。
⑦ 参见雨森孝悦『テキストボックスNPO(第 2 版)』東洋経済新報社,2012 年版。

行了深入研究。① 当然，日本 NPO 在参与社会治理过程中必然也遭遇了诸多困难。为此，今田忠和冈本仁宏等人基于市民社会建设的前瞻性视角，对日本 NPO 参与社会治理过程中所遭遇的各种困境进行剖析，并提出具有操作性的对策建议。②

（三）对国内外已有文献的简要述评

通过对国内已有文献的梳理发现，虽然我国学者及时关注到了作为日本社会治理行动者的 NPO 的相关制度变革，并对其在若干领域（教育和福利领域）所扮演的角色进行了探索性研究，但绝大多数学者仍未能及时洞悉日本 NPO 政策的改革动态，并由此导致我们对日本 NPO 制度的认知出现偏误。例如，有学者将特定非营利活动法人（简称"NPO 法人"）的注册机关误认为"法院"，也有学者未能准确认识日本 NPO 的法人制度框架，从而导致他们经常将 NPO 法人与其他非营利法人混为一谈。

另外，由于国内已有研究普遍缺乏整体性意识，并未能洞察到"日本社会治理之所有能够实现精细化，其根本原因在于日本政府精心设计了较为科学且高度分化的 NPO 参与社会治理的制度模式"。对这一点认知的缺乏导致我们无法对日本社会治理的问题进行系统和全面的分析。更为关键的是，由于我国学者普遍无法区分日本式"社会治理"概念与中国式"社会治理"概念之异同，导致我们一直无法有效提炼日本经验对于我国的启示和借鉴。而通过对海外已有文献的简要梳理发现，以日本学界为核心的海外学界虽然已对日本 NPO 参与社会治理的问题展开了较为全面且深入的研究，然而迄今仍未出现基于中日比较视角的研究。

---

① 参见辻中豊・ロバート・ペッカネン・山本英弘『現代日本の自治会・町内会』木鐸社，2009 年版。
② 参见今田忠『概説市民社会論』関西学院大学出版会，2014 年版以及岡本仁宏『市民社会セクターの可能性』大阪関西学院大学出版会，2015 年版。

基于上述问题意识,本书将充分参考国内外(尤其是日本)已有研究成果,从中日比较的视点出发,以定性研究为基本研究方法,辅之实地访谈、案例研究等研究方法,全面、系统、准确地对日本 NPO 参与社会治理的制度安排及其实践经验进行考察和分析,进而提炼出对我国的若干启示和借鉴。

三、研究问题与研究思路

如前所述,在当下中国,不管是创新"社会治理体制",还是加强"基层治理体系和治理能力现代化",抑或推进"共同富裕和第三次分配"和"全过程人民民主",事实上均离不开"社会各类组织的积极协同以及群众广泛参与"。那么,以"精细化的社会治理"闻名全球的邻国日本,究竟是如何实现"社会各类组织的积极协同以及群众广泛参与"的呢?

基于上述问题意识,本书聚焦"日本 NPO 参与社会治理的制度安排及其实践"这个议题,首先论述日本语境下的"社会治理"内涵及其与 NPO 关系的演化过程,以此奠定本书的基本论调——社会治理视域中的日本 NPO 发展(第一章)。紧接着,介绍日本公共性的转型历程,并从中阐明战后日本 NPO 获得飞跃式发展的哲学理论支撑(第二章)。在此基础上,我们从"制度设计"和"制度实践"这两个维度展开进一步讨论。

在"制度设计"环节,我们聚焦"日本非营利法人制度"(第三章)、"日本 NPO 法人制度"(第四章)、"日本公益法人认定制度"(第五章)、"日本募捐政策"(第六章)以及"日本 NPO 与政府的合作伙伴关系"(第七章)等领域,考察和分析日本 NPO 参与社会治理的主要制度设计及其基本内容。

在"制度实践"环节,我们将日本的社会治理实践细分为城市治理、基层治理、社区治理、全球治理、公共危机治理以及乡村振兴治理等领域,然后分别选取市民提案(第八章)、社区基金会(第九章)、自治会/町内会(第十章)、NGO(第十一章)、日本红十字会(第十二章)以及故乡纳税(第十三章)为典型案例,据此探析日本 NPO 参与社会治理的具体做法及其实践经验。

为了提出更具针对性的启示和借鉴,我们舍弃了原先写作中对于本书结语部分的安排与构思,以每章小节的方式总结和提炼日本 NPO 的沿革,以及日本经验与我国的启示和借鉴。总而言之,本书的研究内容和研究思路可概括为图 0-1。

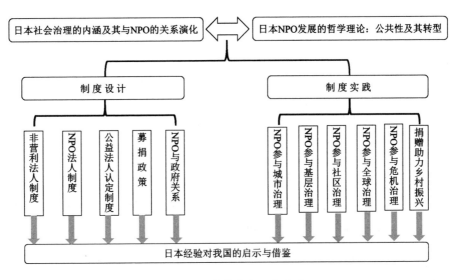

图 0-1 研究内容与研究思路

第一章
日本社会治理与非营利组织的关系及其演化

一、日本语境下的"社会治理"概念

中外学界普遍认为,"治理"(Governance)这个概念,主要是相对于"统治"(Government)这个概念而言的,其内涵可界定为"为了实现和增进公共利益,政府部门与非政府部门(私营部门、非营利部门或公民个人)等众多公共管理主体彼此合作,在相互依存的环境中分享权力,共同管理公共事务的过程"。① 在我国,近年来相继提出了许多与"治理"相关的政策话语概念,例如国家治理、社会治理、基层治理、社区治理等等。其中,"社会治理"(Social Governance)是指"治理"在社会发展领域呈现出来的一种状态。

在日本,时任东京大学经济学部教授神野直彦于 2004 年出版的著作《社会治理》一书中首次提出"社会治理"这个概念。他提出,日本语境下的社会治理是指"以公民个体和非营利部门(NPO/NGO)为主体的社会体系,逐渐向政治体系和经济体系进行外延性拓展,最终成功替代政治体系所承载的社会整合功能的一种状态。"②

---

① 引自丁煌:《西方行政学理论概要》,中国人民大学出版社 2005 年版,第 405 页。
② 引自神野直彦・澤井安男『ソーシャル・ガバナンス』東洋経済新報社,2004 年版,9頁。

　　显而易见,在上述颇具日本特点的"社会治理"概念界定中,我们可以发现,作为经济学者的神野直彦所抱有的一种乐观判断——日本能够"通过激活社会体系以开辟社会统合的新道路"①。然而,我们必须注意到的是,当下日本的社会治理状态并非一朝一夕所形成,其发展历程也是颇费周折的。

二、日本社会治理与非营利组织的关系演化

　　众所周知,日本在 150 余年前成功启动明治维新运动,从而开启了日本的近代化进程。当时,日本政府之所以启动明治维新运动,主要是因为国家面临着严峻的国际形势——随时可能遭到欧美列强的殖民。为此,当时的日本政府不得不做出极为艰难的决定,即不惜一切代价尽快实现国家的统一、壮大国家军事实力。根据这个国家决策,日本政府决定效仿德国等欧美强国的近代化做法,果断地采取"中央集权"的方式以快速启动国家的近代化进程。于是,以政府力量为核心的政治体系迅速垄断了所有的公共事务,同时要求所有民间力量必须听从政府力量的安排,以协助完成国家近代化所需的各项公共事业。

　　针对日本采取"中央集权"方式以实现国家近代化的做法,日本著名社会学家富永健一曾提出如是批评:"作为后发型'产业国家'的日本,其以工业化为核心的近代化进程,严重依赖于政府的主导力量。类似于英国的'守夜警察'思想,从未在日本这个国度中出现过。另外,日本以工业化为核心的近代化,显然不是一种自然而然的演化。这就导致明治维新运动看上去像是致力于国家的'近代化',而在本质上则是'王政复古'的一种变异运动。如此一来,完全由国家力量主导的所谓'殖产兴业'政策,造成了作为'民间力量'的各种企业在政府的全力支持和严厉规制下,被迫成为协助政府实现国家目标

---

① 引自神野直彦・澤井安男『ソーシャル・ガバナンス』東洋経済新報社,2004 年版,9頁。

的有效工具之一。"①

明治时代的日本政府对社会力量的控制和利用,不仅仅局限于"民间企业",还表现为政府对其他社会力量的严厉管控。举例而言,当时的明治政府于1896年出台并实施了日本近代史上的第一部《民法》。在这部民法的第34条中,日本政府做出了这样的规定,即"凡是与祭祀、宗教、慈善、学术、技艺以及其他公益事业相关且不以营利为目的的社团或财团,须获得相关政府主管部门的许可,方可注册为社团法人或财团法人"。通过这个法律规定,日本政府创设了日本近代史上第一个与NPO直接相关的公共政策,即以"许可主义"为基调的公益法人制度,从而开启了日本政府针对NPO的"规制冰河期",这一阶段持续了百余年。

第二次世界大战结束后,基于制度依赖路径的强大惯性,以中央集权为主要方式的国家治理模式以不同的方式被加以继承和延续。不过,这种国家治理模式将战前的"以天皇制为核心的集权体制"调整为"以强有力的官僚体系为主导的统治体制",从而使得"政府独占"的统治方式能够以不同的形态加以呈现。正式依靠这种极为强有力的政府主导力量,日本实现了战后经济的快速复兴和迅速崛起。

然而,以强有力的官僚体系为主导的经济开发和发展方式,在20世纪60年代至70年代期间开始遭遇挫折。这种挫折的主要表现为"以抵抗或反对包括填海造田、工厂建设、水库建设以及机场、公路建设等大规模经济开发所引发的环境破坏与污染为目的,各种市民运动不断兴起。"②这些层出不穷的市民运动向政府主导推进的各项公共事业提出了激烈的抗议,从而迫使日本政府不得不将"市民参与"纳入各项公共政策的制定和实施过程。由此,日本原先"政府独占"为核心的国家统治模式,被迫逐渐调适为"融入市民参与"

---

① 引自富永健一『社会変動の中の福祉国家』中公新书,2001年版,217—218页。
② 引自俞祖成:《日本社会治理:兴起过程与发展态势》,《中国发展简报》2013年第3期,第67—70页。

的国家治理模式。

到了 20 世纪 80 年代,随着公共财政危机的持续恶化以及老龄化、少子化等社会现象的日趋严峻,日本政府渐感难以全面回应社会的各种诉求,尤其是市民对公共服务提出的专业化和多样化的需求。在这种情况下,日本社会开始出现基于结社权的各种市民活动团体或志愿者服务团体。这些民间社会组织尽管无法通过公益法人制度获得法人身份,但是却在各项公共服务或准公共服务的供给中发挥了越来越重要的作用。护理 NPO 的兴起,即为其中的典型一例。

1995 年,日本发生阪神淡路大地震。在这场巨大的自然灾害中,与政府救援力量迟缓而低效形成鲜明对比的是,各种市民活动团体或志愿者服务团体以灵活、快速、高效且具有人文关怀的行动,在救灾赈灾及灾后恢复过程中发挥了重要作用。这个现象引起了日本全社会的高度关注,并触动了一大批国会议员。最后,在一批超越党派之争的国会议员的倡议和推动下,日本于 1998 年成功出台旨在为市民活动团体或志愿者服务团体提供法人注册渠道和政策支持的《特定非营利活动促进法》(NPO 法)。这部法律放弃了"许可主义",转而采取"认证主义",从而迅速推动日本 NPO 法人的快速增长,并首次在一定程度上冲破了日本政府对民间力量的规制枷锁。令人感到意外的是,这些新兴的 NPO 法人迅速参与到灾害救助、社区营造、基层治理、环境保护以及海外救援和发展中国家开发援助等领域,①逐渐成长为战后日本 NPO 参与社会治理的中坚力量。

鉴于 NPO 法所产生的积极效应,日本社会的一批有识之士主动联手那些对社会抱有责任感与情怀的以国会议员为主的左派政治家们,积极呼吁改革备受诟病的公益法人制度。2006 年,日本政府启动公益法人制度改革,并于 2008 年成功出台新公益法人制度。关于新公益法人的具

---

① 参见俞祖成:《日本社会治理：兴起过程与发展态势》,《中国发展简报》2013 年第 3 期,第 67—70 页。

体内容,我们将在本书第三章和第五章进行详细介绍,在此不再赘述。

三、小结

日本治理研究的权威学者、时任同志社大学政策学部教授的新川达郎曾对日本 NPO 参与社会治理的状况提出如是看法:在当下日本,"NPO 已成为社会治理的重要主体。在中央政府与地方政府的决策过程中,NPO 的参与已被视为理所当然的事情,否则政府决策之合法性和合理性就会受到质疑。与原来的利益集团或压力集团不同,NPO 虽然也要考虑如何追求自身利益的问题,但更多时候,它们主要致力于实现社会公共利益。可以说,目前不少 NPO 已经能够参与政府决策的全过程"。①

换言之,从战前到战后,日本相继经历了国家集权主导体制、政府官僚主导体制之后,NPO 法的出台和公益法人制度的改革作为契机,成功地推动了NPO 与社会治理的关系从"政府独占"模式转型为"多元共治"模式。当下日本的"多元共治"模式其重要表征在于:"协动"②已成为日本国家治理、社会治理以及基层治理等层面的主流政策性话语,为我们理解日本社会治理全貌提供了关键的切入点。

---

① 引自新川達郎编著『公的ガバナンスの動態研究』ミネルヴァ書房,2011 年版,237 页。
② 日文中的"协动",可理解为"NPO 与政府的合作伙伴关系"或"NPO 与政府的合作治理"。关于"协动"的具体阐述,请见本书第七章。

第二章
日本公共性的转型与非营利组织的发展

　　"新公共(性)"①作为日本社会的热门词语,在频繁见诸各大媒体的同时,亦成为日本学界的研究热点。可以说,要准确理解把握当下日本的社会治理和 NPO 的全貌,离不开对日本"公共性"概念的考察。正如有学者所指出的,"公共性是现代国家构建过程中的一个重要内容,一方面,民族国家建设的实质就是公共性内涵的增长和转换;另一方面,民主是公共性的内在诉求,换言之,公共性是现代性最基本的特征。"②在日本,2009 年 9 月成功问鼎国家政权的民主党为了巩固新生政权,在汲取自民党的执政经验与教训的基础上,提出"新政权之精髓"的"新公共"理念,并在内阁府政策中增设"新公共政策",相继实施了包括"新公共推进会议""新公共支援事业"以及"社会责任圆桌会议"在内的三项子政策,致力于打造官民共治型社会治理模式。

　　那么,我们应如何理解和把握日本所提出的"新公共性"? 换言之,日本是如何实现从"旧公共性"向"新公共性"的转型? 其"新公共性"的内涵是什

---

① "新公共(新しい公共)"与"新公共性(新しい公共性)"在日本学界被交叉使用,两者的内涵基本相同,只是学界倾向使用"新公共性",而政府文件倾向使用"新公共"。为行文方便,本书采取交叉使用的方法,特此说明。

② 引自许耀桐、傅景亮:《当代中国公共性转型研究》,《上海行政学院学报》2007 年第 4 期,第 48—54 页。

么？此外，公共性的转型对日本 NPO 的发展又会产生什么影响？为此，我们尝试通过基于日本政治与行政发展史的视野，对战后日本公共性的结构转型的综合考察，探析日本"新公共性"理论的构建过程及其对 NPO 发展的影响。其后，从历史优势、现实困境与东日本大地震的影响这三个方面，对战后日本公共性的结构转型进行综合评价。

一、官民对立型公共性阶段

官民对立型公共性，包括"官制型公共性"和与此相抗衡而出现的形式"市民运动型公共性"，但前者始终占据主导地位。其中，"官制型公共性"常见于以公共福利为旨趣的公共事业，以及为维护社会资本而对私利所设置的限制中。这是迄今为止被人们称之为"政府的工作"，一种将公权力活动加以正当化的公共性。而"市民运动型公共性"则指市民通过公开讨论和社会运动等方式形成政治舆论，以此将市民的要求传递给国家。此类公共性以与公权力相对立的形式唤起公众舆论为特征，以报刊杂志和电视等大众媒介为舞台，各种公共舆论如维护和平运动与环保运动等市民运动都属于典型的市民运动型公共性。战后初期，日本社会的公共性问题始终围绕着这两类公共性而展开。①

战后初期，在驻日盟军总司令道格拉斯·麦克阿瑟（Douglas Mac-Arthur）强有力的支配和指导下，日本开始对战前军国主义与反民主主义的政治体制进行改革，试图构建起以和平主义和民主主义为基本原则的新政治体制。为达成这一目标，在美国的主导下，日本制定《日本国宪法》并签订《日美安全保障条约》。然而，美国为了顺利推行日本战后改革并确保其在日本的全球战略意义，特意保留了天皇制与原天皇制下具有反民主和专制性的官

---

① 参见今田高俊『意味の文明学序説』東京大学出版会，2001 年版，284 頁。

僚主导型国家行政体制。之后,随着美苏之间冷战的激化,美国进一步强化了日本在反社会主义阵营中的军事战略作用,从而引起日本政治界出现以"护宪和反安保"为基本政治主张的社会党与高举"修宪和坚持安保"旗帜的民主党之间的严重对立,并最终导致"55 年体制"的确立。在上述政治体制下,获得美国支持的自民党以绝对的政治优势牢牢地掌控着政权,并通过利益诱导型政治和开发主义政治构建起长达 38 年之久的"一党优势体制"。1960 年,时任首相岸信介不顾民意强行推行《安保条约》修订,从而引发日本声势浩荡的"安保斗争"市民运动,并最终导致其内阁的倒台。取而代之的池田勇人内阁为了消除由《安保条约》所引发的政治动乱以维护自民党政权的稳定,一改原来的政治态势,提出"容忍与宽容"的口号,发表"国民所得倍增计划",从而实现日本的政治重心从政治斗争到经济建设的顺利转移。

紧接着,池田内阁于 1962 年发布"全国综合开发计划",正式掀起全国性国土开发热潮,并由此初步确立起"开发主义政治",推动日本快速进入经济高度成长期。与此同时,开发主义政治的推行,在进一步巩固自民党一党优势地位的同时,还在"掌握国家开发政策决策权的官僚集团、在国家开发政策中攫取巨额利润的企业利益集团、在上述两者之间充当中介的自民党"①之间形成牢固的"铁三角"政治联盟。1972 年,极力推崇这种政治联盟的田中角荣首相更是将其进一步发展为"利益诱导型政治",极力鼓吹国家利益和企业利益优先的理念,通过企业实现国民统合,并向国民灌输"奉公灭私"的伦理,由此将"官制型公共性"发展到无以复加的地步。

然而,在上述"官制型公共性"大行其道的同时,官僚主义与自民党一党优势体制引发日本市民的强烈反抗。例如,1960 年声势浩荡的"安保斗争"运动、1965 年反对《日韩基本条约》和越南战争的大规模市民团体运动、20 世

---

① 引自畑山敏夫・平井一臣『実践の政治学』日本法律文化社,2011 年版,7 頁。

纪 60 年代末期如火如荼的学生运动；此外，伴随经济的高速发展，崇尚"开发主义至上"的利益诱导型政治体制出现巨大弊端，生态破坏与环境污染日趋严重，致使不少日本市民纷纷罹患上"四大公害病"①，由此引发市民社会大规模的环保运动，并对日本地方行政产生重大影响，即出现所谓的"革新自治体"②。

遗憾的是，一方面，尽管伴随经济高速增长的终结与老龄少子化社会的到来，日本财政赤字问题不断加重，但在田中角荣支配的政治体制下，日本"利益诱导型政治"仍发挥着巨大余威，财政支出仍继续得以扩大，具有福利国家特征的国家体制逐渐形成，从而导致"官制型公共性"的强化并使其苟延残喘至 20 世纪 90 年代初；另一方面，从 20 世纪 60 年代到 70 年代前期，与大规模的市民运动相呼应，日本学界曾出现过探讨市民社会与公众关系的热潮，各种有关公共性问题的研究层出不穷。然而，自 20 世纪 70 年代中期起，公共性问题逐渐淡出人们的视野，进入 20 世纪 80 年代后，公共性概念似乎已完全从日本人的意识中消失了。其最大的理由莫过于大众民主主义的渗透、福利国家的形成和个人主义的彰显。此外，在 20 世纪 80 年代的泡沫经济时代，随着私生活主义的蔓延，日本社会步入讴歌"私事"（一种与"公"相分离的"私"）的年代，③即所谓的"灭公奉私"思潮的兴起。人们对个人生活主义的热衷，导致"市民运动型公共性"不可避免地出现萎缩、变质乃至消亡，使得人们习惯于将所有公共事务都无条件地委托给国家，从而进一步强化"官制型公共性"的主导性地位。

---

① "四大公害病"包括：水俣病（1956 年发生在熊本县水俣湾，原因是有机水银导致的水污染）、第二水俣病（又称新潟水俣病，1964 年发生在新潟县阿贺野川流域，原因是有机水银导致的水污染）、四日市哮喘（1960 年—1972 年发生在三重县四日市，原因是硫磺酸化物导致的大气污染）、痛痛病（1910 年代—1970 年代前半期发生在富山县神通川流域，原因是镉造成的水质污染）。

② 以日本共产党或社会党的党员为知事（省长）的地方自治体。

③ 参见今田高俊「新しい公共性の空間を開く」，『学術の動向』第 11 卷第 7 号，2006 年，13—17 頁。

二、过渡融合型公共性阶段

过渡融合型公共性主要指"官制型公共性"开始弱化,"志愿型公共性"取代"市民运动型公共性"并得到发展和壮大,同时,在这种过渡形态下两者出现融合趋势,并从中酝酿着一种新型公共性的诞生。在我们看来,所谓"志愿型公共性",是指市民自发组织各种志愿性援助活动,在努力依靠自身的力量的同时,也尝试寻求与政府的合作,通过提供公益性较高的服务以缓解政府的公共服务供给之困境。

过渡融合型公共性出现的标志是 1993 年"55 年体制"的瓦解、日本新自由主义改革及与之相呼应的新公共管理(New Public Management,简称NPM)运动①的兴起。随着经济高度成长期的终结与老龄少子化现象的日趋严重,日本国家财政的大规模支出愈发困难,税制改革和公共财政体制改革成为迫在眉睫的重大课题。为此,1980 年上台的中曾根康弘内阁提出"不增税并实现财政重建"的目标,并采取具有新自由主义倾向的经济政策,力推三大国有企业(国铁、电信与烟草)的民营化。然而,囿于田中角荣派所施加的影响以及日本资本全球化的姗姗来迟,中曾根内阁推行的政治与行政改革被普遍认为只是"早熟的新自由主义改革之尝试"。

进入 20 世纪 90 年代,随着冷战的结束,同时新自由主义改革在全球展开,经济全球化开始席卷世界各国,日本也不可避免地被卷入资本的海外扩张进程。然而,自民党主导的利益诱导型政治体制仍坚持采用公共事业投资

---

① 新公共管理运动,是指 20 世纪 80 年代以来兴盛于英、美等西方国家的一种新的公共行政理论和管理模式,也是近年来西方规模空前的行政改革的主体指导思想之一。它以现代经济学为自己的理论基础,主张在政府的等公共部门广泛采用私营部门成功的管理方法和竞争机制,重视公共服务的产出,强调文官对社会公众的响应力和政治敏感性,倡导在人员录用、任期、工资及其他人事行政环节上实行更加灵活、富有成效的管理。

的方式,并向无法充分享受到经济成长所带来的优惠的偏远地区、农业部门与中小企业摊发补助金以实现其再分配政策。这种由国家官僚体制主导的规制与保护主义严重阻碍了日本跨国企业竞争力的提高及其资本的快速积累。

针对上述状况,时任日本新自由主义改革设计者之一的经济学家野口悠纪雄曾猛烈抨击道:"时至今日,我们必须毫不犹豫地摆脱这种规制和保护体制的束缚,彻底放弃农业、流通业与服务业中的低效率部门,否则日本经济将失去未来。"①此外,针对新自由主义改革的正当性与紧迫性,日本三大经济团体之一的经济同友会也发表声明指出:欧美的近代化是经由市民革命,并以"民"为主体加以推进的,是在市民社会的基础上构建出近代国家的。然而在日本,作为近代民主主义国家形成之前提的市民社会发育极不成熟,导致采取以"官"主导的形式推进由上而下的近代化进程。因此,日本形式上虽为民主主义国家,实质上乃为"官主主义国家"。②

在上述社会背景下,1993 年以日本新党细川护熙为首相的非自民联合政权正式诞生,从而打破了长达 38 年之久的由自民党主导的"55 年体制","官制型公共性"的主导地位也由此发生动摇。1996 年,以桥本龙太郎为首的自民党成员重新夺回政权。为挽回民心以维系自民党的统治地位,桥本内阁决定推行包括中央省厅重组、选举法修订在内的一系列新自由主义改革措施随后的改革一波三折。2001 年 4 月,日本迎来了拥有 80% 国民支持率并承诺将结构性改革进行到底的小泉纯一郎内阁。在小泉内阁强有力的主导下,日本政府实施了包括特殊法人化、独立行政法人化与邮政民营化在内的公共部门民营化政策,大力削减公共财政的支出规模并放松行政规制,同时坚持"能让民间做的事情就让民间做",积极引入包括 NPO 在内的民间力量

---

① 引自野口悠紀雄『1940 年体制:さらば戦時経済』東洋経済新報社,1995 年版,42 頁。
② 参见公益社団法人経済同友会「こうして日本を変える:日本経済の仕組みを変える具体策」(1997 年 3 月 27 日),URL:https://www.doyukai.or.jp/policyproposals/articles/1996/970327.html,2022 年 1 月 6 日最終アクセス。

参与公共服务供给,致力构建"由官到民"的"小政府",从而进一步弱化了"官制型公共性"的影响,使得公共性开始由垄断走向扩散。

与"官制型公共性"的弱化几乎同期产生的是,日本民间社会逐渐出现"志愿型公共性"。事实上,早在 20 世纪 80 年代,随着老龄少子化现象的日趋严峻,日本政府愈发难以全面提供以养老福利为核心的公共服务。为此,日本市民通过自身力量发起以会员制为基础、提供无偿或有偿性服务的"居民参加型·市民互助型居家福利服务运动①",并获得了日本政府的高度认可。1995 年,数以百计的 NPO 和志愿者在阪神大地震中发挥出巨大作用,赢得了整个日本社会的高度好评,媒体因此还将这一年称为"NPO 志愿活动元年"。从此,日本社会的公共性空间得到迅速拓展。为进一步推动 NPO 在福利、教育、社区营造等领域发挥更大作用,日本非营利部门与国会议员通力合作,于 1998 年首次以议员立法的形式实现了《NPO 法》的出台。《NPO 法》的实施为日本各种民间结社提供了一个非常宽泛与便捷的合法性制度平台,市民活动团体(市民组织)均能快捷地注册为 NPO 法人,由此推动"志愿型公共性"的不断发展和壮大。

然而,尽管"官制型公共性"开始弱化,"志愿型公共性"得以诞生和壮大,但该阶段的公共性在整体上仍不够成熟,具有浓厚的过渡性色彩。究其原因,主要在于日本新自由主义改革一方面遵循"市场原教旨主义",以自我决断和自我责任来取代公益和共同体,导致日本社会贫富差距扩大,利己主义风行,价值体系崩坏,地域发展不平衡,家庭功能衰退,社会整合困难,"市民运动型公共性"也遭到破坏,甚至其中还隐含着一种"关闭公共性的力量"。另一方面,正如新马克思主义学者戴维·哈维(David Harvey)所指出的,在

---

① 所谓居民参加型·市民互助型居家福利活动团体,是指 20 世纪 80 年代前后在日本大都市的中心地带诞生并发展起来的以中年妇女为核心力量的市民活动团体。它主要以会员制为基础,采用无偿、有偿服务的形式,主要面向社区中的孤寡老人提供家务援助与护理服务的市民志愿团体。

新自由主义改革的理论与实践之间形成的张力的影响下,为确保统治阶级的利益,政府往往基于实践优先的原则,不惜违背理论宗旨,采取一些逆改革路线的措施。① 日本也不例外,小泉内阁打着顺利推动改革的旗号,逐步构建起"内阁主导"或"首相主导"的自上而下型公共决策体系,②在某种程度上导致"官制型公共性"的余烬复燃。

同时,日本政府将 NPO 等社会力量引入公共服务领域,更多是出于通过削减行政成本和减少财政赤字以维持政权运转之目的,并未将 NPO 等社会力量纳入政治过程使其成为公共决策的主体之一,更未打算将 NPO 等社会力量培育为承担公共性的主体之一,从而在很大程度上制约了"志愿型公共性"的功能发挥。正如有学者指出的,"日本新公共管理改革的真实动力源自政府财政困境,在'官制市场'中引入 NPO 是缓解财政压力这一实质内容的外在形式。同时,NPO 普遍面临资金不足以及对政府资金的高度依赖,从而压抑着组织公共性的生长。"③更有学者一针见血地指出,"新公共管理运动兴起的直接后果就是公共管理公共性的丧失。"④

三、新公共性阶段

新公共性,又称官民共治型公共性,它强调政府与以 NPO 为核心的民间

① 参见 David Harvey., *A Brief History of Neoliberalism*, Oxford: Oxford University Press, 2005, pp.64—81.
② 2001 年,日本修改内阁法,通过中央省厅的整编强化了内阁的行政统制功能。同时,通过增设内阁府,打破原各省厅纵式政策制定模式,实现了在内阁府强有力的统一领导下迅速制定并实施国家政策。作为政府机构改革的重要一环,内阁府还通过设置经济财政咨询会议、规制改革与民间开放推进会议、地方分权改革推进会议等,强有力地推行日本新自由主义改革。
③ 引自李翠玲、甘峰:《日本公共部门民营化与 NPO 困境》,《北京行政学院学报》2010 年第 6 期,第 37—41 页。
④ 引自贺东航:《新公共管理的回顾与检视》,《政治学研究》2008 年第 2 期,第 108—115 页。

主体基于对等、独立与自治的原则共同承担公共性之实践,致力于构建官民共治型社会治理模式,以此实现"市民参与或国民主导型政治"的目标。

日本"新公共性"的出现是基于对新自由主义改革的深刻反思。如前文所述,日本新自由主义改革倡导弱肉强食型竞争机制及市场万能主义,由于它无节制地扩大对个人生活主义的重视,使市民性与公共性遭到严重破坏,并造成中间团体功能的彻底丧失。以缓解财政压力为实质目的,肆意利用 NPO 的公共服务供给低成本优势,使得公共治理公共性的丧失危机日益凸显。正是根植于对新自由主义特有的、一种关闭公共性的内在动力的危机意识,"自 20 世纪 90 年代中期起,日本研究者们不约而同地将公共性问题重新作为考察对象,掀起一场'公共性复兴运动'"。①

具体而言,一方面,日本学者对西方公共性理论进行追寻和挖掘,除了尤尔根·哈贝马斯(Jürgen Habermas)的"市民的公共性",还对汉娜·阿伦特(Hannah Arendt)的"政治的公共性"、尼克拉斯·卢曼(Niklas Luhmann)的"合法至上论的公共性"以及约翰·罗尔斯(John Rawls)基于自然法论而展开的公共性论等进行深入研究;另一方面,不同学科领域的学者也竞相运用"公共性理论"展开研究,主要涉及行政、教育、城市、环境、学校、地方自治体、民营化、公害、公共事业等领域。20 世纪 90 年代初,时任东京大学校长佐佐木毅、公共哲学共働研究所所长金泰昌、将来世代财团理事长矢琦胜彦与东京大学山胁直司等人召集不同学科领域的知名学者掀起一场"公共哲学运动",试图构建契合日本乃至东亚社会文化的"新公共性"理论。

概括而言,"新公共性"理论的主要内涵在于:与欧美"公共性论"强调"舆论"和"言说"的"言说系公共性"不同,日本"新公共性"理论更强调将公共性实践建立在个体志愿的基础上,②实现由"灭私奉公""灭公奉私"到"活私

---

① 引自山口定ほか編著『新しい公共性——そのフロンティア』有斐閣,2003 年版,2 页。
② 参见田毅鹏:《东亚"新公共性"的构建及其限制》,《吉林大学社会科学学报》2005 年第 6 期,第 65—72 页。

开公"的转变,主张通过挖掘东亚的古典思想文化资源,以超越西方社会传统的"国家—社会"二元模式论。在批判公私一元论、克服公私二元论的基础上,提出《相关性三元论》,即把握并整合"政府的公(制度世界)—民的公共(公共世界)—私人领域(生活世界)"这三个层面的相互关联,通过公私对话、公私协动①、公私开新这三个领域的互动,倡导全面贯彻"活私开公"理念,②以此构建出全新的公共性。

受学术界有关"新公共性"理论研究的影响,日本政治界与政府部门也陆续提出与"新公共性"相近的概念。1997 年 12 月,日本政府发表行政改革会议最终报告,在文中曾多次提及"公共性空间"的表述:"公共性空间绝不是中央政府的垄断物"之认识是日本行政改革最基本的前提;坚持以上述前提为原则,在国家与地方自治体之间实施彻底的地方分权;将原来由政府独占的公共性空间最大限度地向包括 NPO、市民和市场在内的全体社会开放。2003 年 11 月,第 27 次地方制度调查会在"关于今后地方自治制度设计之申辩"中明确提出:日本在地方分权改革所指向的分权型社会中,必须高度重视居民自治,努力构建政府与居民、社区组织、NPO 等之间的协动关系,从而共创"新公共空间"。2005 年,日本总务省发表《分权型社会中的自治体治理之刷新战略:以新公共空间创设为目标》的研究报告,文中指出:以"官"和"民"之间的关系变化为前提,大力鼓励和支持有意愿并有能力成为公共服务供给主体的民间力量(包括居民团体、NPO 与企业)以开拓性、创造性和前沿性的姿态承担公共性建设,以此构建"新公共空间"。2008 年,日本国土交通

---

① 1990 年,熊本县立大学教授荒木昭次郎发表题为《参加と協働》的学术论文。之后,"协动"(日文:協働,きょうどう)一词开始在日本被广泛接受与使用。"协动"原意为"为实现相同目标而共同合作",现主要被用来表述日本公共行政服务供给的一种新手段,旨在强调政府与 NPO、企业等民间力量进行对等合作并共同提供公共服务的新理念,内涵基本等同于"パートナーシップ(Partnership)"。关于"协动"的具体介绍,请见第七章。
② 参见山脇直司『公共哲学とは何か』筑摩書房,2004 年版,36 頁。

省在其"国土形成计划"中亦提出:自治会、PTA①和商店协会等地缘型社区组织在现代都市中逐渐走向衰退。同时,随着老龄化的推进,农村人口急剧减少,物质生产活动日趋停滞。因此,应将"通过扩大参与主体以构建'新公共'从而实现地域振兴"作为今后政策的基本方向。借鉴以上有关"新公共"的先行实践,2009 年 9 月,民主党的鸠山由纪夫首相将"新公共"作为其执政理念,并在其就职演讲中首次阐述"新公共"的初步内涵:

　　我欲致力构建的是,实现人与人之间互帮互助的新公共之概念。新公共具备以下崭新的价值观:实现以人为本的理念不能仅依靠被称之为"官"的一群人的力量,在涉及教育、儿童抚育、城镇建设、犯罪预防、灾害防护、医疗与福利等领域,应大力鼓励和促进与之息息相关的每位国民都参与进来,并以此作为社会的整体进行综合支援。事实上,在国民的现实生活中,政治的作用和功能远没有大家想象的那么巨大或重要。迄今为止,政治所能做到的,仅在于为每位市民或 NPO 在开始展开活动之际,帮助清除多余的、阻碍性的制度规制,同时剔除那些只以增加政府工作或公共预算为目的的相关制度。然而,我谨认为,在 21 世纪,政治更为重要的功能在于加大力度从侧面对市民或 NPO 活动进行支援。需要提醒诸位的是,新日本国家的创出,绝非像"天上掉馅饼"一样简单。政治或行政绝不是那种"只要增加预算就能解决所有问题"的公共活动。我们必须培育每位国民的自立和共生理念并使其得到发展,以此实现社会纽带之再生、人与人之间信赖关系之回归。②

---

① Parent Teacher Association(家长—教师联谊会)的简称。
② 引自鸠山由纪夫「第 173 回国会における鸠山内阁总理大臣所信表明演说」(2009 年 10 月 26 日),URL:http://www.kantei.go.jp/jp/hatoyama/statement/200910/26syosin. html,2022 年 1 月 6 日最终アクセス。

  基于以上认识,2010 年 1 月,鸠山内阁继而提出"以'新公共'支撑日本"的理念并设立"新公共"圆桌会议。同年 6 月,"新公共"圆桌会议面向全国发表《"新公共"宣言》,并将"新公共"定义为:向致力于构建"互助和有活力的日本社会"的市民们所提供的"协动之场所"。2010 年 6 月,菅直人首相全盘继承鸠山内阁的相关理念,在《财政运营战略》《新成长战略》等日本国家政策文件以及两届国会施政设想演说中高调论及"新公共",并在 2011 年 1 月 24 日第 177 届国会内阁总理大臣施政方针演说中以"'新公共'的推进"为题发表以下言论:

  我们必须大力推行作为实现"消弭社会苦难"的中坚力量——"新公共"政策。迄今为止,日本社会一直在努力培育"风雨同舟,患难与共"的公共精神。最近,践行这种精神的活动得到不断扩展。我们这些住在永田町和霞之关①的官僚们必须改变有关传统"公共"范畴的认识,积极支援上述活动(以 NPO 活动为核心的市民公益活动——笔者注)。为此,下年度本政权将计划实施一项具有划时代意义的制度,即将个人或团体向"新公共"的中坚力量——认定 NPO 法人等提供的捐赠纳入税款扣除的对象范畴。同时,我们还将大幅度放宽认定 NPO 法人的要件。②

  之后,菅内阁将"新公共"列为其施政的基本政策之一。至此,历经几十年理论与实践的双重探索,日本成功实现公共性的两次结构转型并最终构建起契合本国国情且成为社会治理的新理念——"新公共性"。一言以蔽之,日本"新公共性"在理论上主张实现由"官制型公共性"向多元的公共性诸形态

---

① 永田町、霞之关,日本国家政治的中枢地区。
② 引自菅直人「第 177 回国会における菅内阁総理大臣施政方針演説」(2011 年 1 月 24 日),URL:http://www.kantei.go.jp/jp/kan/statement/201101/24siseihousin.html,2022 年 1 月 6 日最終アクセ。

的转变,在批判公私一元论与克服公私二元论的基础上,强调将公共性实践建立在个体志愿活动的基础上,实现由"灭私奉公""灭公奉私"到"活私开公"的转变,以此拓展出一种能同时兼顾"私"的"公",即公私兼顾的视角,从私人行为中寻找到开拓新公共性的契机。与之相呼应的,新公共性在实践上强调政府与以 NPO 为核心的民间主体基于对等、独立、自治的原则共同承担公共性之实践。目前,日本已采取政府部门主导(通过实施内阁府"新公共政策")、执政党辅助(通过设置"新公共推进本部")与非营利部门参与(通过成立 NPO 法人"构建新公共之市民内阁")的三维互动的制度设计模式,致力于构建市民参与型社会治理模式。

四、小结

(一)战后日本公共性结构转型的历史优势

2010 年 5 月 8 日,英国由保守党与自由民主党联手组建的新政权发表《大社会构建计划》(Building Big Society)。同年 6 月 4 日,日本民主党新政权发表《"新公共"宣言》。看似毫无关联的两件政治事件,其背后却隐约暗示着全球社会发展的一个新动向——"新公共性社会"的胎动。对此,有美国学者提出"新公共管理运动阶段论",即民间效率型 NPM(1980 年至 1990 年)→组织变革型 NPM(1990 年至 2000 年)→公共服务改革型 NPM(2000 年至 2010 年)→公共性构建型 NPM(2010 年至今)。从中可以看出,战后日本公共性的结构转型尽管历经挫折,但仍不失为"顺应潮流、尊重民意、与时俱进、开拓创新"的重大变革。通过"新公共性"的构建,日本新政权旨在打破小泉内阁以来的"内阁主导"——自上而下型公共决策体系,逐步建立多元社会主体共同参与政治决策过程的新型治理模式,即鸠山内阁所提出的"摒除官僚依存型政治体制,实现向国民主导与政治主导型政治体制的 180 度转变"。

（二）战后日本公共性结构转型的现实困境

尽管日本"新公共性"构建具有划时代的历史意义，但作为新生事物将不可避免地受到来自社会各方面的质疑与阻挠。首先，民主党政权提出"新公共"理念的动机受到质疑。代表性观点认为，"新公共"理念是民主党新政权采取的"政治期待之回避战略或撤退战略"，实质上与自民党基于财政困境而采取的"小政府"策略基本相同。与此同时，区别于以往所有公共性类型，日本"新公共性"的创新之处在于突破传统政治局限，尝试将多元社会主体纳入政治和公共决策过程，即致力实现"市民参与型社会"。于是，伴随旨在实现"国民主导"或"市民参与"的"新公共政策"的实施，日本非营利部门与政府部门之间的合作关系日趋紧密，人们对非营利部门的政治可能性的期待也随之高涨。然而，针对这一新动向，亦有不少人士发出质疑甚至是反对的声音，包括"参与政府部门活动的非营利部门的领导者有可能被执政党或官僚制所吸纳""非营利部门的领导者有可能成为新型权力中介（Broker）"以及"非营利部门的领导者与具有强大资源分配能力的国家之间日趋紧密的关系将破坏非营利部门所具备的权力平衡之功能"。①

其次，与非营利部门的政治性活动日趋活跃之景象形成反差的是，日本社会依然存在所谓的"NPO部门的非政治性制约"。在日本，不少法律规定了有关NPO部门的"非政治性制约"的条款，比如，NPO法第3条第2项第2号与第3条第2项中有关NPO法人政治性活动的禁止性规定。又如，《有关租税特别措施法实施令部分修订的政令》第29条第22项第2号中有关认定NPO法人的政治性活动的禁止性规定。② 但在另一方面，旧民法第34条

① 引自冈本仁宏「NPOの政治活動の活性化に向けて」『ボランタリズム研究』創刊号，2011年，3—12頁。

② 参见冈本仁宏「NPOと政治：NPO法における政治規制条項の再検討を通して」『ボランタリズム研究』創刊号，2011年，25—35頁。

有关公益法人政治性活动的规定却显得极其模糊与暧昧,并在事实上鼓励和默许了公益法人作为政治团体参与政治生活。① 面对当下"新公共"构建中诸多 NPO 及其领导人纷纷参与政治活动的现实情景,如何解决"非营利部门的非政治性制约"在理论与实现中的二律背反问题,以及如何构建 NPO 与政府部门之间的良性互动关系的问题,将成为影响日本新公共性转型的重大课题。

再次,日本民主党政权所实施的"新公共政策"在制度设计上存在的缺陷(即政策目标未明确、政策制定与预算执行过程非科学化等),以及作为政治理念的"新公共"与作为政策实践的"新公共"之间出现的严重偏离(即"新公共"理念所提倡的"市民参与"未得到充分重视,政策实践更多倾向于实现非营利部门的"社会革新"功能),导致形成"虽然通过 NPO 实现了政府功能的外延化,但却造成非营利部门中的市民参与持续低迷"②这一现状。

最后,作为"综合行政主体"的地方自治体,目前仍较易受到中央政府官僚主义的影响。在此背景下,由内阁府主导推行的"新公共"理念,有可能在损害地方政府自治性和自律性的同时强化中央政府的集权化。与此相关联,日本政治长期以来的最大诟病即在于党派之争异常激烈,政党之间往往难以取得共识,甚至在同一政党内部也有激烈的争斗。③ 日本走马观花式地频繁更换首相就生动地说明了这一点。因此,后继政权能否延续"新公共"理念已成为日本政治界的一大悬念。

---

① 南九州税理士会政治献金诉讼、日本牙科医师联盟诉讼以及大阪合同税理士会费返还请求事件等,印证了日本公益法人政治参与活动的存在。

② 引自田中弥生『市民社会政策論』明石书店,2011 版,246 页。

③ 例如,2011 年 2 月 17 日,民主党中属于小泽一郎派的 16 名国会议员宣布退出该党在国会中的党团,从而导致菅直人政权随即陷入极为严重的"倒阁危机"。此外,日本东北大地震发生后,以缺乏执政能力为由,民主党实权派小泽一郎和鸠山由纪夫更是联手逼迫菅直人下台。

（三）"东日本大地震"对日本公共性结构转型的影响

2011 年 3 月 11 日，日本东北部海域发生东日本大地震，里氏 9.0 级的地震以其随之引发的巨大海啸给日本社会造成了重大人员伤亡和财产损失。截至 2011 年 8 月 18 日，该地震共造成 15 707 人死亡以及 4 642 人失踪，直接经济损失高达 16—25 万亿日元。此外，地震还导致日本福岛第一核电站 1—4 号机组发生核泄漏事故，从而引发了日本社会的安全危机，并对周边国家也造成了不容忽视的影响。根据笔者在日本长达约 5 个月的追踪观察，东日本大地震对日本公共性的结构转型产生了重大影响。

1. "政府"所提供的公共性备受质疑

不可置否，尽管日本在 2009 年后实现了向"新公共性"的初步转型，但在之后的很长一段时间内，代表国家的政府组织仍为公共性供给的最为重要的主体。然而，在东日本大地震中，日本政府尤其是中央政府所提供的公共性却遭到社会的广泛质疑和一片指责，究其原因在于：尽管在地震发生 4 分钟后，日本内阁府就在首相官邸的危机管理中心中紧急设置了官邸对策室，同时菅直人首相还及时下达了重要指示，①但是囿于中央政府各部委之间的官僚主义和部门主义、分权时代下中央政府与地方自治体之间的协调不一致、多党制政治中党派争斗和相互对立等，应对地震灾难的紧急公共危机管理体制未能被迅速建立起来，导致日本政府在灾难面前尽显无能与低效，地震发生三个月后灾民都无法得到安置，致使灾民苦不堪言，进而引发了日本国民尤其是灾民对日本政府的强烈不满，致使日本政府所提供的公共性受到前所未有的质疑。

此外，核泄漏事故造成日本社会的巨大安全危机：核泄漏区民众尤其是儿童的健康受到巨大威胁，灾区蔬菜和水稻等农产品相继受到核污染（比如

---

① 首相指示包括火速确认灾害状况、全力确保国民安全并采取早期避难对策、全力确保生活基本设施并尽快恢复交通网络、竭尽全力向国民提供准确的信息。

日本著名的"和牛"变成"核牛"），各地核电站被迫停运诱发日本电力危机。然而，在处理这一重大危机事故中，日本政府被怀疑为与东电公司一同刻意隐瞒事故真相，辐射数据一改再改，事故级别也一再拖延，甚至还向海水中倾倒含辐射的污水。导致日本政府这一自私自利、低能无效率、漠视百姓权益并严重威胁国际社会安全的行为的根本原因在于，以东电公司为首的、被日媒称之为"原子能村"①的利益集团，与政府部门存在千丝万缕的复杂利益关系。

　　面对日本政府的严重失职行为，日本民众表达了极大的愤慨之情，其典型代表人物是东京大学的儿玉龙彦教授。在日本众议院厚生劳动委员会于2011年7月27日举行的有关"辐射线对人体的影响"的会议中，作为质疑人之一的儿玉教授发表了义正词严的发言，怒斥日本政府隐瞒事故真相，严厉指责日本国会的不作为和严重渎取。他的这番言论激起了日本民众的极大的愤慨，不但推动了日本全国各地风起云涌的反核示威游行，更是将菅直人首相逼至辞职的政治窘境中。

2. 非营利部门在公共性供给中的作用和地位得到进一步提升与强化

　　基于1995年阪神大地震的经验，在东日本大地震发生后的第一时间，日本非营利部门中的各种社会组织，包括NPO法人、志愿者团体、公益法人、社会福利法人、学校法人、地缘组织、协同组织与社会企业等迅速展开行动，紧急投入到灾区的救援行动和重建工作中。例如，日本NPO中心等三家NPO紧急召集全国629个NPO成立"东日本大震灾支援全国网络"，通过下设的九大机构，即负责筹集募捐款的"资金团队"、负责协调各地志愿者和支援团体的"地域网络团队"、负责联系政府部门并向其进行制度提案的"制度团

---

① "原子能村"主要由三方面组成：其一是东电为首的电力企业和日立、东芝等核电设备商；其二是经济产业省资源能源厅和原子能安全保安院的官僚集团，是电力企业的行政监管部门；其三是核工业、核物理等领域的专家学者，主要分布在原子能安全委员会以及文部科学省的原子能研究开发机构等部门，任务是提出核能相关政策，监督核电安全运营，提供核能研究成果。

队"、负责制定志愿者和支援团体行动守则的"支援指南制定团队"、负责关注弱势群体声音的"性别·多样性团队"、负责联络海内外 NGO① 的"国际团队"、负责为学生和青年提供良好的支援活动环境的"青年团队"、负责信息收集与发布的"信息团队"以及负责与各种媒体打交道的"宣传团队"等,及时、全面且有效地展开救援和重建活动。

又如,日本企业界与非营利部门、社会福祉协议会以及共同募金会等携手共同创立"灾害志愿者活动支援项目会议",全国社会福祉协议会和全国支援活动·市民活动振兴中心共同成立"灾区支援·灾害志愿活动信息中心",均致力于组织和协调不同市民社会组织和各地志愿者参与灾区救援和重建。此外,由各地灾区中的民众或 NPO 等临时设立的救援组织也不甚枚举。可以说,非营利部门所展开的救援和重建活动,成为了日本抗击大地震的一股中坚力量。

鉴于非营利部门在抗击地震中的所发挥出的巨大能量,日本政府给予了积极的回应。除了内阁府官房紧急增设"灾害志愿者连携室"之外,作为内阁府"新公共政策"之一的"新公共支援事业"在地震后第 7 天就通过其运营会议向各地方自治体下发紧急通知,要求各都道府县的新公共支援事业运营委员会优先考虑向奔赴灾区开展活动的 NPO 提供资金支援及其他行政援助。此外,2011 年 4 月 8 日,为了探讨如何帮助 NPO 在东日本大地震的救援与重建中发挥更大作用,同为"新公共政策"之一的"新公共推进会议"紧急召开第 5 次会议并决定新设"震灾支援制度研讨会",派遣会议委员进行灾区实地调研,最后以总结报告的形式向内阁府提出以下 9 点政策建议:(1)弹性运用新公共支援事业;(2)延长 NPO 法人的事业报告提交等法定义务;(3)简化

---

① NGO,是"Non-government Organization"(非政府组织)一词的缩写,与 NPO 基本同义。不过,如后续章节所提及的,在日本,NGO 与 NPO 的指代对象略有区别,即 NGO 特指那些在海外开展公益救助的民间公益组织,NPO 则主要指在日本国内开展活动的民间公益组织。

NPO法人的登记手续;(4)追加NPO法人的活动领域;(5)增设震灾志愿者联络室;(6)促进公务员参与志愿者活动;(7)确保志愿者出行的交通保障;(8)促进捐赠金收集;(9)增设灾区支援基金与实现捐赠扣税等。根据笔者的调查,上述政策建议绝大多数都已被日本政府所采用并得到实施,从而为NPO在灾区及时迅速地开展活动提供了坚实的制度保障。

尽管如此,日本现行法律制度中残存的规制性条款仍在一定程度上制约着NPO在地震救援和重建中发挥更大的作用。于是,凭借在东日本大地震中的优异表现,日本非营利部门的各路领军人物携手有着共同关切的国会议员,于2011年6月15日成功实现了NPO法修订案①的制定,并于7日后推动新捐赠税制②的制定。由此,更进一步推动了日本公共性空间的拓展,为"新公共性"的实现奠定了良好的制度基础。

综上可知,东日本大地震这一"自然地震",不但诱发致使日本国民对政府所提供的公共性的广泛质疑,导致菅直人内阁面临倒台窘境的"政治地震";而且还成功引发了凸显非营利部门在公共性供给中不可替代的作用以及推动NPO法修订案与和新捐赠税制的成立的"社会地震"。可以确信地说,东日本大地震将对日本公共性的结构转型产生深远影响,并由此推动日本"新公共性"走向成熟和完善。

---

① 日本NPO法修订案包括:活动领域的追加、主管部门的变更、认证制度的简化、会计基准的导入、认定机关的转移、假定认定制度的引入等。具体内容,请参阅本书第四章。
② 日本新捐赠税制包括:所得税的税额扣除制度的导入、认定NPO的认定要件的放宽、通过个人所得税加大对地域NPO法人进行支援、创立日本版Planned Giving税制等。

第三章
日本非营利法人制度及其改革

党的十八届三中全会以来,在国家治理语境下,我国社会组织(NPO)发展呈现出三大趋势:一是政策环境从管制走向法治,二是体制环境从限制转向合作,三是发展环境从多元取向公益。① 其中,政策环境的变化主要体现在"三大法律"的出台,包括《慈善法》(2016 年)、《境外非政府组织境内活动管理法》(2016 年)以及《民法典》(2020 年)。 显而易见的是,我国政府力图以"三大法律"为基石,构建全新的社会组织(NPO)法制框架,进而助推社会组织(NPO)更好更快地参与社会治理。然而,不可置疑的是,我国目前的社会组织(NPO)政策仍存在诸多问题,包括法人元分类严密性不足、社会组织(NPO)基本法缺失、慈善组织登记认定制度不完善、慈善组织商业活动规制过剩②等问题,亟需在不断总结本土经验的同时,积极借鉴国外发达国家的有益经验。

值得我们关注的是,同属东亚文化圈并在国家与社会关系上与我国存在相似性的日本,为了实现从"统治"向"治理"的转变,近年来极力推进非营利

---

① 参见王名:《国家治理语境下的社会组织发展》,"社会组织参与社会治理高峰论坛"主旨发言(2017 年 9 月 15 日,上海公益新天地园)。
② 参见李健:《慈善法如何因应慈善组织商业活动?》,《浙江工商大学学报》2016 年第 3 期,第 99—103 页。

法人制度改革并取得显著成效。鉴于此,本章聚焦于日本非营利法人制度,就其演变脉络和改革措施进行详尽考察,最后结合我国的实现情况提出若干启示。

一、改革前的日本非营利法人制度

(一) 日本 NPO 的分类

作为"区别于政府组织与企业组织的非营利部门组织"的指代词,日本相继出现了公益法人、广义公益法人、市民活动团体、志愿者团体以及 NPO 等各种称谓,但最终被日本社会普遍接受与广泛使用的是"NPO"。概括而言,目前日本市民对 NPO 的理解方式包括三种:一是根据《特定非营利活动促进法》(NPO 法)成立的"特定非营利活动法人"(NPO 法人),二是包括 NPO 法人在内的"市民活动团体",三是涵盖所有不以营利为目的的民间团体(非营利部门)。其中最后一种为最普遍的理解方式,即不管其是否注册为法人,只要是市民自主设立、独立于政府和

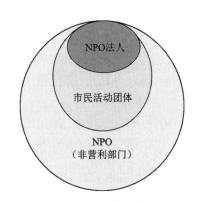

图 3-1 日本 NPO 的三种理解方式
资料来源:整理译自雨森孝悦『テキストブックNPO(第 2 版)』東洋経済新報,2012 年,12 頁。

企业且不以营利为目的的民间组织即可被称为 NPO(见图 3-1)。

另外,根据"是否具有法人资格"的标准,我们可将日本 NPO 划分为"非法人型 NPO"和"法人型 NPO"。其中,"非法人型 NPO"是指根据日本国宪法第 21 条规定的结社自由权,市民在未经政府批准的情况下自由组建的不具有法人资格的任意团体。这些任意团体通常以"市民活动团体"或"志愿者团体"等形式开展活动,在税法等法律上又被称为"无权利能力社团/财团"或"无人格社团/财团"。在遵纪守法的前提下,任意团体不但无须接受来自政

府部门的监管或干涉,而且还能享受一定的税收优惠。与之相对应,"法人型NPO"是指根据相关法律履行注册手续并在法务省法务局履行登记手续的NPO(见图 3-2)。

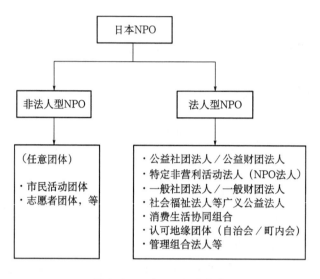

图 3-2　日本 NPO 的分类
资料来源:笔者自制。

　　根据日本 NPO 研究权威学者雨森孝悦的观点,日本法人型 NPO 至少包括 NPO 法人、公益社团法人/公益财团法人(统称"公益法人")、一般社团法人/一般财团法人(统称"一般法人")、社会福祉法人、宗教法人、医疗法人、学校法人、更生保护法人、管理组织法人(含团地管理组合法人)、认可地缘团体(自治会/町内会)以及消费生活协动组织。关于这些法人的法律依据、成立目的、主管部门以及法人数量等内容,请见表 3-1。

　　需要强调的是,上述法人型 NPO 包含公益型法人、互益型法人以及私益型法人,其公益程度越高,所享受的税收优惠待遇就越优厚。此外,根据法人型 NPO 所享受的不同税收待遇,日本采取宽严相济的法人登记标准,包括登记备案、认证、认可以及公益认定。但不管采取何种登记标准,其法人成立要件都必须通过法律条文加以明确,以此尽可能地限制政府部门的自由裁量权。

表 3-1　日本法人型 NPO 的制度概要

类别		法律依据	成立目的	主管部门	法人数量①
特定非营利活动法人（NPO 法人）		特定非营利活动促进法（NPO 法）（1998 年实施）	从事特定非营利活动（市民自由举行的社会贡献活动）的组织	都道府县知事指定都市市长（认证）	50 870（2016.3.31）
公益法人	公益社团法人	一般法人法公益认定法（2008 年实施）	一般社团/财团法人中具有公益性且经由合议制机构认定的组织	内阁总理大臣都道府县知事（公益认定）	9 416（2016.3.31）
	公益财团法人				
一般社团法人		一般法人法（2008 年实施）	不以分配利润为目的的社团或财团	无主管部门（登记备案）	32 000（2015.3.10）
一般财团法人					
社会福祉法人		社会福祉事业法（1951 年实施，2000 年修订为"社会福祉法"）	以举办社会福祉事业为宗旨的法人	厚生劳动大臣都道府县知事（认可）	19 821（2013.3）
宗教法人		宗教法人法（1951 实施）	以"推广宗教教义、举行宗教仪式以及教化和培养信徒"为宗旨的法人	文部科学大臣都道府县知事（认证）	182 396（2010.12）
医疗法人		医疗法（1950 年实施）	设有大型医院、诊所或老人保健设施（后两者须拥有专职医师或牙科医师）的社团或财团	都道府县知事（认可）	41 720（2006.3）

① 注释：关于"法人数量"一栏，笔者分别参考了日本内阁府网站、国家与都道府县公益法人行政统合信息网站、冈本仁宏『市民社会セクターの可能性』（关西学院大学出版社，2015 年版）、厚生劳动省网站、《宗教年鉴（平成 25 年版）》、厚生劳动省网站、文部科学省网站、法务省网站、总务省网站以及政府统计综合窗口网站的相关统计数据。

续表

类别	法律依据	成立目的	主管部门	法人数量
学校法人	私立学校法 （1950 年实施）	以举办私立学校 为宗旨的法人	文部科学大臣 都道府县知事 （认可）	7 942 （2013.5）
更生保护法人	更生保护事业法 （1996 年实施）	从事刑释人员改 造和保护事业的 法人	法务大臣 （认可）	163 （2006.3）
管理组合法人 团地管理组合 法人	建筑物区分所 有法 （1983 年实施）	全体业主共同管 理居住建筑物及 其地基和附属设 施的法人	无主管部门 （登记备案）	
许可地缘团体	地方自治法 （1991 年实施）	居住在某市町村 等特定区域内的 人们基于地缘所 组建的团体	市町村长 （认可）	294 359 （2008.4）
消费生活协同 组合	消费生活协同组 合法 （1948 年实施）	以强化特定区域 或职场内部的人 际关系以及改善 其文化经济利益 为宗旨的法人	厚生劳动大臣 都道府县知事 （认可）	1 209 （2013.12）

资料来源：整理译自雨森孝悦『テキストブックNPO（第 2 版）』東洋経済新報，2012 年，49 頁。

（二）改革前的日本非营利法人制度

日本的非营利法人制度滥觞于明治时期实施的民法①（以下简称"明治民法"）所规定的公益法人制度。明治民法第 33 条规定"法人须依据本法及其他法律的规定方可设立"，此即"法人形态法定主义"。在此基础上，同法第34 条和第 35 条分别对"非营利且公益之法人"（即公益法人）和"营利法人"进行了专门规定。换言之，虽然明治民法规定所有法人必须基于法律而设立，但它所能提供的法人类型仅限于"公益法人"和"营利法人"这两种。很显然，

———————

① 该民法颁布于 1896 年并于 2 年后正式实施。

明治民法未能准确辨别"营利—非营利"和"公益—非公益(互益)"这两对关系的区别。进而言之,假如我们采取"营利法人—非营利法人"的分类方法,那么所有类型的组织均可根据民法注册为法人。然而遗憾的是,由于明治民法仅对"公益法人"和"营利法人"做出规定,从而导致那些"非营利且非公益"组织(其中大部分为互益性组织)难以注册为法人。①

关于公益法人,明治民法第 34 条做出如下规定:"凡与祭祀、宗教、慈善、学术、技艺以及其他公益相关且不以营利为目的的社团或财团,必须经由政府主管部门(主务官厅)的许可,方可注册为法人。"根据这项条款可知,明治民法通过列举之方式,明确了日本的公益事业包括"祭祀、宗教、慈善、学术、技艺以及其他"。然而,二战结束后,日本政府基于现实需要,采取民法之特别法的方式,在"祭祀·宗教""慈善""学术·技艺"等领域分别出台《宗教法人法》(1951 年 4 月 3 日第 126 号法律)、《社会福祉事业法》(后更名为《社会福祉法》,1951 年 3 月 29 日第 45 号法律)、《私立学校法》(1949 年 12 月 15 日第 270 号法律),从而催生宗教法人、社会福祉法人以及学校法人等广义公益法人。据此,作为民法法人的公益法人被剔除出"祭祀、宗教、慈善、学术、技艺"等领域,而仅能在"其他公益"领域发挥作用。

事实上,在明治民法实施之初注册为公益法人的那些代表性法人,在战后基本上都已变更为学校法人、社会福祉法人或其他法人。② 更加复杂的是,日本政府于 1998 年继续以民法之特别法的方式出台了《特定非营利活动促进法》(1999 年 3 月 25 日第 7 号法律,NPO 法),据此创设出特定非营利活

---

① 关于这个问题,日本学者展开了长期讨论,并一直呼吁政府尽快进行制度变革。具体内容,请参阅田中實『公益法人と公益信託』勁草書房,1980 年版;今田忠「非営利セクター確立のための制度改革」(本間正明編『フィランソロピーの社会経済学』東洋経済新報社,1993 年版),107—124 頁;初谷勇『NPO 政策の理論と展開』大阪大学出版会,2001 年版;出口正之「日本における民法施行前の『講』と現代非営利組織(NPO)との特性の共通点」『国立民族学博物館研究報告』第 38 巻第 3 号,2014 年,299—335 頁。
② 仅有极少数的法人持续以"公益法人"身份开展活动,例如公益社团法人日本水难救济会、公益社团法人大日本报德社。

动法人（NPO 法人）制度,从而扩大了与公益相关的社团法人制度之范畴。要言之,历经百余年制度演变之后,日本的非营利法人制度在法人类型上出现了过度分化现象,这种现象我们也将其称之为"加拉帕戈斯化现象"（见图3-3）。

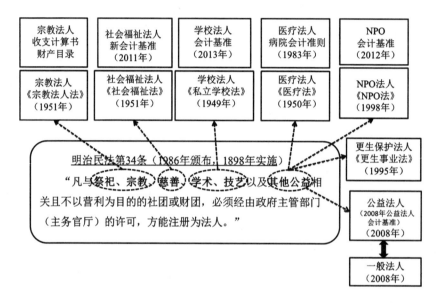

图 3-3　日本非营利法人的"加拉帕戈斯化现象"
资料来源:笔者自制。

所谓"加拉帕戈斯现象"（Galapagosization）,本意是指发生在孤立的加拉帕戈斯群岛（南美岛屿）上扭曲怪异的进化状况,后被转用为日本商业用语,特指在孤立的日本市场环境下,日本商品或技术独自进行"最适化",进而逐渐丧失与外部环境进行互动的能力,最终不敌那些来自外国的适应性高且价格低廉的商品或技术并陷入被淘汰的危险境地。而在出口正之的语境中,日本法人型 NPO 的"加拉帕戈斯现象"主要包括以下几点:一是根据不同社会领域的需求,分别设立不同的非营利法人;二是出现相互交叉和相互渗透的一般性非营利法人（一般法人与 NPO 法人）;三是不同的非营利法人采取不用的会计制度;四是不同类型的非营利法人,其税收减免资格的认定基准也不尽相同。

此外,需要说明的是,关于"公益—非公益"如何判定,明治民法等法律法规并未做出明文规定,而是将其交由各政府主管部门自由裁量,从而导致不少互益性组织以及与营利法人并无实质性差别的法人在"自由裁量权"的庇护下得以注册为公益法人。关于日本公益法人的种种乱象,我们可以通过图3-4加以进一步揭示。在图 3-4 中,"营利目的—非营利目的"为纵轴,"公益目的—非公益目的"为横轴。根据这种分类,在应然状态下,公益法人仅存在于第 4 象限;然而在实然状态下,互益性法人和以营利为目的的法人也得以混入其中。

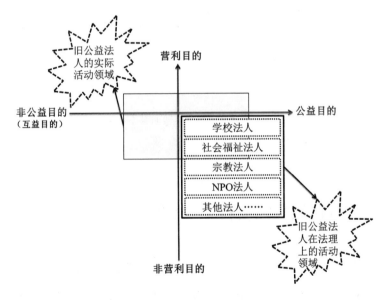

图 3-4　2001 年之前的日本非营利法人
资料来源：笔者自制。

此外,日本政府于 2001 年颁布实施《中间法人法》,旨在为那些"非营利且非公益"的组织提供法人注册渠道,从而消除日本非营利法人制度长期存在的真空地带。据此,日本非营利法人制度不仅囊括了基于特殊目的而设立的学校法人、社会福祉法人、更生保护法人以及医疗法人等广义类公益法人，而且还涵盖了作为一般性制度的公益法人、NPO 法人以及中间法人（见图3-5）。

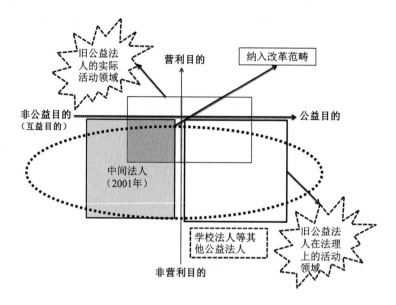

图 3-5　2001 年至 2006 年期间的日本非营利法人
资料来源：笔者自制。

二、改革后的日本非营利法人制度

以上，我们简要考察了公益法人制度改革之前的日本非营利法人制度之概况。面对这种不断"加拉帕戈斯化"的非营利法人制度，日本政府终于开始意识到改革之必要性，并试图将公益法人、NPO 法人以及中间法人这三类非营利法人进行制度性整合。然而，对于诞生不久的 NPO 法人而言，它们并不愿意与公益法人等一道成为改革的对象，于是它们积极动员政治力量向当局进行游说，最终如愿以偿地免于改革。

进入 21 世纪后，日本政府仅对公益法人制度和中间法人制度进行整合并于 2006 年颁布"公益法人制度改革关联三法案",包括《关于一般社团法人和一般财团法人之法律》(简称"一般法人法")、《关于公益社团法人和公益财团法人的认定等法律》(简称"公益认定法")、《关于一般社团法人和一般财团法人之法律以及关于公益社团法人和公益财团法人的认定等法律的实施所需配套法律之整备等法律》(简称"整备法")。

简而言之,通过公益法人制度改革,日本政府将原有的公益法人和中间法人统分为"一般社团法人/一般财团法人"(即一般法人)和"公益社团法人/公益财团法人"(即公益法人)。

(一) 新公益法人制度的主要特征

概括而言,较之旧公益法人制度,新公益法人制度具有以下几个特征:

首先,将法人设立环节与公益性认定环节进行分离,即采取"二层构建方式"。在这种制度架构下,一般法人的注册手续只需"登记"①即可。进而言之,一般社团法人只需 2 名以上会员即可,无需提供任何财产。一般财团法人只需提供纯资产 300 万日元(约人民币 18 万元)作为原始基金即可登记成立。此外,一般法人只要遵守法律规定的"利润非分配约束"原则,就可以在任何领域开展活动。简而言之,关于法人设立程序,新公益法人制度大幅度地降低了准入门槛。

其次,允许一般法人随时向政府主管部门(行政厅)递交"公益认定"申请。政府主管部门受理公益认定申请之后,需要向中央政府层面的内阁府公益认定等委员会或地方政府层面的合议制机关进行咨询,并根据咨询意见最终做出公益认定是否成立的决定。

最后,以法律条文之形式对公益认定的具体事项(包括 17 项公益认定标

---

① 这里所谓的"登记",是指申请注册为一般法人的组织只需将组织章程提交至公证处进行公证后,即可在法务省法务局进行法人登记。具体内容,请参阅俞祖成:《日本非营利组织:法制建设与改革动向》,《中国机构改革与管理》2016 年第 7 期,第 40—45 页。

准以及公益认定过程中需要加以斟酌的事项)进行规定。概括而言,这些认定标准包括以下内容:(1)通过法律条文的形式对"以公益为目的的事业"(即公益目的事业①)以及必须用于公益目的事业的"公益目的事业财产"进行明文规定,同时对"以实施公益目的事业为主要目的"(公益认定法第 5 条第 1 项)等要求进行明文规定;(2)通过法律条文的形式对"法人运营规制"、"健全的内部治理机制"以及"实施公益目的事业的能力"等内容进行明文规定(公益认定法第 5 条第 2 项、第 5 项、第 7 项、第 10 项、第 11 项、第 12 项、第 14 项、第 15 项、第 16 项);(3)彻底贯彻非营利原则(公益认定法第 3 项、第 4 项、第 13 项);(4)遵守所谓的"财务三标准",包括收支相抵原则②(公益认定法第 5 条第 6 项)、公益目的事业比率不低于 50% 之原则(公益认定法第 5 条第 8 项)以及闲置财产额规制原则(公益认定法第 5 条第 9 项);(5)明文规定公益法人在法人注销或解散过程中的财产处置方式(公益认定法第 17 项、第 18 项);(6)明文规定公益法人的缺格事由、彻底遵守法律求以排除暴力团体之影响等要求(公益认定法第 6 条)。

据此,在旧公益法人制度中长期缺失的公益认定标准在新公益法人制度中得以明确化,进而有望提高公益法人的内部治理能力(见表 3-2)。

表 3-2 公益目的事业一览表

附表(与公益法人法第 2 条相关)
(1) 以学术振兴和科技振兴为宗旨的事业
(2) 以文化艺术振兴为宗旨的事业
(3) 以支援残障人、贫困人群以及事故、灾害和犯罪的受害者为宗旨的事业
(4) 以增进老年人福利为宗旨的事业
(5) 以支援有劳动意愿者就业为宗旨的事业
(6) 以提升公共卫生为宗旨的事业
(7) 以保护儿童和青少年健康成长为宗旨的事业
(8) 以提高劳动者福利为宗旨的事业

---

① 所谓"公益目的事业",是指属于公益认定法附表(见表 3-2)所列举的 23 项事业中的一种,同时必须是"有利于增进不特定多数人之利益"的事业。
② 关于这项原则的部分法律解释曾一度发生摇摆,从而招致公益法人界的强烈不满。

续表

> （9）以通过教育、体育等方式促进国民身心健康和人格发展为宗旨的事业
> （10）以预防犯罪和维护治安为宗旨的事业
> （11）以预防事故和灾害为宗旨的事业
> （12）以防止或根除因人种、性别或其他缘由而引发的歧视或偏见为宗旨的事业
> （13）以尊重和维护思想自由、良心自由、宗教信仰自由以及言论自由为宗旨的事业
> （14）以构建男女共同参与型社会或其他更加美好的社会为宗旨的事业
> （15）以促进国际相互理解以及推动发展中海外地区的经济发展为宗旨的事业
> （16）以保护地球环境和自然环境为宗旨的事业
> （17）以国土的利用、维护和保全为宗旨的事业
> （18）以确保国家事务健全运营为宗旨的事业
> （19）以健全发展区域（本地）社会为宗旨的事业
> （20）以确保、促进、激活公正自由的经济活动以及稳定和提高国民生活水平为宗旨的事业
> （21）以保障国民生活所不可或缺的物资和能源的稳定供给为宗旨的事业
> （22）以维护和提高消费者权益为宗旨的事业
> （23）除上述各项规定之外的、由政令规定的其他公益事业

资料来源：笔者根据日本《公益认定法》相关条款翻译而成。

（二）"财务三标准"的主要内容

"财务三标准"是日本政府在公益法人制度改革过程中首创的针对公益法人的规制措施。具体而言，"财务三标准"主要包括以下内容：

首先，由于公益认定法允许公益法人在从事公益目的事业的同时，适当地开展收益事业（公益认定法第 5 条第 7 项目），为此法律有必要对公益目的事业所占比率做出硬性要求。具体而言，公益认定法将公益法人的费用划分为"公益目的事业费用""法人营运费用"以及"收益事业等费用"这三大部分并要求公益目的事业费用所占比率必须超过 50%。我们将这项规定称之为"公益目的事业比率规制"。

其次，公益认定法对"闲置财产"进行了明确定义，要求公益法人所持有的闲置财产总额不应超过公益目的事业费用一年的总额。我们将这项法律规定称为"闲置财产额规制原则"。

最后，公益认定法第 5 条第 6 项规定："公益法人应预见其所从事的公益

目的事业所得收入不超过实施该事业所需合理费用总额。"紧接着,同法第14条规定:"从事公益目的事业所得收入不得超过实施该事业所需合理费用总额。"这两条规定被习惯性地统称为"收支相抵原则"。在我们看来,这项原则与前述"闲置资产额规制原则"形成合力,对公益目的事业费用产生强有力的约束。

显而易见,"财务三标准"旨在化解长期存在的"公益法人忙于攒钱而不热衷开展活动"的窘境,同时将其与税收优惠制度进行连动。2008年,日本政府修订与公益法人相关的税收优惠制度,创设出"公益目的事业非课税制度""面向公益法人的捐赠金所得扣除制度""视作税金制度"(即允许公益法人将收益事业收入的50%纳入公益目的事业费用范畴)以及"视作捐赠制度"(即允许公益法人在收支相抵的上限范围内将收益事业收入纳入公益目的事业费用范畴)等税收优惠制度。同年,日本政府还制定实施了契合新公益法人制度要求的《2008年度公益法人会计标准》。

(三) 新旧制度的衔接机制

新公益法人制度于2008年12月1日正式实施后,原有的中间法人全部自动变更为一般法人,而原有的公益法人则自动变更为"特例民法法人"(临时性法人)之后再自行选择是否申请成为新公益法人或一般法人。如果选择前者,需要向政府主管部门提交认定申请。如果选择后者,则需要向政府主管部门提交认可申请。政府主管部门通常需要向内阁府公益认定等委员会或各地方的合议制机关咨询意见,然后再决定是否同意"变更认定"或"变更许可"。新旧制度的衔接期限为5年,那些未能在法定期限内提交变更申请的公益法人则被视为解散(见图3-6)。

关于新公益法人制度实施之前的公益法人之概况,日本总务省采取了多种方式展开摸底调查并对外发布调查结果《2008年度公益法人年度报告》(以下简称"2008年度报告")。在这份报告中,日本政府承认公益法人中确

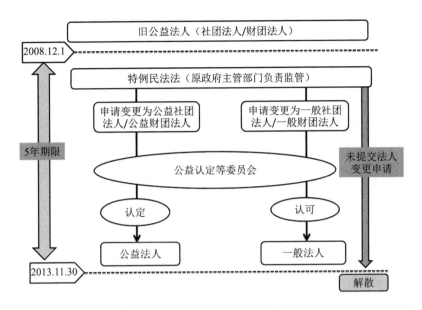

图 3-6 新旧公益法人制度的衔接机制
资料来源：笔者自制。

实存在不少互益性法人和与营利法人无异的法人。为此，在新制度实施前夕，原公益法人的政府主管部门根据当时的公益认定标准，将各自管辖的公益法人分成四大类别，即"纯正的公益法人""互助/共济团体""拟变更为营利法人的法人"以及"其他法人"。

具体而言，第一，"纯正的公益法人"是指那些宗旨和事业仍具备公益性且完全符合公益法人资质的法人。根据"2008 年度报告"的统计数据，"纯正的公益法人"共有 20 711 家，约占公益法人总数的 84%；第二，"互助/共济团体"是指那些宗旨和事业属于互益（追求会员相互间的利益）范畴的法人，包括互助会、共济会、同窗会等团体。根据"2008 年度报告"的统计数据，当时属于这类团体的法人共有 3 760 家，约占公益法人总数的 15.3%；第三，"拟变更为营利法人的法人"是指其开展的公益事业与营利企业所开展的事业已形成（或可能形成）竞争关系的法人。根据"2008 年度报告"的统计数据，当时这类法人共计 29 家,约占公益法人总数的 0.1%。在这些法人中,如有不采取相关措施以提高其公益性的法人,那么它们将被强制变更为股份制公司等形态的营利法人;第四,"其他法人"是指在摸底调查期间无法将其归纳入上述三类法人的法人,其总数为 148 家,约占公益法人总数的 0.6%。①

根据日本内阁府的统计数据,截至 2016 年 3 月 31 日,共有 8 995 家旧公益法人成功变更为新公益法人,加上 464 家新成立的公益法人,日本现有的公益法人总数已达到 9 459 家。此外,选择变更为一般法人的旧公益法人的数量为 11 667 家,选择合并或解散的旧公益法人数量为 3 581 家。②

需要顺带说明的是,由于一般法人的设立手续仅限于"登记",并无政府主管部门,故我们无法对其数量进行准确统计。此外,关于公益法人的活动领域,根据日本内阁府的相关统计,致力于推动本地社会发展的公益法人数量最多,达到 3 279 家。其他领域的公益法人数量分别如下:儿童和青少年领域 1 880 家,老年人福利领域 1 695 家,学术和科学技术领域 1 550 家,文化和艺术领域 1 548 家,教育和体育领域 1 539 家,公共卫生领域 1 346 家,就业支援领域 1 234 家。③

综上所述,虽然日本的非营利法人制度在理论上仍存在"加拉帕戈斯化现象",但通过改革已基本形成"非营利且非公益之法人(互益性法人)—非营利且公益之法人(公益性法人)"的分类格局(见图 3-7)。

(四)公益认定等委员会制度

如前所述,公益认定法对公益认定标准做出了明确规定,并将这些标准的实质性判定权限委托给独立于政府意志、由民间有识之士组成的公益认定

---

① 参见総務省「平成 20 年度公益法人に関する年次報告」(2008 年)。
② 参见内閣府「新公益法人制度における全国申請状況(速報版)」(2016 年)。
③ 参见内閣府「平成 26 年度公益法人に関する概況」(2015 年)。需要补充说明的是,由于统计数据包含了在多个社会领域开展活动的法人,故文中所述法人数量是实际法人数量的 2.2 倍。

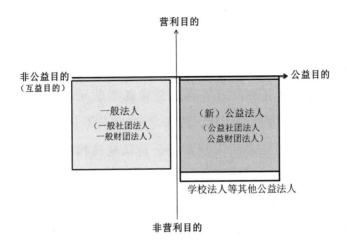

图 3-7　改革后的日本非营利法人
资料来源：笔者自制。

等委员会。与日本相似,英国、新西兰、爱尔兰等国家也采用了这种由第三方机构主导的公益性认定制度。① 其实,在法律文化上与前述国家迥然不同的日本采用了这种制度,曾一度引起海外的关注(见表3-3)。

表 3-3　世界主要国家的公益认定等委员会制度

英格兰及威尔士慈善委员会(CCEW)	英格兰和威尔士	1853 年
苏格兰慈善管理办公室(OSCR)	苏格兰	2003 年
新西兰慈善委员会(NZCC)	新西兰	2005 年
(日本)公益认定等委员会	日本	2007 年
新加坡慈善理事会	新加坡	2007 年
北爱尔兰慈善委员会	北爱尔兰	2008 年
澳洲慈善与非营利组织委员会(ACNC)	澳大利亚	2012 年

资料来源：笔者自制。

① 参见 Cordery, C. J. "Regulating Small and Medium Charities: Does It Improve Transparency and Accountability?" *VOLUNTAS: International Journal of Voluntary and Nonprofit Organizations*, 24(3), 2013, pp. 831—851.

在新公益法人制度改革之前，公益认定权限被分散至公益法人的各个政府主管部门，从而导致一直无法形成统一的公益认定标准。更有甚者，不少政府主管部门根据宽泛的自由裁量权，随意地设立有利于本部门利益的公益法人，之后向其投放各种政府补助金并源源不断地输送退休官员进行再就业。此现象即为日本社会深恶痛绝的"官员下凡法人"。为了解决这个制度性痼疾，新公益法人制度将公益认定机构从政府部门中独立出来，并授权其根据法律规定的统一标准进行公益认定。

在日本，公益认定机构分为中央和地方两个层级。在中央层面，内阁府设有内阁府公益认定等委员会。根据公益认定法第 35 条的规定，内阁府公益认定等委员会的委员从"人格高尚、能够对属于委员会权限范畴的事项作出公正判定并且在法律、会计或公益法人活动等领域拥有真知灼见的有识之士"中择优挑选，获得两议院同意之后，由内阁总理大臣（首相）任命产生。目前，内阁府公益认定等委员会的委员共有 7 名（其中 3 名为专职委员），任期为 3 年。

在地方层面，各都道府县基于地方自治权限出台相关条例，并根据条例规定设置合议制第三方机构。需要特别指出的是，公益认定等委员会不仅拥有针对一般法人所提交的公益认定申请进行审查的权限，还负责公益法人的日常监管事务，包括公益目的事业变更申请、3 年一次的现场检查、征收报告、劝告、命令、取消认定等事务。此外，公益法人如果被撤销公益认定资格，必须在法定期限内将"公益目的取得财产余额"捐赠给组织宗旨相同或相似的公益法人等组织。通过这种"力求近似原则"（Cy-Pres 原则），我们可以为公益目的事业的非课税、捐赠所得扣除等针对公益法人的税收优惠制度提供担保。

（五）今后面临的若干问题

诚然，日本的新公益法人制度不失为一项成熟的政策，但在实际运作过程中仍不可避免地出现一些问题。

第一,会计标准问题。截至目前,学校法人、社会福祉法人以及 NPO 法人等制度仍得以保留,导致非营利法人制度的"加拉帕戈斯化现象"未能得到些许改善。问题尤其严重的是,各非营利法人所采用的会计标准均不相同,从而造成我们很难培养精通非营利法人会计事务的专业人才。如前文所述,日本政府于 2008 年制定出台了新公益法人会计标准,然而由于这项标准揉入了"财务三标准",从而造成即使是注册会计师们都难以弄懂其操作规则,进而导致日本会计实务界难以撰写面向政府部门的相关建议报告。

第二,税收优惠力度不均衡问题。目前,NPO 法人与享受税收优惠的认定 NPO 法人、医疗法人与享受税收优惠的社会医疗法人这两套制度同时并存。此外,虽然学校法人和社会福利法人也享受优厚的税收优惠政策,但在公益法人制度改革的影响下,日本政府正在酝酿旨在强化针对社会福祉法人的课税力度的法案。

第三,构建国际性研究网络的问题。在日本,开展跨国公益活动的公益法人为数不少。然而,不同国家针对公益法人所实施的税收优惠政策均有所差异。如果我们不尽快在制度层面构建起国家间的协调机制,那么这些公益法人的海外活动难免受到由国家间的制度差异所带来的不良影响。

三、小结

日本与我国启动建设社会组织(NPO)的时间大致相同,但日本 NPO 的发展却领先于中国的社会组织。究其原因,除了 1998 年 NPO 法的实施外,还在于 2006 年推行的公益法人制度改革,这些都推动了日本 NPO 的长足发展。概括而言,日本经验能够为我国社会组织(NPO)政策的未来发展提供以下几点启示。

(一) 提升法人元分类的科学性和严密性

我国在 1949 年前,无论是清朝末年的民法草案还是中华民国国民法典均仿照德日民法典,采取社团和财团的法人元分类。但是,中华人民共和国成立后的第一部民法基本法《民法通则》基于"构建企业法人"这一任务的考量,放弃了社团和财团的法人元分类,转而采取企业法人和非企业法人(机关法人、事业单位法人、社会团体法人)的元分类。近年来,尤其是中国共产党十八届三中全会召开后,鉴于"执政党将发展 NPO 提高到一个前所未有的政治高度"的政治现实,并受《民法通则》概念路径依赖的影响,2017 年颁布的《民法总则》以及 2020 年的《民法典》采取了营利法人和非营利法人的元分类。诚然,这种法人元分类解决了实践中的非营利法人问题,完成了执政党布置的"创新社会体制"的政治任务,但却造成非营利法人制度的"法系糅合""叠床架屋"以及"空心洞"等问题。[1]

而在日本,受时代和社会环境的制约,明治民法尽管同时采用了"社团—财团"和"营利—非营利"这两种元分类,却错误地将"非营利"锁定为"公益",从而导致那些"非营利且非公益"的组织(即互益性组织)无法找到法人注册途径。为了彻底解决这个问题并进一步丰富非营利法人的多样性,日本政府果断实施公益法人制度改革。目前,尽管日本非营利法人制度仍然存在分化过度的问题,但却能够为所有的社会力量提供选项丰富的法人注册方式。尤其值得指出的是,日本允许财团法人(一般财团法人)以互益为宗旨,这与中国刻意强调基金会法人的公益属性的做法大为不同。简而言之,鉴于日本经验,中国社会有必要进一步反思法人元分类的科学性和严密性问题,尽快制定符合本国国情的《社会组织法》或《非营利组织法》,以此解决非营利法人制

---

[1] 参见王涌:《法人应如何分类:评〈民法总则〉的选择》,《中外法学》2017 年第 3 期,第 609—644 页。

度中存在的诸种弊端。

（二）改进慈善组织登记认定制度

2016 年出台的《慈善法》，被普遍视为我国社会组织（NPO）发展史上的里程碑。关于《慈善法》之于我国社会组织（NPO）的重要性，我国社会组织（NPO）研究学者王名指出，根据《慈善法》登记或被认定的慈善组织，是我国社会组织（NPO）中最具有公共性、社会性和影响力的主体部分，承担着公益慈善资源配置的基本职能并有可能形成相对独立的公益生态系统，进而构建以公益为核心的新型社会组织（NPO）体系。① 对此观点，笔者表示认同。然而我们同时需要正视的是，《慈善法》及其配套政策所规定的慈善组织登记认定制度在实际操作过程中遭遇不少问题，包括政策落地滞后问题、自由裁量权问题、工作属性认知问题、慈善组织登记或认定申请机构的权益保护问题以及制度激励不足问题，②从而造成慈善组织认定工作进展不顺，进而导致获得慈善组织资格的社会组织数量过于偏少。根据我国民政部的统计数据，截至 2018 年 9 月 29 日，中国社会组织（NPO，包括社会团体、民办非企业单位、基金会）的数量已达到 803 307 家。③ 然而，截至 2018 年 9 月 29 日，全国范围内获得慈善组织资格的社会组织（NPO）数量共计 4 876 家，④仅占社会组织总数的 0.6%。

而在日本，如前文所述，鉴于旧公益法人制度因存在公益认定标准缺失、

---

① 参见王名:《国家治理语境下的社会组织发展》,"社会组织参与社会治理高峰论坛"主旨发言(2017 年 9 月 15 日,上海公益新天地园)。

② 参见俞祖成:《慈善组织认定: 制度、运作与问题》,《浙江工商大学学报》2017 年第 3 期,第 107—114 页。

③ 参见中国社会组织公共服务平台网站,URL: http://www.chinanpo.gov.cn/search/orgindex.Html,2018 年 9 月 29 日访问。

④ 参见"慈善中国"网站,URL: http://cishan.chinanpo.gov.cn/platform/login.html,2018 年 9 月 29 日访问。

官员自由裁量权过大等问题而造成公益法人领域出现诸多乱象,日本政府在公益法人制度改革中采取"公益认定标准的明文化和合理化"以及"公益认定的第三方主导"等方式,顺利推进公益认定工作并取得预期成效。鉴于日本经验,我们有必要全面检视慈善组织登记认定制度,修订和完善慈善组织登记认定标准以提高其明确性、可操作性以及可预见性,同时在可控的范围内建立类似日本第三方合议制机构的专家咨询委员会,以提高慈善组织登记认定的公平性和透明性。

(三)完善社会组织(NPO)税收优惠制度

在我国,社会组织(NPO)税收优惠政策可以分为两个层次:一是针对社会组织(NPO)本身的税收优惠政策,二是针对向社会组织(NPO)捐赠的企业和个人的税收优惠政策(即公益性捐赠的税收优惠政策)。按照税种划分,这两类税收优惠政策均包括所得税的优惠政策、流转税的优惠政策以及财产税的优惠政策。[1] 客观地说,我国的社会组织(NPO)税收优惠政策已初具规模,普惠力度并不弱。然而,那些已成功登记注册的社会组织(NPO)并不能自动享受所有税收优惠,还须根据规定另行向财政部门和税务部门提交税收减免资格认定申请(例如非营利组织免税资格认定申请、公益性社会团体公益性捐赠税前扣除资格认定申请)。

据笔者的观察,由于免税资格认定条件较为苛刻,加上免税资格认定工作涉及多个政府部门,实际获得税收减免资格的我国社会组织(NPO)的数量并不多。以上海市为例,截至 2017 年 7 月 4 日,上海市登记注册的社会组织(NPO)已达到 14 568 家,[2]然而获得非营利组织免税资格的社会组织

---

① 参见王世强:《社会组织法律法规与政策》,首都经济贸易大学出版社 2017 年版,第155—174 页。

② 参见上海社会组织网:《2017 年 6 月基本业务统计数据》,URL:http://www.shstj.gov.cn/node2/node3/n8/n132/u8ai13085.html,2017 年 9 月 30 日访问。

（NPO）仅有 1 066 家，仅占社会组织（NPO）总数的 7.3%。① 此外，关于慈善组织的税收优惠，除了通过修改《企业所得税法》使得《慈善法》第八十条所规定的"企业慈善捐赠支出结转扣除"得以落地之外，其他税收优惠政策目前仍在研究制定中。

而在日本，不仅法人型 NPO 可以享受相应的税收优惠政策，而且非法人型 NPO（即未登记为法人的任意团体）也能享受诸如会费非课税的税收减免政策。更值得我们关注的是，日本 NPO 的公益性认定与税收减免资格认定融为一体，即获得公益性认定资格的 NPO 自动享受税收减免待遇。以公益法人为例，通过第三方机构（公益认定等委员会）认定的公益法人无需另行向税务部门提交税收减免资格认定申请，而是自动享受相应的税收减免待遇。此外，日本政府还创设出"视作税金制度"以及"视作捐赠制度"等旨在鼓励公益法人通过适当开展收益事业（营利性事业）以实现组织的自我造血功能。鉴于日本经验，我国应进一步研究和完善社会组织（NPO）税收优惠政策，包括降低税收减免资格认定条件，构建财政、税务和民政等政府部门之间的沟通协作机制，以及创设有利于慈善组织自我造血的税收减免政策。

---

① 参见上海税务网：《非营利组织免税资格认定名单》，URL：http://www.tax.sh.gov.cn/pub/ssxc/zlzy/ssyhzl/node5248/fylzz/mdgs/201602/t20160226_422077.html，2017 年 9 月 30 日访问。

第四章
日本 NPO 法人制度及其改革

　　2013 年 3 月,我国的社会组织(NPO)管理制度改革首次被纳入《国务院机构改革和职能转变方案》。在此背景下,为了总结那些社会组织(NPO)发展较为成熟的国家的有益经验,《公益时报》于 2013 年 5 月 7 日推出独家报道"四国社会组织登记管理制度观察",并以"政府主导及苛刻的 NPO 认定"为小标题,对日本的相关情况进行了介绍。① 然而,遗憾的是,这篇报道内容与现实情况不甚符合,更不用说其多处表述不甚严谨。殊不知,日本政府已于 2011 年 6 月大幅修改 NPO 法(特定非营利活动促进法),从而使得 NPO 法人制度出现重大变革。

　　如本书前面三章所提及的,同属东亚儒家文化圈且在公共性的结构转型等方面与中国存在着很大相似性的日本,较之欧美国家,其 NPO 管理制度从管控严厉走向宽严相济的变革过程,更值得我们学习与借鉴。然而正如《公益时报》报道文章所暴露出来的,目前我国针对日本 NPO 管理制度的研究仍显滞后甚至存在偏误。鉴于此,接下来,笔者尝试根据 NPO 法的最新修订文本及其解释性文件,从制度特征、设立程序、治理机制、监管方式以及税收优

---

① 参见张雪弢、高文兴、张木兰:《四国社会组织登记管理制度观察》,《公益时报》2013 年 5 月 7 日第 8 版。

惠等视角,对日本非营利部门的核心力量之一——NPO 法人的相关制度进行梳理和评析并提出若干启示。

一、日本 NPO 法人制度的创设背景

进入 20 世纪 80 年代,日本市民活动团体虽然正日益成为公共服务的重要供给力量,但囿于旧公益法人制度的严格规制而普遍难以获得法人资格。不过 1995 年发生的阪神大地震为新法规的出台提供了良好契机。在市民力量与国会议员的共同努力下,1998 年日本以议员立法之形式颁布 NPO 法,其目的在于通过赋予市民活动团体法人资格以增进公共利益。

值得关注的是,NPO 法自颁布之日起并未固步自封、停滞不前,而是与时俱进、不断创新。在短短 14 余年间,NPO 法共经历 8 次修订,使其从颁布之初的"5 章 54 条"发展至目前的"7 章 100 条"。接下来,我们将根据"改正NPO 法"(2011 年 6 月修订,翌年 4 月实施,以下简称"新法")及其解释性文件,从制度特征、认证程序、治理机制、监管方式以及税收优惠等视角对其改革内容进行梳理和评析。

二、日本 NPO 法的制度特征与认定程序

(一)NPO 法的制度特征

根据新法,市民活动团体所提交的申请材料只须符合法律规定的形式要件,主管部门即须给予认证,此即所谓的"认证原则"。当然,单纯地简化认证条件,可能容易诱发空壳法人、休眠法人以及借 NPO 法人之名谋求私利等问题。为此,NPO 法采取了彻底的信息公开制度以有效剔除质量存在问题的团体。

　　首先,作为主管部门的都道府县知事或政令指定都市①市长受理认证申请后,须迅速将申请团体的名称、法定代表人姓名、事务所所在地及其设立目的予以公示,同时还须将申请团体的章程、理事名单、设立宗旨书、事业计划书以及活动预算书备置于法定场所以供市民自由查阅两个月;其次,申请团体获得法人认证后,须立即将事业报告书以及财产清单等组织信息资料备置于事务所,以供所有利害关系人前来查阅;再次,主管部门须允许市民前来自由查阅或誊写其保管的所有 NPO 法人的相关信息材料。最后,根据新法,从 2012 年 4 月起,内阁总理大臣以及主管部门必须尽快建立有关认定 NPO 法人的数据库,以方便市民通过因特网迅速获取所需信息。为此,内阁府率先在其官网创设"NPO 法人门户网站"(https://www.npo-homepage.go.jp/portalsite/index.html)。通过这个开放式数据库,日本市民可迅速查询全国所有认定 NPO 法人的信息。

　　简而言之,NPO 法最突出的制度特征在于,最大限度地限制政府干涉NPO 法人的设立及其日常运作,与此同时通过信息公开制度提升 NPO 法人的社会信用度。截至 2013 年 4 月底,NPO 法人认证总数达到 47 636 团体,实现高达 96% 的认证率。②

(二) NPO 法人的认证程序

　　市民活动团体在提交法人认证申请之前,须对认证条件进行确认,包括以从事有助于促进不特定多数人利益的活动(即特定非营利活动)为主要目

---

① "政令指定都市"是指由政令所指定的法定人口超过 50 万人的大都市,目前共有 20 个政令指定都市。

② 参见内阁府「認証申請受理数・認証数(所轄庁別)」(2013 年 5 月 21 日),URL: https://www.npo-homepage.go.jp/portalsite/syokatsutyobetsu_ninshou.html,2013 年 7 月 28 日最终アクセス。

的；①不以营利为目的；对成员资格的取得或丧失不附加不合理条件；不以宗教活动为主要目的；不以推广、支持或反对某一政治主张为主要目的；不以推荐、支持或反对特定公职的候选人、在职公职人员或某一政党为目的；非暴力团体；不受暴力团体或暴力团体成员控制；拥有 10 名以上会员；须设 3 人以上理事及 1 人以上监事；接受报酬的理事（含监事）人数不超过理事总数的三分之一。

确认完认证条件后，设立者应召集"设立发起人会议"以共同拟定设立宗旨书、章程、事业计划书以及收支预算书等的草案。紧接着，须召开由全体会员组成的"设立总会"并对组织章程等草案进行表决。然后根据总会决议，制作认证申请材料并提交至主管部门。根据新法，从 2012 年 4 月起，内阁府不再担任 NPO 法人的主管部门，有关 NPO 法人的认证、认定以及监管等事务均转移给都道府县或政令指定都市。

主管部门受理认证申请后，在对申请信息进行对外公开的同时迅速展开认证审查工作。根据新法，认证结果将在 2 个月内以书面形式告知申请团体。通过认证的团体，须在半年之内到当地法务局履行法人登记手续，否则其认证资格将被注销。②

三、日本 NPO 法人的治理机制与税收优惠

（一）NPO 法人的治理机制

NPO 法人的最高决策机构为"会员大会"，除组织章程中规定的可委托

---

① 经过历次修订，NPO 法人的认证范围从当初的 12 个领域扩展到目前的 20 个领域。对此，日本 NPO 研究权威学者雨森孝悦评价道："目前，几乎没有 NPO 法人所不能涉足的社会活动领域"。参见雨森孝悦『テキストボックスNPO（第 2 版）』東洋経済新報社，2012 年版，26 頁。

② 法务省法务局根据主管部门出具的法人认证资格证书给予登记，并不承担法人组织的监管职能。如需撤销某法人组织，法务局也只是根据主管部门的书面通知办理法人注销手续。

给理事的事项,诸如章程变更、法人解散合并等重大事项均须通过会员大会表决。根据新法,会员大会每年须召开一次,但会员表决可通过代理人、书面方式或电子邮件等进行。此外,NPO 法人须设置理事 3 人以上及监事 1 人以上。同时,与任何一个理事(含监事)有配偶或三等亲内的亲属关系者不得超过 1 人,或者单个理事(含监事)及其配偶或三等亲内的亲属人数不超过理事总数的三分之一。需要指出的是,与公益社团法人/公益财团法人不同,NPO 法人不负有设置理事会、评议员或评议员会、事务所的法定义务。①

(二) NPO 法人的监管方式

虽然 NPO 法"尽量降低法人设立的门槛并通过彻底的信息公开制度强化来自社会力量的监督",但这并不意味着忽视或弱化政府监管。事实上,根据新法规定,如果主管部门有充分证据怀疑其管辖的 NPO 法人已违反法律法规以及其章程规定等,有权要求该 NPO 法人提交业务活动状况或财产状况报告,或派遣官员进入该 NPO 法人的事务所及其相关设施实施强制检查。如果据此发现了问题,还可向其下达整顿整改命令。

此外,如果该 NPO 法人拒绝整改或 3 年以上未提交法律规定的有关资料,主管部门还有权撤销其法人认证资格。不过,主管部门对上述行政执法行为均抱着谨慎态度,即使迫不得已而为之,也须依法行政②并将相关执法信息及时地公之于众。截至 2013 年 4 月 30 日,被注销 NPO 法人资格的团体共计 1 335 个,仅占 NPO 法人认证总数的 0.03%。③

---

① 参见内阁府「改正特定非営利活動促進法について」(2012 年 12 月 1 日),URL:https://www.npo-homepage.go.jp/pdf/20111011-hou.pdf,2013 年 7 月 28 日最終アクセス。

② 根据新法规定,在对 NPO 法人进行相关行政执法行为之前,应事先向其递交执法理由说明书。此外,应当事人要求,主管部门应当就撤销其法人认证资格举行公开听证会。

③ 参见内阁府「認証申請受理数・認証数(所轄庁別)」(2013 年 5 月 21 日),URL:https://www.npo-homepage.go.jp/portalsite/syokatsutyobetsu_ninshou.html,2013 年 7 月 28 日最終アクセス。

（三）NPO 法人的税收优惠

囿于诸多原因,颁布之初的 NPO 法侧重法人资格认证制度的设计,而悬置了 NPO 法人税收优惠政策的考量。在 NPO 法实施后的前 3 年,NPO 法人仅享有与非法人型 NPO 相同的税收优惠政策,即会费收入、捐赠收入以及政府补助金等非营利性项目可纳入法人税及法人住民税的非课税对象。① 而经政府特别认定的独立行政法人、日本红十字会、社会福祉法人、部分学校法人以及公益法人等则享受全方位的税收优惠。为此,相关市民团体展开锲而不舍的政策倡导与政治游说,终促使日本政府于 2001 年出台"认定 NPO 法人制度"。

然而,由于 NPO 法人的认定制度采取与 NPO 法人的认证制度相分离之方式,②加之认定基准极为苛刻,导致认定 NPO 法人制度长期处于形同虚设的尴尬境况。据内阁府统计,截至 2012 年 3 月底,认定 NPO 法人共计 389 团体,仅占当时 NPO 法人总数的 0.8%。③ 为此,经市民团体的不断推动,日本政府先后推行多达 6 次的认定 NPO 法人制度改革,最终于 2011 年 6 月实现 NPO 法人的认证制度与认定制度的融合与统一,并大幅度降低 NPO 法人的认定难度。

第一,NPO 法人的认定基准。(1)在实绩判定期间通过公众支持度测试。所谓"公众支持度测试"(Public Support Test,简称 PST),系指判定 NPO 法人是否获得市民广泛支持的一种基准。根据新法,日本版公众支持度测试

---

① 参见雨森孝悦『テキストボックス NPO（第 2 版）』東洋経済新報社,2012 年版,196—197 頁。

② 即,NPO 法人只能根据租税特别措施法的相关规定获得财务省国税厅长官的认定,方能成为"认定 NPO 法人"。

③ 参见内閣府「特定非営利活動法人の認定数の推移」(2013 年 4 月 1 日),URL: https://www.npo-homepage.go.jp/about/npodata/kihon_1.html,2013 年 7 月 28 日最終アクセス。

的判定基准主要有以下 3 种方式：①相对值基准 PST。实绩判定期间内，捐赠金等收入金额÷经常收入金额≥基准值(1/5)；②绝对值基准 PST。实绩判定期间内平均接受 3 000 日元(约 180 元)以上的捐赠不少于 100 人；③条例个别指定 PST。提交认定申请之前，根据事务所本部所在的都道府县或市町村的相关条例规定成为"捐赠收入被纳入个人住民税扣除对象"的 NPO 法人，可申请特别认定。(2)在实绩判定期间，互益性活动在所有事业活动中所占比例不超过 50%。(3)合理的组织运营与会计制度，包括：接受注册会计师或监查法人的监查，或采用与青色申告法人①相同的方式将各项交易记录保存于账本；各会员均平等拥有表决权；不进行不恰当的会计处理。(4)合理的事业活动内容。具体包括：不从事宗教与政治活动；不向理事等利害关系人提供特殊利益；不向从事营利活动的人提供捐赠；实绩判定期间内，特定非营利活动支出费用占事业费总额的 80%以上，同时须将捐赠总额的 70%以上用于特定非营利活动的费用支出。(5)合理的信息公开制度。必须将前三年的事业报告书、有关理事报酬和职员工资待遇的规定说明书，以及有关组织收支明细的资料备置于事务所，以供市民自由阅览与复印。(6)及时主动地向主管部门提交事业报告书等法定资料。(7)没有违法、不当或违背公益的行为或事实。(8)截止认定申请日，该法人的设立年限已满 1 年或至少已经过 2 个事业年度。

第二，认定 NPO 法人的税收优惠。有效期限为 5 年的认定 NPO 法人可享受以下优惠：①法人税方面，享受"视作捐赠制度"，即营利事业的部分收入(最高限度为 50%)可被视为捐赠金并享受免税优惠。换言之，该政策意在鼓励 NPO 法人通过营利收入支持和发展"无盈利"的公益事业；②市民或企业向认定 NPO 法人提供的捐赠享受减税待遇。根据新法，市民向认定 NPO

---

① 青色申告法人，即指日本法人税的申告方式之一，因申告时需要填写青色报单而得名。如果报税人使用青色申告方式，则需要根据法定要求准备相应的账本等材料，据此可以享受相应的税收减免优惠。

法人提供的捐赠可享受"税额控除"或"所得控除"(享受捐赠金控除优惠的最高额度为该捐赠人所得税的 50%),从而为 NPO 法人吸引更多的市民捐款提供坚实的制度保障。此外,市民向认定 NPO 法人捐赠遗产亦享受全额免税待遇。

第三,创设"暂认定制度"。根据内阁府调查,处于设立初期(尤其是设立年限未满 5 年)的 NPO 法人普遍容易遭遇资金不足之困境。① 鉴于此,作为 NPO 法人的起步支持措施,日本政府从 2012 年 4 月起实施"暂认定制度",即处于设立初期的 NPO 法人只需满足除前述认定基准(1)之外的判定基准,即可申请为"暂认定 NPO 法人"(有效期为 3 年且仅限申请 1 次),享受除遗产捐赠免税和视作捐赠制度之外的税收优惠政策。据内阁府统计,从 2012 年 4 月 1 日至 2013 年 2 月 28 日,各主管部门共受理认定与暂认定申请 350 件,而前年同时期仅受理 51 件。②

第四,认定 NPO 法人的监管方式。认定 NPO 法人作为公益性较高的组织,在享受税收优惠政策的同时,也须接受较之普通 NPO 法人更加严厉的政府监管。概括而言,除报告征收、现地检查、整改命令、罚款以及注销法人资格等常规监管手段,主管部门还有权根据实际情况勒令认定 NPO 法人停止从事营利事业。此外,在 2 个以上都道府县区域内设置事务所的认定 NPO 法人,不但须接受事务所本部所在地主管部门的监管,还须接受事务所支部所在地行政首长除注销法人资格之外的行政监管。另外,认定 NPO 法人的主管部门还与当地国税局、警察局等相关部门联手建立协助型监管网络。

综上,近年来日本 NPO 法人制度改革的焦点,主要集中于简化和完善法

---

① 参见内阁府「改正特定非営利活動促進法について」(2012 年 12 月 1 日),URL:https://www.npo-homepage.go.jp/pdf/20111011-hou.pdf,2013 年 7 月 28 日最終アクセス。

② 参见内阁府「新認定制度における申請状況等」(2013 年 3 月 1 日),URL:https://www.npo-homepage.go.jp/about/npodata/kihon_4.html,2013 年 7 月 28 日最終アクセス。

人资格认证制度、建立科学规范的监管方式以及建构行之有效的税收优惠政策。当然，NPO法仍面临不少亟待解决的难题，例如"如何保障认定NPO法人制度的有效实施""如何确保中央政府的统筹规划权限"以及"如何实现NPO法人制度与社团/财团法人制度的有效整合"。

四、小结

据悉，目前民政部正按照国务院的统一部署，配合国务院相关部门抓紧修订"社会组织三条例"并完善相关配套措施，其修订重点将集中在改革登记管理体制、明确民政及相关部门权责等方面。对此，日本NPO法人制度改革能够为我们带来何种启示？

其一，与时俱进，勇于创新。我国现行"社会组织三条例"均诞生于20世纪80—90年代，系改革开放之产物。虽然其中两个条例在其实施约10年后都进行过修订，但整体上仍显滞后。而在邻国日本，1998年出台的NPO法终结了日本长达100余年的"公益规制冰河期"，并以此打破了政府长期主导公益事业的"大一统"局面。在NPO法的影响下，2006年"公益法人制度改革"得以顺利实施，进而更大限度地放宽公益事业的法律规制，极大激活非营利部门的正向作用，加速日本从"统治"迈向"治理"。此外，在开创性地出台NPO法之后，日本仍坚持以平均"两年一改革"的方式推进制度创新，从而实现其NPO管理制度从管控严厉走向宽严相济。另外，日本政府在2011年实现NPO法的重大改革后，仍继续探寻能够不断适应现实发展的NPO法人制度。例如，2012年底取代民主党掌握国家政权的自公联合政权，于2013年4月25至5月27日连续召开4次名为"互助社会构建之恳谈会"的国家级官民协力研讨会，旨在探讨NPO法人等所面临的难题及其相应对策。与之相比，虽然近年来我国政府亦逐步意识到社会组织（NPO）在国家发展中的重要作用并尝试推行制度变革，但不可置否的是，政策话语枷锁仍延滞着相关法规的修订日程。鉴于此,日本在 NPO 法人制度改革中所体现出来的"与时俱进,勇于创新"精神,正是传递给我们的最大启示。

其二,强化自律,规范他律。与我国社会组织(NPO)建设的启动时间大致相同,日本 NPO 的发展却领先于我国,其重要原因之一在于日本 NPO 法人制度较好地实现了自律与他律之间的平衡。首先,日本 NPO 法强化包括章程、会员大会、理事与监事、会计、信息公开以及合并解散在内的内部治理机制,即健全 NPO 法人的自律机制。其次,通过彻底的信息公开制度,包括 NPO 法人的主动信息公开与主管部门的强制信息公开,以此实现社会力量的日常监督并提升 NPO 法人的社会信任度。与此同时,还构建起以主管部门为主导,相关部门协调配合、齐抓共管、依法行政的综合监督体制。而在我国,社会组织(NPO)内部规范普遍不明确,部分社会组织(NPO)甚至还因此导致了治理危机(如郭美美事件)。自律不足显然成为我国社会组织(NPO)建设亟需解决的重大课题。此外,以"双重管理体制"为中心的他律机制,一方面造成大量草根民间组织无法获得合法身份,另一方面导致大量的登记在册的社会组织(NPO)要么游离于监管之外,要么被迫成为"形同质异型组织"。基于我国社会组织(NPO)所面临的"自律不足,他律失范"之困境,我国在推进现代社会组织(NPO)体制建设过程中,应充分学习和借鉴日本的经验,即"强化自律,规范他律"。

最后,简化登记,注重培育。日本 NPO 法的立法初衷在于通过赋予市民活动团体以法人资格实现社会公共利益的增进。为此,日本政府采取"认证原则"并通过多次改革以简化法人认证手续,从而实现高达 96% 的法人认证率。此外,在 NPO 法的实施过程中,日本政府逐步意识到仅靠法人资格认证制度并不能有效培育和发展 NPO 法人,还须构建行之有效的税收优惠制度。为此,日本政府在 NPO 法实施 3 年后创设了"认定 NPO 法人制度",并于 2011 年实现法人资格认证制度与税收优惠资格认定制度的有机融合和高度统一,同时创造性地导入"暂认定 NPO 法人制度"并大幅度减低税收优惠资格认定基准。回顾我国,在"双重管理体制"的影响下,业务主管部门极力规避成为草根民间组织的"婆家",同时登记主管部门习惯于使用自由裁量权拒绝草根民间组织的登记注册申请,从而导致大量具有"正当性"的草根民间组织无法获得"合法律性"。此外,由于我国是"按税种设置税收制度,对社会组织没有专门的税收制度,社会组织作为法人实体,与其他法人实体一样,统一适用国家各项税收制度",[1]从而造成我国社会组织(NPO)难以获得实质性的税收优惠。因此,今后我国除了要建立政府向社会组织(NPO)购买服务制度,还需完善财税支持政策并扩大税收优惠种类和范围,逐步建立统一合理的社会组织(NPO)税收政策体系。简而言之,针对我国目前所面临的"登记困难,培育不足"之困境,日本的 NPO 法人制度改革给予我们的最后一点启示可概括为"简化登记,注重培育"。

---

① 引自王名:《中国民间组织 30 年》,社会科学文献出版社 2008 年版,第 117 页。

第五章
日本公益法人认定制度及其改革

　　进入 2016 年,随着一系列法律法规的相继出台与修订,我国迎来社会组织(NPO)历史上具有里程碑意义的改革时期。其中,《慈善法》一经出台即受到广泛关注,被学者赞誉为"内容全面、框架合理、有时代气息和现实意义"并将"开启民间与政府共同为社会筑底的时代"。[①] 然而,毋庸讳言,《慈善法》虽然构建了我国慈善行业的整体制度框架,但仍存在诸多不足。[②] 在我们看来,2016 年 9 月 1 日起实施的《慈善法》是否能够顺利实施,主要取决于能否有效构建并顺利推行慈善组织认定制度。其原因在于,慈善组织的认定与慈善组织的募捐资格、税收优惠以及参与政府购买服务等政策支持存在密切关系,从而最终决定《慈善法》能否实现其立法宗旨。

　　甚为遗憾的是,目前尽管我们初步构建起慈善组织认定的制度框架,但仍未建立"明确、统一、公开、量化、可比"的认定标准,从而不利于我们推进"既要严格、规范、合理、妥当,又要符合我国慈善组织的发展实际"的认定工作。为此,清华大学公益慈善研究院院长王名曾建议:我们要认真研究、分

---

① 引自金锦萍:《慈善法开启民间与政府共同为社会筑底的时代》,《人民日报》2016 年 3 月 21 日第 23 版。

② 参见马剑银:《"慈善"的法律界定》,《学术交流》2016 年第 7 期,第 87—93 页以及俞祖成:《如何实现〈慈善法〉的立法宗旨?》,《浙江工商大学学报》2016 年第 3 期,第 104—108 页。

析和把握慈善组织的认定标准,积极学习和借鉴国际上公益认定的各种有效方法及其相应的制度安排。① 鉴于此,本章选取日本公益法人认定制度为研究对象,着重分析其制度背景、制度安排以及实际运作等内容,并结合我国的实际情况提出若干启示和借鉴。

本章之所以聚焦于日本公益法人制度,主要基于以下考量。第一,概念的相似性。我国的慈善组织是指,依法成立的以面向社会开展慈善活动为宗旨的非营利性组织。这里所谓的慈善活动,是指自然人、法人和其他组织以捐赠财产或者提供服务等方式自愿开展的公益活动,即慈善活动可等同于公益活动。而在日本,公益法人是指以实施公益目的事业为主要目的法人,与我国的慈善组织概念相似。第二,制度的亲和性。我国《慈善法》所采纳的慈善组织"认定"一词,主要援用自日本公益法人制度。然而迄今为止,我们对日本公益法人认定制度知之甚少。第三,经验的可借鉴性。我国慈善组织认定制度中的"法人登记 + 慈善认定",与日本公益法人认定制度中的"法人设立 + 公益认定"相类似。更为关键的是,经过多年的摸索和实践,日本公益法人认定制度取得良好效果,其经验值得我们学习和借鉴。

一、日本公益法人制度改革及其认定制度框架

(一) 公益法人制度改革背景

1896 年,明治政府颁布日本近代史上的首部民法,将私法人划分为"营利法人"和"公益法人"并对公益法人的设立要件做出原则性规定,即"开展与公益相关的事业""不以营利为目的"以及"必须获得主管部门的许可"。然

---

① 参见程楠:《慈善组织登记管理制度怎么改》,《中国社会组织》2016 年第 6 期,第 22—23 页。

而,关于何为"公益",民法第 34 条仅列举出"祭祀、宗教、慈善、学术、技艺以及其他公益事业",从而将"其他公益事业"的认定权限交由主管部门自由裁量,进而导致许多不属于公益范畴的法人也得以设立。①

此外,基于"公益＝国益"之理念,当时的日本政府认为实施公益活动应以中央集权制国家为中心,那些作为国家补充性的民间公益活动,必须接受国家的严格监管。② 为此,日本政府采取规制色彩极为浓厚的"许可主义",同时未对公益法人的设立许可以及公益认定标准进行明文化,意图将之交由各主管部门自由裁量,以此严格控制公益法人的设立,并根据需要随心所欲地设立"官办公益法人"。不可置否的是,日本民法实施以来的百余年间,根据其第 34 条设立的公益法人(社团法人/财团法人)在日本近代化过程中发挥了重要作用。然而,在规制严厉的许可制度下,公益法人的法人设立与公益认定融为一体,从而逐渐引发一系列的弊端,包括法人设立极其困难、公益认定基准不明确、营利性(私益性)法人和互益性法人混杂其中以及不少公益法人沦为安排退职官员再就业的二政府组织。

在上述背景下,日本政府于 2000 年启动改革并于 6 年后出台"公益法人制度改革关联三法案",从而一举废除已实施百余年的旧公益法人制度。较之旧制度,2008 年起实施的新公益法人制度具有以下几个显著特征:第一,将法人设立与公益认定进行制度性分离;第二,法人设立采取准则主义,废除主管部门许可制度;第三,公益认定不再交由主管部门或国税厅负责,而是授权给由民间专家组成的第三方合议制机构;第四,通过法律法规将公益认定标准等进行明文化,以此提高制度运作的透明度和可预见性;第五,实现监管理念从事先规制转向事后监管。

---

① 参见森泉章『公益法人の研究』劲草書房,1977 年版,3—4 頁。
② 参见雨宫孝子「民法 100 年と公益法人制度」『公益法人』第 27 卷第 8 号,1998 年,10—15 頁。

(二) 一般社团法人/一般财团法人制度

第一,制度特征。一般社团法人/一般财团法人(以下统称"一般法人")的制度特征在于"法人享有极高的自由度"。首先,法人的注册手续非常简易,同时法人的事业目的和事业内容没有任何法律限制。换言之,在不违反其他法律的前提下,一般法人可以从事任何不以营利为目的事业。为此,有日本学者将一般法人称为"全天候型法人"。当然,与营利法人不同,法律禁止一般法人进行利润(剩余金)分配。不过,这种"利润分配禁止"属于非完全性"利润分配禁止",其原因在于:法律虽然禁止一般社团法人向其会员进行分股或分红,但却未禁止其将利润或剩余财产分配给组织干部或会员之外的个人或组织。此外,法律允许一般法人通过权力机关(一般社团法人的会员大会或一般财团法人的评议员会)的决议将组织剩余财产分配给会员或组织创立者。其次,尽可能地将政府部门的介入和干涉限制在最小范围内,同时通过详尽缜密的法律规定,尽可能地促使一般法人建立完善的内部治理机制,以此强化法人运营的自律性和自主性。

第二,注册手续。在日本,设立一般社团法人仅需 2 名会员(个人或法人均可)。另外,市民(单个人或多个人均可)只需提供不低于 300 万日元(约18 万人民币)的原始基金即可成立一般财团法人。更为关键的是,设立这两类法人均无需政府部门的同意。法人的发起人(或创始人)只需将事先制定好的组织章程进行公证并提交至法务省法务局进行法人登记后即可获得法人资格。

第三,内部治理机制。根据法律规定,一般社团法人必须设置作为最高决策机构的会员大会,同时必须设置 1 名以上的理事。不过,法律并未规定一般社团法人负有设置理事会和监事的法定义务。据此,一般社团法人的内部治理机制可分为 5 种类型:(1)会员大会 + 理事;(2)会员大会 + 理事 + 监事;(3)会员大会 + 理事 + 监事 + 会计监查人;(4)会员大会 + 理事 + 理事会＋监事；(5)会员大会＋理事＋理事会＋监事＋会计监查人。需要补充说明的是，利润完全非分配型一般社团法人(即日本税法上规定的"非营利型法人")必须设置理事会(3 名以上理事)和监事。此外，负债总额超过 200 亿日元的一般社团法人(即大规模一般社团法人)必须设置监事和会计监查人(注册会计师或监查法人)。另外，一般社团法人可以通过章程的特别规定，设立独具日本特色的"基金"。所谓"基金"，是指一般社团法人为了筹集组织成立所需启动资金而向个人或组织筹集而来的社会资金。这些社会资金不同于募捐资金，必须将之归还给出资人。

较之一般社团法人，作为财产集合体的一般财团法人不存在会员(作为例外，一般财团法人可根据法律规定自主设立"赞助会员制度")，所以无法设立"会员大会"。不过，根据法律规定，一般财团法人负有设置理事、理事会以及监事的法定义务。另外，为了制衡和监督理事，一般财团法人还必须设置独具日本特色的"评议员"和"评议员会"。评议员拥有诸如选任理事以及更变组织章程等重大事项的决策权。此外，负债总额超过 200 亿日元的一般财团法人(即大规模一般财团法人)还须设置会计监查人。简言之，可供一般财团法人选择的内部治理机制仅有两种，即"类型 1：评议员＋评议员会＋理事＋理事会＋监事"和"类型 2：评议员＋评议员会＋理事＋理事会＋监事＋会计监查人"。

第四，监管体制。如前所述，由于一般法人的注册手续与营利法人无异，无需政府部门的同意，因此其成立后也无需接受政府部门的监管，主要依靠自律原则开展活动。不过，根据法务大臣或相关利益人的申述，法院有权禁止市民成立那些有碍于公益秩序的一般法人，同时有权解散那些涉嫌违法的一般法人。此外，为了防止制度滥用，隶属法务省法务局的法人登记官有权对"休眠法人"(即那些长期未开展实质性活动的一般法人)强制实行"视为解散登记"。

第五，税收优惠。由于一般法人在事业目的和事业内容方面拥有最大限度的自由,故基本无法享受税收减免优惠。不过,那些满足税法规定的"彻底贯彻非营利性的法人之要件"或"以共益性活动为目的的法人之要件"的一般法人可被视为"非营利型法人",从而享受诸如会费收入免税等若干税收优惠。而除此之外的一般法人(即税法上规定的"普通法人")则与营利法人相同,其所有收入均被课税。

(三) 公益社团法人/公益财团法人制度

第一,公益认定基准。所谓公益社团/财团法人(以下统称"公益法人"),是指那些满足公益认定基准并获得公益认定资格,从而享受全方位的税收减免优惠的一般法人。根据《公益认定法》第 5 条的规定,公益认定基准多达18 项,其核心内容可概括如下:(1)以实施"公益目的事业"为主要目的;(2)具备实施公益目的事业所需会计基础和技术能力;(3)禁止在事业实施过程中向与法人存在关联关系的人员(包括会员、评议员、理事、监事以及职员等人员)提供特殊利益;(4)禁止在事业实施过程中通过捐赠等方式向营利团体或以谋求特定个人或特定团体之利益为宗旨的团体提供特殊利益;(5)公益目的事业收入不超过实施该事业所需合理费用;(6)公益目的事业所占比率超过 50%;(7)闲置资产不超过法定限度额;(8)不设置有关会员资格和会员表决权的歧视性规定或不合理规定。另外需要补充说明的是,公益认定基准所提及的"公益目的事业",是指《公益认定法》第 2 条第 4 项的附表所列举且有助于增进不特定多数人利益的公益事业。

第二,公益认定机关。在两个或两个以上的都道府县区域内(省级区域内)设有事务所(办公室),或者在两个或两个以上的都道府县区域内开展实质性活动,抑或开展与国家事业紧密相关的公益目的事业的一般法人(即全国性一般法人),其公益认定机关(行政厅)为"内阁总理大臣"(首相),而除此之外的一般法人,即地方性一般法人的公益认定机关为该法人事务所所在都道府县的"知事"(行政首长)。不过,为了确保公益认定的公平性、公正性以及透明性,公益认定机关(即首相或知事)在进行公益认定之前,必须咨询独立于政府部门的第三方机构。这些第三方机构一般采取合议制,包括中央层面的"内阁府公益认定等委员会"和地方层面的"公益认定等合议制机构"。在我们看来,作为第三方机构的公益认定等合议制机构掌管着有关公益认定等业务的实质性权限,而作为行政主管部门的首相或知事只不过象征性地对第三方机构的公益认定结果进行追加认可。

第三,内部治理机制。根据相关法律规定,公益社团法人的内部治理机制类型共有两种,即"类型1:会员总会+理事+理事会+监事"和"类型2:会员总会+理事+理事会+监事+会计监查人"。与之相似,公益财团法人选择的内部治理机制类型也只有两种,即"类型1:评议员+评议员会+理事+理事会+监事"和"类型2:评议员+评议员会+理事+理事会+监事+会计监查人"。其中,损益计算表所列收益总额超过1 000亿日元,或者损益计算表所列费用额和损失额之总和超过1 000亿日元,抑或借贷对照表所列负债总额超过50亿日元的公益法人(即所谓的大规模公益法人)必须设置会计监查人。

第四,监管体制。在法律授权下,作为第三方机构的公益认定等合议制机构有权通过公益认定机关(首先或知事),要求公益法人提交报告或直接进入法人事务所进行现场检查,以确保公益法人严格遵守公益认定基准。另外,如果有足够充分的理由,公益认定等合议制机构还有权通过公益认定机关向公益法人发出劝告,要求其采取相应措施。如果公益法人不听从劝告,公益认定等合议制机构有权通过公益认定机关发出改善命令,甚至直接撤销该法人的公益认定资格。不过,公益认定等合议制机构在做出劝告、改善命令以及撤销公益认定资格的决定之后,应及时将相关信息公之于众。

第五,税收优惠。一般而言,公益法人除了收益事业所得收入(营利性收入)之外的所有收入均可享受免税待遇。不过,需要提醒的是,《公益认定法》规定的收益事业并不等同于《法人税法实施令》所规定的34项收益事业。换言之,公益法人所实施的事业一旦被认定为《公益认定法》所列举的公益目的事业,那么既是属于《法人税法实施令》所规定的收益事业,也照样能享受免税待遇。此外,公益法人即使实施需要正常纳税的收益事业(即属于《法人税法实施令》所规定的收益事业且不属于该法人的公益目的事业之事业),如果将该事业所得收入用于公益目的事业支出,那么被转移支出的那部分收入(最高可达到 100%)可被视为"公益目的事业财产",从而享受免税待遇。除此之外,公益法人还能享受捐赠免税等各种税收优惠。

(四) 公益法人认定制度框架

日本公益法人认定制度分为两部分,即存量组织的公益认定制度和增量组织的公益认定制度。关于存量组织(旧公益法人),新法实施日起自动变更为特例民法法人,同时须在新法实施日起 5 年内(截至 2013 年 11 月末)履行完法人变更手续。如果变更为一般法人,则需制定"公益目的支出计划"并通过原主管部门的认可。如果选择变更为公益法人,则需履行和增量组织相同的公益认定手续(见图 5-1)。当然,旧公益法人亦可选择放弃法人变更,但须在制度过渡期满后进行合并或解散。① 截至 2013 年 11 月末,在 24 317 个旧公益法人中,变更为公益法人和一般法人的数量分别为 9 050 个(37%)和 11 679 个(48%),而进行合并或解散的法人数仅有 3 588 个(15%)。②

关于新法实施后拟成为公益法人的增量组织,其公益认定程序大致可概括如下。

(1) 设立法人。发起人根据准则主义进行一般法人登记。所谓准则主义,是指发起人将事先制定好的组织章程进行公证,之后提交至法务局进行

---

① 必须进行合并和解散的法人还包括那些未能获得一般法人变更认可和公益法人认定的法人。

② 参见内阁府「公益法人制度改革の進捗と成果について」(2014 年 12 月 31 日)URL: https://www.koeki-info.go.jp/,2016 年 8 月 1 日最終アクセス。

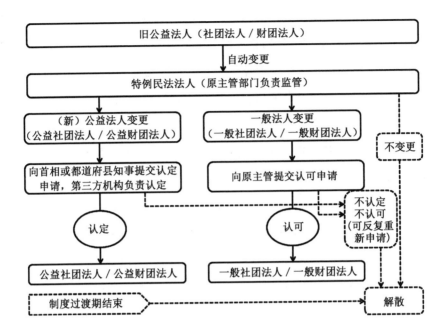

图 5-1　日本公益法人(存量组织)认定制度框架
资料来源：笔者自制。

法人登记后即可获得法人资格,从而一举废除旧公益法人制度中有关法人设立的主管部门许可制。

　　(2) 提交申请。全国性一般法人向首相(内阁总理大臣)提交认定申请,地方性一般法人则向其事务所(办公室)所在地的都道府县知事提交认定申请。换言之,一般法人的公益认定机关为首相或知事。根据《公益认定法》第3条的规定,全国性一般法人包括"在2个以上的都道府县区域内设有事务所的法人""章程规定在2个以上的都道府县区域内开展公益目的事业的法人"以及"开展政令规定的与国家事业紧密相关的公益目的事业的法人"。① 另外,提交认定申请的方式包括电子申请、窗口申请以及邮寄申请。目前最常用的申请方式为电子申请。

———————————

① 截止本书出版,日本政府仍未颁布相关政令。

（3）形式审查。内阁府公益认定等委员会事务局负责受理全国性一般法人的认定申请，各都道府县的总务部总务科或文书课等①负责受理地方性一般法人的认定申请。这些受理部门的工作人员收到公益认定申请后，需要花费1个月左右的时间对申请材料进行形式要件审查，包括"申请法人是否存在公益认定法第6条规定的欠格事由""章程是否违反法律法规""申请材料是否符合公益认定标准"以及"申请材料在内容上是存在错误或缺失"等事项。根据审查结果，受理部门可要求申请法人对申请材料进行修订或追加。如果申请法人不愿根据要求做出修订或追加材料，那么可以主动撤销认定申请。当然，受理部门有权根据《行政手续法》拒绝受理不符合法定要件且拒绝修订或追加材料的认定申请。不过，关于申请法人是否具有公益性等关键问题，受理部门并无权限做出判定，须交由第三方合议制机构进行审查和判定。

（4）实质审查。与英国相类似，为了确保公益认定的公平性和透明性，日本政府将公益认定的实质审查权限委托给第三方合议制机构，即内阁府公益认定等委员会或都道府县的合议制机构②。其中，前者属于内阁府的咨询机构③，由7名委员（含全职和兼职委员，任期3年）组成，包括律师、注册会计师、法学教授以及公益实践家等民间专家。与之相类似，都道府县的合议制机构属于都道府县知事的咨询机构，一般由5名兼职委员（任期2年）组成。根据法律规定，第三方合议制机构负责公益认定的实质审查，同时负责审议针对公益法人的劝告、命令以及取消公益认定资格等事项并将结果提交至首相或知事。另外，根据法律授权，第三方合议制机构有权直接向公益法人征收报告或实施现场检查。此外，内阁府公益认定等委员会还有权就相关法律法规的修订提出建议。简而言之，第三方合议制机构发挥着类似行政部

---

① 在都道府县层面，负责受理公益认定申请的行政部门不尽相同，目前主要采取"集中管理"和"分散管理"两种方式。

② 各都道府县合议制机构的称谓不尽相同。例如东京都公益认定等委员会、北海道公益认定等审议会、京都府公益认定等审议会、滋贺县公益认定等委员会。

③ 根据日本《国家行政组织法》第8条规定所设置的审议会。

门的功能,从而掌控公益认定和公益法人监管等的实质性权限。

（5）下达通知。包括形式审查时间在内,第三方合议制机构最终做出认定审查结果需要花费 4 个月左右的时间。如果第三方合议制机构做出"认定"结果,行政部门必须迅速以首相或知事的名义向申请法人递送"公益认定书"。接到这份认定书后,申请法人须按照法律要求向法务局提交法人名称变更申请并向税务和金融机构递交税务材料。当然,申请法人有可能无法获得公益认定。在这种情况下,行政部门须将不认定的理由进行公示,并允许申请法人再次(不限次数)提交公益认定申请。如果申请法人对"不认定"的行政处分有异议,则有权根据相关法规提出不服行政处分申诉或行政诉讼(见图 5-2)。

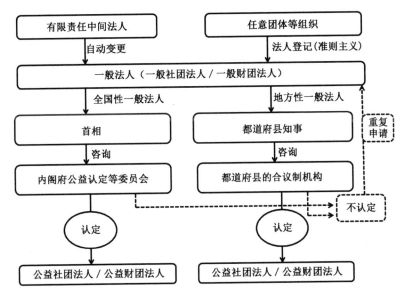

图 5-2　日本公益法人(增量组织)认定制度框架①
资料来源:笔者自制。

① 新公益法人制度施后,2001 年出台的《中间法人法》被废除。原有的有限责任中间法人自新法实施日起自动变更为一般法人,而无限责任中间法人则必须在新法实施日 1 年内进行一般法人更变。这两类法人如需获得公益认定,则需履行和增量组织相同的公益认定手续。

根据日本内阁府的统计,从新法实施日至 2014 年 11 月末,公益认定机关(受理部门)共收到 10 147 件认定申请。其中,由于申请材料不符合法定要件,申请法人主动撤销认定申请的件数为 670 件(之后再次提交的申请件数为 130 件),而被受理部门拒绝受理的件数仅有 2 件,最终得以受理并进入实质审查的申请件数为 9 345 件。值得关注的是,获得公益认定的件数占受理总数的 99.84%(9 330 件),即不被认定的申请仅有 15 件,①,从而强有力地印证了日本内阁府公益认定等委员会提出的"以申请法人为视点、充满人文关怀的审查之理念"。②

二、日本公益法人认定标准及其运作

(一) 日本公益法人认定标准的内容及特征

旧公益法人制度将法人设立和公益认定融为一体,同时未对法人设立要件和公益认定标准进行明文规定,从而导致各主管部门在法人设立许可上拥有绝对的自由裁量权。为了摈除这一弊端,新公益法人制度将法人设立和公益认定进行彻底分离,并尽可能地通过法律法规将法人设立要件和公益认定标准进行明文化,从而最大限度地限制行政部门的自由裁量权并极大提高认定申请的透明度和可预见性。关于新制度中的公益认定标准,《公益认定法》第 5 条对其进行了详尽规定(见表 5-1),同时出台一系列的配套政策并就每条认定标准制定具体的操作办法。

表 5-1 日本公益法人认定标准

第 1 条	以实施公益目的事业为主要目的。

---

① 参见内阁府「平成 26 年公益法人に関する概況」(2015 年 12 月 31 日),URL:https://www.koeki-info.go.jp/,2016 年 8 月 1 日最終アクセス。

② 参见内阁府「内閣府公益認定等委員会だより」第 5 号,2012 年。

续表

第 2 条	具备实施公益目的事业所需会计基础和技术能力。
第 3 条	在事业实施过程中,禁止向会员、评议员、理事、监事、职员以及政令规定的其他相关利害人提供特殊利益。
第 4 条	禁止在事业实施过程中向股份制公司等营利企业以及政令规定的以谋求特定个人或特定团体之利益为宗旨的组织提供捐赠及其他特殊利益。不过,为了更好地实施公益目的事业,允许法人向其他公益法人提供捐赠及其他利益。
第 5 条	禁止从事投机性交易、高息融资以及由政令规定的有可能损害公益法人社会信誉或公序良俗的事业。
第 6 条	预计在公益目的事业实施过程中,通过该事业所获得的收入不超过实施该事业所需合理费用总额。
第 7 条	实施公益目的事业之外的事业(简称"收益事业等")不会影响公益目的事业的顺利实施。
第 8 条	预计公益认定法第 15 款所规定的公益目的事业在法人所有事业中所占比率超过 50%。
第 9 条	在事业实施过程中,预计公益认定法第 16 款第 2 项所规定的闲置资产总额不超过同款第 1 项所规定的限额。
第 10 条	每名理事及其配偶以及三亲等以内的亲属(包括政令规定的与该理事存在特殊关系的相关人员)所担任的理事人数不超过理事总人数的 1/3。监事与此相同。
第 11 条	其他同一团体(政令规定的公益法人及其他相似团体除外)的理事或职员以及政令规定的与该团体存在密切关系的相关人员所担任的理事人数不超过理事总人数的 1/3。监事与此相同。
第 12 条	损益计算表所列收益总额超过 1 000 亿日元,或者损益计算表所列费用额度和损失额度的总和超过 1 000 亿日元,抑或借贷对照表所列负债总额超过 50 亿日元的一般法人必须设置会计监查人。
第 13 条	根据内阁府令,同时参考民间企业高管和普通职员的工资水平,并充分考虑本法人的经营状况及其他情况,制定合理的工资支付标准,以确保报酬等不至于过高。
第 14 条	一般社团法人还须满足以下条件:①禁止设置有关会员资格的取得和丧失的歧视性规定及其他不合理的规定;②禁止设置有关会员决议权的歧视性规定及其他不合理的规定;③须设置理事会。
第 15 条	禁止持有能够左右其他团体决策的股份或内阁府令规定的其他财产。
第 16 条	关于实施公益目的事业所不可或缺的特定财产的使用途径、维护以及处置限制等必要事项,必须通过章程加以规定。

续表

第 17 条	必须在章程中作出如下规定：在公益认定资格被撤销或因合并而导致法人消亡的情形下，应在 1 个月内将剩余公益资产捐赠给组织宗旨相近的公益法人、中央政府、地方政府或其他法人。①
第 18 条	必须在章程中作出如下规定：将清算后的剩余资产捐赠给组织宗旨相近的公益法人、中央政府、地方政府或其他法人。

资料来源：笔者自制。

为了剖析上述 18 条公益认定标准之间的有机关联性，日本学界对其进行了多种分类和解读。② 然而，在笔者看来，不管采取何种分类方式进行解读，我们首先必须认识到的是，公益法人的认定原则并非实绩主义，而是愿景主义。换言之，公益认定机关并不关注申请法人是否已积累开展公益活动所需的经验和技能，而且着眼于申请法人今后是否有能力根据事先制定的组织愿景实施基于组织宗旨的公益事业。为此，公益认定标准需要解决的核心问题是"如何判定申请法人是否具有公益性"以及"如何确保获得公益法人能够持续维持其公益性"。限于本章篇幅，接下来着重分析被日本学界视为公益认定标准之核心的"公益性认定标准"（第 1 条）和"财务三标准"（第 6、8、9 条）。

（二）公益性认定标准及其实际运作

公益认定标准第 1 条规定公益法人必须"以实施公益目的事业为主要目的"，试图以此判定公益法人的公益属性。一目了然，这条标准须解决两个核

① 第 17、18 条中的"其他法人"，是指学校法人、社会福祉法人、更生保护法人、独立行政法人、国立大学法人、大学共同利用机关法人、地方独立行政法人以及政令规定的其他法人。

② 参见江田寛「公益認定制度における『財務三基準』の意義」『公益・一般法人』第 826 号，2012 年，13—19 頁；岡本勝義「一般社団・財団法人の公益認定基準の検討：公益性判断基準と財務三基準」『非営利法人研究学会誌』第 17 号，2015 年，1—12 頁；公益法人協会『公益認定申請はやわかり』公益法人協会，2016 年版；斎藤真哉「非営利組織の公益性評価」『非営利法人研究学会誌』第 11 号，2009 年，35—47 頁。

心问题,即如何界定"公益目的事业"和"主要目的"这两个概念(关于后者,详见下文论述)。

关于"公益目的事业"的界定,《公益认定法》第 2 条规定其必须满足两大要件,即属于公益认定法所规定的有关学术、技艺、慈善及其他公益的事业(要件①)以及属于有助于增进不特定多数人之利益的事业(要件②)。在此基础上,《公益认定法》以尽可能穷尽之方式列举出 23 种公益目的事业种类(见表 5-2)。对此,公益法人协会(日本公益法人的全国性行业组织)认为:"这 22 种①事业几乎涵盖了日本所有的公益事业类型,申请法人很容易从中找到符合自身要求的公益事业类型"。②

表 5-2　日本公益目的事业一览表

(1) 以学术振兴和科技振兴为宗旨的事业
(2) 以文化艺术振兴为宗旨的事业
(3) 以支援残障人、贫困人群以及事故、灾害和犯罪的受害者为宗旨的事业
(4) 以增进老年人福利为宗旨的事业
(5) 以支援有劳动意愿者就业为宗旨的事业
(6) 以提升公共卫生为宗旨的事业
(7) 以保护儿童和青少年健康成长为宗旨的事业
(8) 以提高劳动者福利为宗旨的事业
(9) 以通过教育、体育等方式促进国民身心健康和人格发展为宗旨的事业
(10) 以预防犯罪和维护治安为宗旨的事业
(11) 以预防事故和灾害为宗旨的事业
(12) 以防止或根除因人种、性别或其他缘由而引发的歧视或偏见为宗旨的事业
(13) 以尊重和维护思想自由、良心自由、宗教信仰自由以及言论自由为宗旨的事业
(14) 以构建男女共同参与型社会或其他更加美好的社会为宗旨的事业
(15) 以促进国际相互理解以及推动发展中海外地区的经济发展为宗旨的事业
(16) 以保护地球环境和自然环境为宗旨的事业
(17) 以国土的利用、维护和保全为宗旨的事业
(18) 以确保国家事务健全运营为宗旨的事业
(19) 以健全发展区域社会为宗旨的事业

---

① 截止本书出版,日本仍未颁布有关表 2 第 23 项的政令。因此,日本公益目的事业实际上只有 22 种。

② 引自公益法人協会『公益認定申請はやわかり』公益法人協会,2016 年版,97 頁。

续表

（20）以确保、促进、激活公正自由的经济活动以及稳定和提高国民生活水平为宗旨的事业
（21）以保障国民生活所不可或缺的物资和能源的稳定供给为宗旨的事业
（22）以维护和提高消费者权益为宗旨的事业
（23）除上述各项规定之外的、由政令规定的其他公益事业

资料来源：笔者自制。

与要件①相比，要件②显然难以通过法律条文做出具体规定，因为如何清晰划定"不特定多数人的利益"与"特定少数人的利益"之界限的问题，一直困扰着世界各国的立法者。鉴于此，日本公益认定机关除了要求申请法人在申请材料中就其公益事业的公益性做出令人信服的说明之外，还在汲取各方智慧的基础上开发出一套"公益目的事业评价指标"。

概括而言，这套评价指标体系分为"事业目的评价"（确认申请法人是否明确表明将增进不特定多数人的利益作为法人的主要目的）和"事业合目的性评价"（确认申请法人的事业内容及其实施方式的合理性）。关于后者，又可分为若干次级评价指标，包括事业受益机会的开放性、确保事业质量的实施方式、事业审查或选考的公正性以及其他要素。① 当然，这套指标仅提供给第三方合议制机构作为参考之用，而具体的认定则须根据个案进行酌情处理。

（三）财务三标准及其实际运作

为了促使公益法人能够确保并持续维持其公益性，从而有资格享受世界各国非营利法人制度中最为优厚的税收减免待遇，日本公益认定标准提出所谓的"财务三标准"，即公益目的事业比率原则（第8条）、收支相抵原则（第6条）以及闲置财产额规制原则（第9条）。

———————

① 参见公益法人協会『公益法人・一般法人関係法令集』公益法人協会，2016年版，391—403頁。

　　首先,公益目的事业比率原则是指公益法人的公益目的事业所占比率必须超过法人全体事业的50%。这也是判定公益法人是否将公益目的事业作为"主要目的"的标准。换言之,我们可以简单认为,公益目的事业支出在公益法人年度支出费用总额中所占比例必须超过一半。根据《公益认定法》第15条以及《公益认定法实施细则》第13条的规定,我们可将这项原则的计算公式整理成表5-3。为了满足这项原则,公益法人必须在财务报表中进行会计区分,即公益目的事业会计、收益事业(含互益事业)会计以及法人会计(有关法人管理业务及其他法人运作所需费用的会计)。

表5-3　公益目的事业比率的计算公式

公益目的事业比率＝公益实施费用额÷(公益实施费用额＋收益事业实施费用额＋管理运营费用额)≥50%
·公益实施费用额:(事业年度损益计算书所列)实施公益目的事业所需费用总额
·收益事业实施费用额:(事业年度损益计算书所列)实施收益事业和互益事业所需费用总额
·管理运营费用额:(事业年度损益计算书所列)法人管理所需费用总额

资料来源:笔者自制。

　　其次,收支相抵原则是指公益法人的公益目的事业所得收入不超过实施该事业所需合理费用总额。根据这项原则,公益法人需要尽可能维持公益目的事业的收支平衡或略处于赤字状态。需要注意的是,如果公益法人实施多项公益目的事业,那么各项公益目的事业的收支状况以及整体公益目的事业的收支状况均需符合收支相抵原则。当然,如果公益法人完全贯彻这项原则,将很可能导致其难以维系组织的可持续性发展。为此,日本政府专门制定一系列特殊措施,允许公益法人将公益目的事业所得收入的剩余利润用于今后的公益目的事业支出。另外,法律还允许公益法人将会费收入及其他营利性收入转移至公益目的事业支出并享受免税待遇。目前,尽管这项原则受到各种批判,但公益法人协会认为这项原则目前并未影响公益法人的整体发展。①

最后,闲置财产额规制原则是指公益法人在事业实施过程中所持有的闲置财产总额不应超过法定额度。其中,闲置资产是指那些用途尚不明确的组织财产,包括固定资产和流动资产等财产。而关于"法定额度",根据《公益认定法实施细则》第 21 条的规定,我们可将其计算公式整理成表 5-4。据此,我们可以简单认为,公益法人所能持有的闲置资产总额不能超过实施与上一年度相同的公益目的事业所需费用的总额。日本政府之所以做出这项规定,是考虑到公益法人是以公益目的事业为核心的法人,其绝大部分收入享受税收减免待遇。

表 5-4　闲置资产规制额度的计算公式

闲置资产保有上限额≤(1) + (2) + (3) − (4) − (5) − (6)
(1) 公益目的事业费
(2) 算入公益实施费用额的商品和制品原价
(3) 算入公益实施费用额的特定费用准备金
(4) 从公益实施费用额中加以扣除的备付款
(5) 不算入公益实施费用额的转让亏损和评估亏损等
(6) 从公益实施费用额中加以扣除的特定费用准备金

资料来源:笔者自制。

三、小结

(一) 实现法人登记与慈善认定之间的彻底分离

与日本相类似,我国的慈善组织认定制度也分为"增量组织认定制度"和"存量组织认定制度"。关于前者,根据民政部于 2016 年 8 月 30 日公布的《民政部关于慈善组织登记等有关问题的通知》,《慈善法》实施后拟成为慈善

---

① 参见公益法人協会『公益認定申請はやわかり』公益法人協会,2016 年版,101 頁。

组织的,应当由申请人确定一种组织形式(基金会、社会团体或社会服务机构)后,直接向县级以上人民政府民政部门申请法人登记,并在办理法人登记的同时,同步确认其慈善组织属性。进而言之,申请人登记慈善组织,需要在申请书中按照慈善组织的认定标准对组织宗旨和业务范围等进行陈述,同时根据其所选择的法人类型提交相应的申请材料。不过,根据民政部于2016年5月26日公布的《基金会管理条例》(修订草案征求意见稿)的规定,《慈善法》实施后被准予登记的基金会在获得法人身份的同时,无需认定即可获得慈善组织资格。

　　而关于存量组织,民政部于2016年8月31日公布《慈善组织认定办法》,明确规定《慈善法》公布之前已经设立的基金会、社会团体和社会服务机构(原民办非企业单位)等非营利性组织,如果有意申请认定为慈善组织的,则必须向其登记管理部门(县级以上人民政府民政部门)提交认定申请。简而言之,针对增量组织,《慈善法》及其配套政策将"法人登记与慈善组织认定"这两个环节合二为一。而针对存量组织,《慈善法》及其配套政策则根据法人的不同类型实施不同的认定方法。这种区别性认定方式与"直接登记 + 双重管理"的混合式法人登记方式相互绞缠,从而将慈善组织认定制度推向复杂化和层级化,造成法人登记与慈善认定之间无法实现彻底分离,进而将影响慈善组织认定制度的实际效果。

　　而在日本,鉴于旧公益法人制度中的主管部门许可制以及法人设立与公益认定一体化所引发的种种弊端,新公益法人制度采取基于准则主义(登记备案制)的法人设立制度和由第三方合议制机构主导的公益认定制度,从而实现法人设立与公益认定的制度性分离,进而顺利推进公益认定工作,极大促进日本公益慈善事业的发展。鉴于日本经验,今后我们有必要在适当的时机进一步改革社会组织登记制度,努力实现与慈善组织认定之间的制度性分离。

（二）切实保障慈善认定申请组织的权益

根据民政部于 2016 年 7 月 14 日公布的《慈善组织认定办法（意见征求稿）》第 12 条和第 13 条的规定：“《慈善法》实施后，未作为慈善组织登记的社会团体、社会服务机构，不得再申请慈善组织的认定。《慈善法》公布之前设立的社会团体、社会服务机构，应该在本办法实施之日起 5 年内提出认定为慈善组织的申请。”耐人寻味的是，在同年 8 月 31 日正式公布的《慈善组织认定办法》删除了上述备受争议的条款。然而，根据笔者在深圳市民政局和上海市民政局的实地调研发现，负责慈善组织登记和认定的行政部门在实质上执行了意见征求稿中的上述规定。换言之，在实际的政策执行中，《慈善法》实施后，增量组织如果在法人注册的同时无法等级为慈善组织，那么今后将没有资格再次提出慈善组织认定申请。与之相类似，存量组织在《慈善法》实施后仅有 1 次机会向登记管理部门提出慈善组织认定申请。如果首次未能通过认定，那么之后将没有机会再次提出慈善组织认定申请。与此同时，关于增量组织和存量组织在未获得慈善组织资格认定的情况下是否具有行政救济权，《慈善法》及其相关法规并未做出任何规定。

而在日本，不管是存量组织还是增量组织，如果未获得公益法人资格认定，之后可以不限次数地反复提出公益认定申请。与此同时，申请法人还有权根据《行政不服审查法》或《行政事件诉讼法》向行政部门提出不服行政处分申诉或向法院提出行政诉讼，甚至可以根据《国家赔偿法》向行政部门提出损失赔偿请求。日本对于公益认定申请法人权益保障的制度化做法，值得我们学习和借鉴。为此，今后我们有必要认真讨论有关慈善认定申请组织的行政救济问题，立足法治原则并尽可能地通过法律条文以切实保障其合法权益。

（三）建立具有明确性、可操作性以及可预见性的认定标准

根据《慈善法》第 9 条的规定，慈善组织的认定标准包括 7 条，即以开展

慈善活动为宗旨、不以营利为目的、有自己的名称和住所、有组织章程、有必
要的财产、有符合条件的组织机构和负责人以及法律和行政法规规定的其他
条件。在此基础上,民政部针对增量组织专门出台了《民政部关于慈善组织
登记等有关问题的通知》,其中明确指出"登记管理机关应该根据《慈善法》第
8条、第10条的规定受理慈善组织的设立申请,并根据申请人所选的基金会、
社会团体或社会服务机构组织形式,按照有关登记管理条例规定的条件要求
发起人提交申请材料。在申请材料中,申请人应当明确以下内容:设立申请
书应当明确提出设立慈善组织的意愿,以及该组织符合《慈善法》规定的慈善
组织宗旨、业务范围等情况的说明;章程中有关财产管理使用的一章中要增
加项目管理制度的规定,终止和剩余财产处理一章中要增加'清算后的剩余
财产,应当按照章程的规定转给宗旨相同或者相似的慈善组织,章程未规定
的,由民政部门转给相同或相近的慈善组织,并向社会公告'的规定"。

　　而关于存量组织,《慈善组织认定办法》在《慈善法》相关规定的基础上将
存量组织的认定程序进一步划分为"前置程序"和"认定程序"。关于前置程
序,《慈善组织认定办法》第6条规定:"申请认定为慈善组织,社会团体应当
经会员(代表)大会表决通过,基金会、社会服务机构应当经理事会表决通过;
有业务主管单位的,还应当经业务主管单位同意。"而关于认定程序,《慈善组
织认定办法》第4条对存量组织的认定条件进行了规定,即申请时具备相应
的社会组织法人登记条件;以开展慈善活动为宗旨,业务范围符合《慈善法》
第3条的规定;申请时的上一年度慈善活动的年度支出和管理费用符合国务
院民政部门关于慈善组织的规定;不以营利为目的,收益和营运结余全部用
于章程规定的慈善目的;财产及其孳息没有在发起人、捐赠人或者本组织成
员中分配;章程中有关于剩余财产转给目的相同或者相近的其他慈善组织
的规定;有健全的财务制度和合理的薪酬制度;法律、行政法规规定的其他
条件。此外,《慈善组织认定办法》第7条对"申请认定为慈善组织的基金
会、社会团体以及社会服务机构应向民政部门提交的申请材料"进行了进

一步规定，即申请认定为慈善组织的基金会应当提交的申请材料包括申请书、符合《慈善组织认定办法》第 4 条规定以及不存在第 5 条所列情形的书面承诺、按照《慈善组织认定办法》第 6 条规定召开会议形成的会议纪要。而申请认定为慈善组织的社会团体或社会服务机构，除了上述材料之外，还应提交以下申请材料，包括关于申请理由、慈善宗旨以及开展慈善活动等情况的说明、注册会计师出具的上一年度财务审计报告（含慈善活动年度支出和管理费用的专项审计）、有业务主管单位的还应当提交业务主管单位同意的证明材料。

通过以上分析不难发现，我国的慈善组织认定标准尽管也包含了"公益性认定标准"和"组织机构认定标准"，但是这些标准显然更倾向于"原则化"，迄今为止并未出台相关的具体操作标准或参考标准。尤其是公益性认定标准中有关"符合本法规定的其他公益活动"的认定，在实质上已完全交由民政部门自由裁量，从而难以避免重蹈日本旧公益法人制度的覆辙。对此，日本公益法人研究的权威学者森泉章早在 20 世纪 70 年代就已发出警告："基于主管部门自由裁量权的法人设立和公益认定，是一种特权主义做法，时常受制于国家对于社会团体的态度和政策，极有可能引发歧视性对待之风险。"①

而在日本，如前所述，《公益认定法》详尽规定了公益认定标准，同时辅以一系列的配套政策，成功构建起明确、统一、公开、量化的公益认定标准体系，从而提高公益认定的可操作性和可预见性。更为关键的是，公益认定的实质性权限成功地从行政部门转移自第三方合议制机构，从而确保了公益认定的公平性和透明度。鉴于日本经验，今后我们应积极参考和借鉴日本等发达国家的经验，尽快出台具有明确性、可操作性以及可预见性的认定标准，同时在可控的范围内建立类似日本第三方合议制机构的专家咨询委员会，以此提高慈善组织认定的公平性和透明度。

① 引自森泉章『公益法人の研究』勁草書房，1977 年版，3 頁。

第六章
日本募捐政策的演变历程与规制逻辑

　　日本公益慈善研究知名学者冈本仁宏曾颇为自豪地指出，"根据关于捐赠收入的实态调查数据可知，市民向税额控除对象法人所提供的捐赠金总额得到大幅度提升。这是新公益法人制度所设立的优惠税收减免制度获得的最大成果。可以说，如此优惠的税收减免制度，毫不逊色于其他国家。"①冈本的此番论点，引起了笔者的极大关注。要知道，日本真正启动NPO建设的时间与我国大致相近，然而在NPO制度的核心内容——税收减免制度方面，日本不但遥遥领先于我国，而且毫不逊色于其他发达国家。众所周知，面向非营利部门的税收减免制度，乃是提升一个国家捐赠水平的核心因素之一。那么，当下日本社会的募捐状况，是否验证了冈本仁宏给出的判断？

　　根据日本募捐协会（Japan Fundraising Association）的推算，2016年度，日本平均每位市民提供了27 013日元的捐赠，②全社会的个人捐赠总额则达到

---

① 引自冈本仁宏『市民社会セクターの可能性』関西学院大学出版会，2015年，28頁。

② 参见日本ファンドレイジング協会編『寄付白書2017』日本ファンドレイジング協会，2017年，24頁。

7 756 亿日元,①约占同年日本 GDP 总额的 0.14%。② 而在同一年,美国、英国、韩国的个人捐赠总额的 GDP 占比分别为 1.44%、0.54%、0.50%。③ 很明显,尽管日本的个人捐赠总额的 GDP 占比仍不及其他三国,但作为非营利部门的后发国家,其个人捐赠的规模增速是相当可观的。如果从其他更为微观的数据加以审视,近年来日本募捐市场呈现出日趋活跃和繁荣之景象。例如,根据日本募捐协会的推算,仅在 2016 年度,提供过金钱捐赠的日本市民人数已达到 4 571 万人④,约占同年度日本总人口的 45.4%。其中,通过缴纳会费的方式提供捐赠的市民约占 28.9%,采取"故乡纳税"方式提供捐赠的市民约占 10.2%。⑤ 此外,在提供过捐赠的市民总数中,17.9%的市民向"社区营造、紧急灾害救援、国际协力和交流"⑥等非营利事业提供了捐赠,32.6%的市民向"宗教相关设施、共同募金会、日

---

① 日本社会的捐赠,不仅包括市民个人提供的捐赠,也包括法人(团体)提供的捐赠以及市民提供的志愿者服务。例如,根据日本募捐协会的推算,2015 年度日本共有 42 万个法人提供了多达 7 909 亿日元的捐赠,同时各类资助型基金会向个人或组织提供了高达 1 006 亿日元的资助。此外,2016 年度在日本总人口中,约有 26.3%的日本市民提供了志愿者服务。参见日本ファンドレイジング協会編『寄付白書 2017』日本ファンドレイジング協会,2017 年版,11 頁 &34 頁。
② 参见日本ファンドレイジング協会編『寄付白書 2017』日本ファンドレイジング協会,2017 年,11 頁。
③ 参见日本ファンドレイジング協会編『寄付白書 2017』日本ファンドレイジング協会,2017 年,11 頁。
④ 参见日本ファンドレイジング協会編『寄付白書 2017』日本ファンドレイジング協会,2017 年,26 頁。
⑤ 参见日本ファンドレイジング協会編『寄付白書 2017』日本ファンドレイジング協会,2017 年,11 頁。
⑥ 具体包括:社区营造·社区振兴、紧急灾害救援、国际协力·交流、文化艺术·体育、教育·研究、就业促进·就业支援、保健·医疗·福祉、儿童·青少年培育、自然·环境保护、权利拥护·权利支援、社会贡献活动(志愿者活动)的支持及其他。参见日本ファンドレイジング協会編『寄付白書 2017』日本ファンドレイジング協会,2017 年版,21 頁。

本红十字会、自治会・町内会等"①提供了捐赠。② 当然,和其他大多数国家一样,日本的捐赠市场中的捐赠主体不仅包括个人(自然人),也包括各类组织(如企业);捐赠对象不仅包括含股票等在内的金钱,亦包括其他有价值的有形物品和志愿者服务。③ 为此,日本募捐协会将"捐赠"(日语:寄付)定义为:"自发地向开展募捐活动或社会贡献活动等的个人或团体(而非自己或家人),提供金钱或金钱以外的物品(包括衣料品、食物、医疗用品、日用品、信用卡积分、不动产等)之行为"。④

当然,推动战后日本募捐市场日趋活跃和繁荣的因素,也不仅仅停留于面向非营利部门的税收减免制度。道理很简单,面向非营利部门的税收减免制度尽管同时涉及面向捐赠者和募捐者的税收减免待遇,然而其制度设计的前提在于"存在足够数量且能够公平竞争的募捐者(劝募者)群体"。对此,日本募捐协会在其编撰的《捐赠白皮书 2013》中指出,在当下日本,"开展劝募(募捐)或提供捐赠的行为,基本处于自由状态。当然,这些行为需要遵守相关事项或接受有限规制"。⑤ 对此,我们不禁想追问的是,日本是如何形成今日捐赠和募捐的自由状态? 其遵守事项和有限规制究竟包括哪些内容? 换言之,如欲洞察推动日本募捐市场日趋活跃和繁荣的原因,离不开对其募捐政策的变迁内容及其规制逻辑的全面考察。此即为本章的研究旨趣。

---

① 具体包括:中央政府・都道府县・市町村(故乡纳税除外)、政治献金、宗教相关组织、共同募金会、日本红十字会、自治会・町内会(笔者注:类似我国的居委会或村委会)、女性会(妇女会)・老人倶乐部・儿童会等,以及行业团体・商业团体・劳动组合(工会)。参见日本ファンドレイジング協会編『寄付白書 2017』日本ファンドレイジング協会,2017 年版,21 頁。
② 参见日本ファンドレイジング協会編『寄付白書 2017』日本ファンドレイジング協会,2017 年,20 頁。
③ 参见坂本治也編『市民社会論』法律文化社,2017 年,110—113 頁。
④ 参见日本ファンドレイジング協会編『寄付白書 2017』日本ファンドレイジング協会,2017 年,16 頁。
⑤ 参见日本ファンドレイジング協会編『寄付白書 2013』日本ファンドレイジング協会,2013 年,168 頁。

一、文献回顾与述评

截至目前,我国学界仍未出现关于日本募捐政策的专题研究。相关研究主要散见于与慈善募捐(又称"公益募捐")议题相关的文献资料。早在2009 年,有学者就已关注到日本规模最大的劝募组织——共同募金会,并对这类组织的兴起背景、运作机制、劝募形式及其最新动向进行了初步考察。① 然而,这项研究不仅未能注意到"共同募金会"所带有的官方色彩,更未洞察到作为日本劝募组织的其中一种类型,"共同募金会"难以呈现日本捐赠和募捐状况的全部景象。

同年,在题为"公益募捐法律规制论纲"这一颇具雄心勃勃之色彩的研究论文中,作者敏锐地意识到"政府对公益募捐的介入和不同程度的干预已成为国家生活的常态",然而却颇为武断地认为"在法国以及日本等国家,有关非营利组织以及公益募捐立法中长期遵循'秩序中心主义'的立法理念,也正在遭受着越来越多的争议和挑战"。② 暂且不论当时的日本并不存在关于公益募捐的专项立法,仅就日本于 1998 年出台的 NPO 法而言,日本早已摒弃"秩序中心主义"的立法理念,并全面解除针对 NPO 法人的募捐资格规制。

若干年后,一项关于"域外公益募捐准入制度"的前沿研究,力图从准入程序、准入条件、许可证书的期限等维度,提炼出大陆法系及英美法律国家的公益募捐准入制度的核心内容。③ 在这项研究中,作者虽然准确地指出当下日本"没有专门规制公益募捐活动的立法",同时"日本公益募捐准入,并不采用严格的许可制度。只要法定的公益性社会组织,均具有从事公益募捐的资

① 参见杨刚、纪政:《日本的共同募捐运动》,《社会福利》2009 第 2 期,第 41—42 页。
② 参见杨道波:《公益募捐法律规制论纲》,《法学论坛》2009 年第 4 期,第 80—85 页。
③ 参见李永军:《域外公益募捐准入制度考评》,《社团管理研究》2011 年第 9 期,第 47—50 页。

格"。然而,其后作者却不可思议地以"社会福祉法人"这一特殊的公益法人形态为例,以偏概全地认为日本所有 NPO 在"'指定捐赠'资格获得前,要向大藏大臣说明资金筹集目的、数量、渠道、期限等要素,以供大藏大臣审查"。与此相类似,在一篇题为"我国慈善募捐监督立法的反思与重构"的论文中,作者亦以社会福祉法人为例,指出日本的"福利事业经营者开展募捐必须获得募集资金地的都道府县知事的许可",①从而容易使读者误以为日本在公益募捐领域采取了"许可制度"。更有甚者,仅根据一篇报刊文章的观点,就武断地提出"募捐准入实行许可也是国际通行制度"的观点。②

　　2008 年,我国发生了震级达 8.0 级的"汶川大地震"。鉴于汶川大地震捐赠过程中出现的一些乱象,有学者将目光投向邻国日本具有官方色彩的共同募金会和日本红十字会,并就这两类组织的运作模式和善款监督机制进行了探讨。③ 然而,这项研究和前述关于共同募金会的研究颇为相似,不仅忽视了日本劝募组织或 NPO 在形态上的多样性和复杂性,而且未能意识到共同募金会和日本红十字会得以大规模开展募捐活动的政策性原因。

　　鉴于我国学界已有研究中频繁出现的"关于日本募捐政策"的偏误观点,笔者曾在 2016 年发表的一篇论文中有意识地初步探讨了关于日本募捐资格规制问题,指出"在当下日本,不单是 NPO 法人,几乎所有的自然人和法人都拥有公开募捐资格,而且不需要行政主管部门的许可或审查。不过,只有极少数的特殊非营利法人在举行公开募捐活动之前需要获得行政主管部门的许可,例如社会福祉法人和更生保护法人等",同时提出"战后日本社会的公开募捐制度经历了'严格规制'到'全面开放'的过程",试图呼吁学界应更加

① 引自吕鑫:《我国慈善募捐监督立法的反思与重构:全程监督机制的引入》,《浙江社会科学》2014 年第 2 期,第 54—62 页。
② 参见李炳安、李慧敏:《公共慈善募捐准入:规制与放任》,《江海学刊》2015 年第 3 期,第 146—152 页。
③ 参见黄文炜:《日本的慈善机构运作与善款监察》,《城市与减灾》2014 年第 5 期,第 50—51 页。

客观和全面地研究日本募捐政策。① 作为对笔者呼吁的有限回应,我国公益
慈善研究的代表性学者贾西津在关于"慈善法的公募规制问题"的研究论文
中,尝试以日本为一例以论证"募捐资格许可缺乏法理依据"的观点。在援用
笔者的观点的基础上,她指出"日本对慈善募捐的规制也经历演变过程,二战
后慈善募捐是开放的,诈捐、骗捐等活动频繁发生,很多地方政府制定募捐条
例规制,其后,也是在讨论中认知募捐作为表达自由的属性,多地募捐条例逐
渐废止,通过法律惩罚犯罪活动而不是限定募捐主体来保障慈善募捐的公
信力"。②

二、战前日本的募捐政策

如本书第一章所论述的,日本的近代化进程发轫于 150 余年前的明治维
新运动。面对来自欧美列强的殖民危机,日本政府意识到必须尽快完成国家
统一并壮大国力以免遭国难,为此选择了构建强有力的中央集权体制以推进
近代化进程。在这一国家目标的号召下,政府(政治)力量迅速垄断所有公共
事务。③ 基于这种集权式的国家战略思维,日本政府逐渐形成"公益=国益"
的固化认知,④并将"许可主义"彻底贯彻至公益法人的设立以及针对所有民
间募捐行为的规制。

根据时任仙台警察管区本部刑事防犯处处长蒯田清重的梳理,明治时

---

① 引自俞祖成:《如何实现〈慈善法〉的立法宗旨?——基于日本相关立法的启示》,《浙江
  工商大学学报》2016 年第 3 期,第 104—108 页。
② 参见贾西津:《资格还是行为:慈善法的公募规制探讨》,《江淮论坛》2017 年第 6 期,第
  95—102 页。
③ 参见俞祖成:《日本社会治理:兴起过程与发展态势》,《中国发展简报》2013 年第 3 期,
  第 67—70 页。
④ 参见雨宫孝子「民法 100 年と公益法人制度－なぜ公益法人の設立は許可制のか—」
  『公益法人』第 27 卷第 8 号,1998 年,10—15 頁。

代至第二次世界大战结束（即 1868 年—1945 年）期间，日本政府相继出台多部涉及募捐规制的法律法规。其中，第 1 至第 3 部法律主要从不同的事业目的出发，针对三类特殊组织所开展的募捐活动做出了规制；第 4 部和第 5 部法规则主要针对神社等宗教设施所开展的募捐活动进行了规制；第 6 部法律明确授权警方对违法乱纪的募捐行为进行取缔和处罚；最后一部法规则针对除前述法律或政策规制之外的所有募捐行为进行了严厉规制（见表 6-1）。①

表 6-1　战前日本实施的与募捐规制相关的法律法规

序号	政策名称	颁布日期	募捐规制
1	《社会事业法》	1938 年	资格准入许可制
2	《医疗保护法》	1941 年	资格准入许可制
3	《司法保护事业法》	1939 年	资格准入许可制
4	《关于官国弊社以下神社的祭神、神社名、社格明细账境内设立、转移、废合、参拜、捐赠金、神札等的通知》	1913 年	资格准入许可制
5	《寺院及佛堂等参拜观览料金和捐赠金募集等取缔方》	1898 年	资格准入许可制
6	《警察犯处罚令》	1907 年	处罚或取缔
7	《财物募集及捐赠金募集取缔规则》	年份不详	资格准入许可制

资料来源：整理译自蒔田清重「募集取締の回顧と展望」『警察時報』第 4 卷第 4 号，1949 年，17—22 頁。

　　具体而言，战前日本募捐政策的主要内容包括：《社会事业法》第五条规定，社会事业经营者为了筹集其事业经营所需资金而开展的募捐活动，须事先获得事业经营地的地方长官的许可；《医疗保护法》实施细则第十五条规定，医疗保护事业设施为筹集开展附带事业所需资金而开展的募捐活动，须

——————————

① 参见蒔田清重「募集取締の回顧と展望」『警察時報』第 4 卷第 4 号，1949 年，17—22 頁。

事先获得事业经营地的地方长官的许可;《医疗保护法》虽然实施 5 年后被废止,但紧接其后的新法《生活保护法》在其实施细则第二条第二项,针对生活保护实施机构所开展的募捐活动做出了事前许可的规定;《司法保护事业法》实施细则第七十五条规定司法保护事业机构在开展募捐活动之前,须获得事业经营地的地方长官或司法大臣的许可;《关于官国弊社以下神社的祭神、神社名、社格明细账境内设立、转移、废合、参拜、捐赠金、神札等的通知》以及《寺院及佛堂等参拜观览料金和捐赠金募集等取缔方》,则对各类宗教组织或宗教设施的募捐行为(含为这些组织开展募捐活动的个人行为)做出了资格准入许可规定。①

显而易见,战前日本政府针对几乎所有组织或个人开展的募捐活动实行极其严厉的"资格准入许可制度"。与此同时,那些为数不多的被官方获准开展的募捐活动,还需接受相关政府部门的严厉监管。例如,如果开展街头募捐,募捐者还需获得募捐开展区域所在的警察署长签发的事前许可并全程接受监管。当然,如果募捐活动触犯了相关法律法规,那么募捐活动负责人及其相关人员将受到警方的处罚和取缔。一言以蔽之,在国家力量全面垄断和掌控的战前日本社会,募捐活动不但不受官方欢迎,而且受到"资格准入许可制度"的严厉抑制。此即战前日本募捐政策的规制逻辑。根据日本警方官员的观察,战前日本政府采取基于"资格准入许可"的全面规制政策,有效规避了因募捐活动所引发的违法乱纪行为,其治理成效颇为明显。②

三、战后初期日本的募捐政策

本文所谓的"战后初期日本",是指第二次世界大战结束年(1945 年)至

---

① 参见蒔田清重「募集取締の回顧と展望」『警察時報』第 4 卷第 4 号,1949 年,17—22 頁。

② 参见蒔田清重「寄附金募集取締の回顧と展望(二)」『警察時報』第 4 卷第 5 号,1949 年,39—41 頁。

经济进入高速腾飞期(1954 年)前后的日本,这一时期也被称为"战后经济复兴期"。1945 年 8 月 15 日,日本在第二次世界大战中宣布无条件投降。13 天后,美国军队以盟国占领军的名义占领日本,从而启动日本从近代化转向现代化的历史进程。在"盟军最高统帅总司令部"的强势主导下,日本实现了从"皇权政治"向"民主政治"的快速转型。尤其是 1946 年《日本国宪法》(新宪法)的颁布,迫使日本政府全面启动民主政治建设进程并对战前颁布的法律法规进行修订或废止。

当然,战前日本的募捐政策也不例外。正如时任日本警官蒔田清重所反思的,"募捐"概念的前提在于"捐赠行为的发生",如果募捐者和捐赠者之间的互动行为没有违反"公共福祉"原则,那么"募捐"行为应该是自由的。募捐行为在本质上属于"募捐者和捐赠者之间所缔结的自由契约行为"。因此,除非是在警察国家时代,否则政府应对"公权力对募捐行为的介入"加以严肃讨论。[1]

基于上述认识,日本政府根据民主政治建设的需要尤其是新宪法精神,迅速废除表 1 第 4 部至第 7 部法律法规。例如,日本政府废止《警察犯处罚令》并重新出台《警察法》。根据这部新法,警察无权受理募捐许可申请业务,除非募捐活动出现诈骗、恐吓等涉嫌违反刑法和其他特别法的情形,警察才能介入并依法加以处罚或取缔。[2] 不过,由于战后经济社会复兴的需要,同时在不违宪的前提下,战后初期的日本政府保留并延续了表 1 第 1 部至第 3 部的法律。由此一来,除了与政府保持着紧密关系的社会福祉法人、医疗保护事业机构(即修法后的医疗法人)以及司法保护事业机构(即修法后的更生保护法人)仍需接受和战前一样的募捐规制之外,其他组织或自然人均可

---

[1] 参见蒔田清重「寄附金募集取締の回顧と展望(二)」『警察時報』第 4 巻第 5 号,1949年,39—41 頁。

[2] 参见蒔田清重「寄附金募集取締の回顧と展望(二)」『警察時報』第 4 巻第 5 号,1949年,39—41 頁。

自由开展募捐活动。由此一来,战后初期的日本社会曾一度出现"募捐规制空白期"。

值得关注的是,由于战后初期的经济萧条以及社会运动风起云涌等多重因素的叠加,处于放任自由的民间募捐活动迅速引发了一系列募捐乱象。概括而言,这些募捐乱象包括但不限于"使用强制方式逼迫市民捐赠""采取欺诈方式蛊惑市民捐赠""假借募捐之名中饱私囊""利用官方文件诱迫市民提供捐赠""通过在校学生要求家长捐赠"等。① 面对极为严峻的募捐乱象,日本政府陷入了左右为难的境地,继而被迫在新宪法的条文寻找尽可能"不违宪"的募捐规制新方式。

最终,日本政府从新宪法的条文中梳理出如下立法逻辑,即尽管新宪法规定"保障集会、结社、言论、出版及其他一切表现的自由""思想及良心的自由,不得侵犯"以及"对于国民谋求生存、自由以及幸福的权利,只要不违反公共福祉,在立法及其他国政上都必须予以最大尊重",但是"宪法所保障的国民的自由与权利,国民必须以不断的努力保持之。国民不得滥用此种自由与权利,而应负起不断地用以增进公共福祉的责任",以及"国家必须在生活的一切方面努力提高和增进社会福利、社会保障以及公共卫生"。换言之,尽管从集会、结社、言论以及思想和良心等的自由角度而言,所有组织和个人均可自由开展募捐活动,但如果募捐活动违反了"公共福祉"原则,那么国家则可以通过立法或其他国政对其加以限制、规制、处罚乃至取缔。

不过,耐人寻味的是,当时的日本政府尽管找到了貌似"不违宪"的募捐规制之法理依据,但为了避免遭致盟军最高统帅总司令部以及相关民间人士的批判,日本中央政府迟迟未启动募捐规制立法工作。无奈之下,日本中央

---

① 参见蒋田清重「募集取締の回顧と展望」『警察時報』第 4 卷第 4 号,1949 年,17—22 頁。

政府转而采取一种巧妙的方法,即默认各级地方政府①在不违反国家法律的前提下,可根据《地方自治法》第十四条第一项所规定的"条例制定权"进行募捐规制立法。② 事实上,当时层出不穷的募捐乱象严重侵犯了市民权利,要求立法进行整顿的社会呼声此起彼伏。③ 于是,日本部分地方政府从1948年起陆续出台并实施"募捐取缔条例"。④

那么,何为"募捐取缔条例"? 根据日本宪法学者林代喜美的解释,所谓募捐取缔条例,是指"除了法律规定的特殊组织(例如日本红十字会和共同募金会)以及中央或地方政府所开展的募捐活动之外,要求其他所有组织或自然人在开展募捐活动之前必须获得地方自治体的首长或公安委员会的许可或向其提交备案的地方法规。"⑤根据当时主管地方自治事务的中央部委——自治省(现总务省)的统计,截至1958年,共计48个市町村出台了募捐取缔条例;截至1982年,共计6个都道府县出台了募捐取缔条例。⑥

仅以都道府县出台的募捐取缔条例为例,我们不难发现,从1948年至20世纪60年代初期,日本部分地方政府基于整治募捐乱象的目的,通过出台

---

① 在日本,地方政府的法律称谓是"地方公共团体",但社会上的习惯称谓为"地方自治体"或"自治体"。其中,普通地方公共团体包括都道府县和市町村,特殊地方公共团体则包括东京都的23个特别区、地方公共团体的组合(部分事务组合、广域连合)以及财产区。此外,都道府县又被称为"广域性地方自治体",特别区和市町村又被称为"基础性地方自治体"。

② 参见蒔田清重「寄附金募集取締の回顧と展望(三)」『警察時報』第4巻第6号,1949年,27—29頁。

③ 参见林喜代美「『寄附取締条例』,の憲法問題——徳島県条例を中心にして」『法律時報』第55巻第2号,1983年,112—115頁。

④ 日文表述为"寄附取締条例"或"寄付金募集の取締条例"。日语单词"寄附"和"寄付金"可翻译为"捐款",而"寄付金募集""ファンドレイジング"以及"募金"则可翻译为"募捐"或"劝募"。

⑤ 参见林喜代美「『寄附取締条例』の憲法問題——徳島県条例を中心にして」『法律時報』第55巻第2号,1983年,112—115頁。

⑥ 参见林喜代美「『寄附取締条例』の憲法問題——徳島県条例を中心にして」『法律時報』第55巻第2号,1983年,112—115頁。

募捐取缔条例,一定程度上恢复实施了"募捐资格准入许可制度",同时对那些获准开展的募捐活动进行了监管,并有权对募捐活动所引发的违法行为进行处罚(见表6-2)。这种规制逻辑,我们可将其概括"资格和行为的双重规制"(简称为"双重规制")。

表 6-2　战后初期日本部分都道府县所实施的募捐取缔条例

序号	实施区域	颁布日期	准入制度	处罚规定
1	大阪府	1948 年	知事许可	5 万日元以下的罚金、拘留、罚款①
2	东京都	1950 年	知事许可	5 万日元以下的罚金、拘留、罚款
3	茨城县	1950 年	知事许可	5 万日元以下的罚金、拘留、罚款
4	福冈县	1950 年	知事许可	5 万日元以下的罚金、拘留、罚款
5	德岛县	1955 年	公安委员会许可	10 万日元以下的罚金、拘留、罚款
6	埼玉县	1960 年	知事备案	3 万日元以下的罚金、拘留、罚款

资料来源:整理译自林喜代美「『寄附取締条例』の憲法問題——徳島県条例を中心にして」,『法律時報』第 55 卷第 2 号,1983 年,112—115 頁。

四、当代日本的募捐政策

从 1955 年开始,日本开始进入经济高速发展期,从而意味着日本逐渐跻身发达国家之行列。本书所谓的"当代日本",是指"从近代化逐渐转向现代化"这一期间的日本,即 20 世纪 60 年代至今的日本。那么,我们不禁想追问的是,经济社会形势的激烈变迁,是否迫使战后初期日本部分地方政府恢复实施的"双重规制"型募捐政策发生变化?

————————————

① 日文表述为"科料(かりょう)",特指 1 千日元以上 1 万日元以下的罚款。

（一）"双重规制"型募捐政策的日渐式微及其原因

事实上，战后初期日本部分地方政府恢复实施的"双重规制"型募捐政策，其辐射区域和社会影响都是比较有限的。据相关统计数据显示，截至1958年，日本全国市町村的总数为 3 975 个，①其中颁布实施募捐取缔条例的市町村数量为 48 个，仅占总数的 1.2%；截至 1982 年，共计 6 个都道府县颁布实施了募捐取缔条例，仅占都道府县总数（47 个）的 12.8%。② 颇有意思的是，大分县政府在战后初期也出台了募捐取缔条例，其中规定募捐者在开展募捐活动之前须向知事提交备案（但无处罚规定），然而若干年后就加以废止了。此外，根据日本警察厅防犯处的调查，截至 1982 年 5 月，实施募捐取缔条例的市町村数量已从 48 个减少至 33 个。③

针对上述现象，日本宪法学者林代喜美给出如下解释：实施募捐取缔条例的市町村数量呈现"减少的原因，目前还不清楚。但据我推测，或许是因为如前所述的社会形势（笔者注：募捐乱象）得到缓解的缘故。目前，市町村出台的大部分募捐取缔条例事实上已成为'休眠条例'。④ 在都道府县层面，尽管募捐取缔条例的数量并未减少，但它们事实上也已陷入'休眠'状态。究竟为何出现这种状况？在我看来，那是因为尽管现实社会中存在大量的涉嫌违反募捐取缔条例的募捐活动，但这些募捐活动开展后却几乎未引起任何纷争。"⑤

---

① 战后日本初期的市町村数量，参见総務省ホームページ，URL：https://www.soumu.go.jp/gapei/gapei2.html，2021 年 12 月 20 日最終アクセス。
② 参见林喜代美「『寄附取締条例』の憲法問題──徳島県条例を中心にして」『法律時報』第 55 卷第 2 号，1983 年，112—115 頁。
③ 参见林喜代美「『寄附取締条例』の憲法問題──徳島県条例を中心にして」『法律時報』第 55 卷第 2 号，1983 年，112—115 頁。
④ 日文表述为"死文化しつつあった条例"。
⑤ 参见林喜代美「『寄附取締条例』の憲法問題──徳島県条例を中心にして」『法律時報』第 55 卷第 2 号，1983 年，112—115 頁。

如何理解林氏这番颇为费劲的解释呢？在笔者看来,随着日本社会从"经济复兴期"到"经济腾飞期",进而从"经济安定期"到"经济低成长期"的多次转型,日本的国民生活水平得到大幅度提升,民主政治体系也日趋完善,依法治国体制更是迅速健全,加上 NPO 法人制度的创设以及新公益法人制度的实施,战后初期频繁出现的募捐乱象也基本销声匿迹了。此即"双重规制"型募捐政策日渐式微的主要原因。

（二）逆历史潮流而动的"德岛县募捐取缔事件"

然而,正是在"双重规制"型募捐政策日渐式微期间,日本德岛县发生一起违背历史潮流的"募捐取缔事件"。该事件的大致经过如下:

20 世纪 80 年代,日本全国上映了以"反核"为题材的电影《还我人类》。① 以此为契机,1983 年 3 月,德岛县那贺郡鹫敷町以"老人俱乐部"和"妇女会"为核心的居民自治组织,掀起了一场旨在"反核·反军备竞赛"的居民署名运动。在这场社会运动中,70% 的鹫敷町居民纷纷署名以表示支持。② 2 个月后,为支持同年 6 月计划召开的联合国军缩特别总会,鹫敷町居民在全町范围内自发掀起一场募捐运动。同年 5 月 5 日,本地报纸报道了这一募捐运动。德岛县警方看到这一报道后,随即以"违反《德岛县募捐取缔条例》"为由,勒令鹫敷町居民立即停止募捐活动,并要求募捐活动负责人将捐款返还给捐赠人,同时传唤募捐运动相关负责人,逼迫他们写一份"请求警方给予宽容处置"的检查书。然而,令德岛县警方出乎意料的是,他们的这一取缔行动相继被《大阪朝日新闻》(同年 5 月 15 日)和《德岛新闻》(同年 5 月 16 日)加以报道。迫于舆论压力,德岛县警方随即改口声称,只要募捐运动组织者向德岛县公安委员会补交募捐许可申请书即可免遭处罚。为此,鹫敷町居民于同年 5 月 19 日向德岛县公安委员会补交了募捐许可申请书并于第

---

① 日文表述为"にんげんをかえせ"。
② 当时鹫敷町共有 3 750 名居民,其中 2 610 名参与署名运动。

二天顺利获得官方许可。据此,"德岛县募捐取缔事件"归于平息。①

　　然而,令人颇为费解的是,这一逆历史潮流而动的"募捐取缔事件",并未引起日本全国性媒体的任何关注,甚至也未引起鹫敷町之外的包括学界在内的任何社会阶层的关注。不过,值得庆幸的是,这一事件却引起同属德岛县辖区内的一所大学的教授——日本国立大学·德岛大学综合科学部宪法学教授林喜代美的高度关切。他在事件发生后随即展开调查,并于事件发生后的第二年(1983 年),在日本知名法学期刊《法律时报》发表学术论文《"募捐取缔条例"的宪法问题——以德岛县条例为中心》(以下简称"林氏论文")。根据笔者的多方查阅,这或许是日本学界迄今唯一可查询到的以日本募捐政策为主题的学术论文。

　　在林氏论文中,林喜代美就"德岛县募捐取缔事件"未能引起日本社会各界(尤其是学界)关注的原因进行了解释。他认为,包括《德岛县募捐取缔条例》在内的日本部分地方政府实施的募捐取缔条例,其立法时间大致在1948 年至 1951 年。也正是在这一期间,基于日本中央政府的强势主导,为数不少的日本地方政府相继出台以治安立法为目的的《治安条例》,试图以此压制或取缔战后初期风起云涌的群众示威运动。这一法规由于严重违反战后民主主义原则以及宪法精神,随即遭致社会各界(尤其是学界)的严厉批判。然而,由于募捐取缔条例的立法目的完全迥异于《治安条例》,加上这些条例在具体实施过程中并引起任何法律纠纷,从而造成"德岛县募捐取缔事件"未能引起社会各界的关注。②

　　林氏论文给出的上述解释,似乎可以在《德岛市募捐取缔条例》的立法过程得到验证。1950 年,德岛市公安委员会向该市议会解释说明了募捐取缔

---

① 参见林喜代美「『寄附取締条例』の憲法問題——徳島県条例を中心にして」『法律時報』第 55 卷第 2 号,1983 年,112—115 頁。

② 参见林喜代美「『寄附取締条例』の憲法問題——徳島県条例を中心にして」『法律時報』第 55 卷第 2 号,1983 年,112—115 頁。

条例的立法背景。德岛市公安委员会宣称,由于募捐活动一直处于放任自由的状态,导致那些假借募捐之名(例如救济伤残军人或救助其他弱势群人)的诈骗犯罪行径大行其道。此外,大量不良团体和黑社会组织也乘机浑水摸鱼,采取强制或恐吓等手段开展募捐活动,严重侵犯了广大市民的权益。鉴于此,《德岛市募捐取缔条例》第一条明确规定:"本条例的立法目的在于防止假借募捐之名的犯罪活动以及无视市民自主意愿的强制性募捐。"事实上,同一期间日本其他地方政府相继出台的募捐取缔条例,基本上也是基于相同的立法目的。根据《朝日新闻》记者柴田直治的调查,当时的德岛县某警官向其表示,募捐取缔条例的出台受到了当地市民的普遍欢迎。① 不过,林喜代美认为,1982 年鹫敷町居民自发开展的募捐活动,与战后初期频繁出现的募捐乱象在性质上是不同的,德岛县警方对其加以取缔,严重违反宪法所保障的公民思想和表达自由。为此,林氏论文以"德岛县募捐取缔事件"为例,对当时包括德岛县在内的仍在实施募捐取缔条例的部分日本地方政府提出严厉批判。

(三) 林喜代美的"募捐取缔条例批判"

为了更好地理解林喜代美的"募捐取缔条例批判",接下来,我们先简要梳理一下《德岛县募捐取缔条例》的主要内容。1955 年 1 月,在德岛县公安委员会的主导下,德岛县议会正式出台《德岛县募捐取缔条例》(以下简称"县条例")并规定于翌月 1 日起实施。由于德岛市属于德岛县的市町村之一,因此随即废除了本市实施的募捐取缔条例。值得关注的是,与《德岛市募捐取缔条例》明确限定范围的立法目的不同,县条例的立法目的被表述为"确保募捐的公平性和合理性"。显然,这一立法目的无疑过于抽象和模糊,很可能引发警方的恣意执法或选择性执法。

---

① 参见林喜代美「『寄附取締条例』の憲法問題——徳島県条例を中心にして」『法律時報』第 55 巻第 2 号,1983 年,112—115 頁。

　　为了达到上述立法目的,县条例第三条规定,募捐责任者须在开展募捐活动之前向县公安委员会提交许可申请书。同时规定,许可申请书须明确记载以下事项:(1)募捐责任人的住所、姓名、年龄(如果募捐责任者为法人或其他组织,则须注明办公地址、组织名称、法人或组织代表人姓名及年龄);(2)募捐方式与募捐对象;(3)募捐目的;(4)募捐的目标金额;(5)募捐区域与募捐期限;(6)募捐(劝募)人员的住所、职业、姓名、年龄及其负责的募捐区域;(7)募集资金的管理方法;(8)开展募捐所需经费及其依据。在募捐活动开展过程中,如果上述记载事项发生变动,募捐责任者必须立即呈报县公安委员会。其中(1)—(5)项的变动事项须重新获得官方许可批准,其余事项则备案即可。当然,如果是国家法律规定的募捐活动(例如日本红十字会和共同募集金所开展的募捐活动)、中央或地方政府开展的募捐活动以及其他公安委员会规定的募捐活动,则不适用于本条例。

　　紧接着,县条例第四条规定,县公安委员会受理募捐许可申请后,如果认为该募捐活动可能扰乱公共秩序或侵犯居民的福祉,则有权做出"附带条件的许可"或"不予许可"的决定。当然,即使是获准开展的募捐活动,如果被发现存在"违反条例"或"不合理的情形",县公安委员则有权取消募捐许可或勒令停止募捐活动,并要求募捐责任者将捐款返还给捐赠人。同时,条例禁止"使用组织或多数人的威力进行劝募"(第六条),并要求募捐人员随身携带盖有官方公章的"捐赠人名单"。在接受捐赠人捐赠后,募捐人员应及时将捐赠人的住所、年龄及捐赠年月日等信息记入其中。应警察之要求,募捐人员有义务向其出示捐赠人名单及其他相关资料并回答相关提问(第七条)。

　　募捐活动中止或结束后,募捐责任者应在 10 日之内向县公安委员会提交捐赠人名单和收支明细表并接受检查(第八条)。同时,募捐责任者必须在募捐活动结束后的三年时间内妥善保存相关材料,并随时接受县公安委员会的检查(第九条)。当然,如果募捐活动违反了条例的相关规定,募捐责任者及相关人员将受到以下几种处罚:1 千日元以上 1 万日元以下的罚款、5 万日元以下的罚金以及拘留。

以"德岛县募捐取缔事件"为例,结合《德岛县募捐取缔条例》的相关内容,林喜代美主要从宪法学的角度对募捐取缔条例提出了三大批判。①

批判 1:募捐取缔条例涉嫌违宪。首先,《德岛县募捐取缔条例》规定的"募捐资格准入许可制",涉嫌违反《日本国宪法》第二十一条关于"集会、结社及表现的自由以及通信的秘密不得进行检查"的规定。同时,条例看似采取了限定式的募捐资格准入许可制,但事实上除了那些具有官方色彩的募捐活动之外,其他所有的民间募捐活动均须接受"募捐资格准入许可制"。然而,众所周知,募捐活动与国民的思想自由和表达自由存在密不可分的关系。如果官方对所有的募捐活动均采取许可制,那么将意味着官方否定了宪法所保障的"国民的思想和表达自由"这项基本人权。同时,由于"公共秩序"和"居民的福祉"这两个概念过于抽象和模糊,从而可能导致官方通过对这两个概念的解释,选择性地拒绝募捐资格许可申请,进而加大官方恣意侵害人权的风险。可以说,官方为了确保募捐活动的公平性和合理性而采取的"募捐资格准入许可制",完全属于过度规制,因为采取备案制即可充分实现立法目的。根据宪法原则,官方的人权规制必须遵守"必要最小限度"原则。这一原则要求募捐取缔条例应采取"备案制"这种最不严厉的措施,否则官方将面临违宪之风险。

其次,募捐取缔条例试图通过运用警察权力,而有选择地对国民的思想和表达自由(尤其是具有反体制色彩的募捐活动)进行打压,这无疑使条例染上了"治安立法"的色彩。一般而言,现代社会的国民大众的政治表达行为,往往伴随着为实现其行为而开展的募捐活动。换言之,政治表达行为与募捐活动之间往往存在密不可分的关系,犹如"一枚硬币的两个面"。可以说,现

---

① 如无特别注释说明,本节关于林喜代美的"募捐取缔条例"的批评观点,均参考林喜代美「『寄附取締条例』の憲法問題——徳島県条例を中心にして」『法律時報』第 55 卷第 2 号,1983 年,112—115 頁。

实中几乎不存在单纯的募捐行为。因为募捐行为背后往往依附着某种思想、价值或主张。甚至可以说，国民想要表达出某种思想或主张，往往需要借助募捐行为才能得以实现。然而，募捐取缔条例却在形式上强行将"思想和表达自由"与"募捐行为"加以剥离，并允许官方选择性地对诸如鹫敷町居民自发开展的募捐活动加以取缔，从而间接（或曲线式）地抑制了国民的思想和表达自由。可是，现实生活中为数众多的学校、神社、寺庙等团体所自由开展的募捐活动，却并未受到募捐取缔条例的规制或取缔。显而易见，具有"治安立法"色彩的募捐取缔条例将难以规避警方的选择性执法。

最后，德岛县公安委员会曾宣称说他们从未否决募捐许可申请。然而他们不愿道破的真相是，如果县公安委员会接到诸如个人因生活贫困而提交募捐许可申请，那么则会采取"指导"的方式劝说申请人主动撤销许可申请。此外，如果县公安委员会在募捐许可申请书中发现募捐责任人或劝募人员中曾有人犯有前科，那么他们将会要求先剔出这些犯有前科的申请人之后再重新提交募捐许可申请。毋庸置疑，这种所谓的官方事前"指导"已涉嫌侵犯公民的隐私权，同时很可能妨碍那些决意改邪归正的居民重新回归社会。不得不说，募捐取缔条例的真正目的在于"事先取缔那些与思想和表达自由具有紧密关系的募捐活动"，这无疑是对人权的过度规制。本来，募捐行为应交由市民的自主认知加以判别，而不应授权官方对其进行事前干涉。不可否认，任何时代都可能出现假借募捐之名的犯罪活动。然而，政府完全可以通过现行刑法（欺诈罪、贪污罪以及恐吓罪）等法律法规加以治理。

批判 2：募捐取缔条例涉嫌违反罪刑法定原则。募捐取缔条例关于"募捐许可申请的拒绝决定""1 千日元以上 1 万日元以下的罚款""5 万日元以下的罚金"以及"拘留"等处罚规定，涉嫌违反罪刑法定原则。这一原则要求立法者应充分维护犯罪与刑罚之间的均衡。据此，我们不禁想问的是，那些不被官方许可或备案的募捐活动，究竟可能侵犯谁的法定权益？退一万步说，即使有组织或个人执意开展那些不被官方许可或备案的募捐活动，其犯罪行为也只能算是"轻微犯罪"。对这些犯罪行为科以重罪,显然违背"应充分维护犯罪与刑罚之间的均衡"原则。不止如此,那些仅关注募捐行为的选择性执法,更是缺乏对"保障公民的思想和表达自由"的考量。

批判3:募捐取缔条例缺乏救济措施。与当时实施的《治安条例》极为类似,募捐取缔条例忽视应有的"救济措施"。在募捐取缔条例的实施过程中,完全可能出现这样的情形:由于条例没有规定官方在几天内有义务就许可申请做出回复,以及有义务及时通知申请人相关审查结果,从而导致官方在受理募捐许可申请后可以迟迟不向申请人告知是否许可的决定。如果申请人在没收到审查结果之前就开展募捐活动,那么相关责任人将受到处罚。这种情形的存在,很可能招来"无视或轻视公民的思想和表达自由"的批判。

(四) 当代日本募捐政策的转型及其制度逻辑

林喜代美针对《德岛县募捐取缔条例》的批判,同时也影射了其他实施募捐取缔条例的日本地方政府。遗憾的是,这种批判究竟起到哪些社会效应,笔者无从得知。不过,据笔者的反复查证,林喜代美批判之后的日本社会似乎未曾出现一例关于募捐取缔事件的法律诉讼。或许是受到林喜代美批判所带来的压力,德岛县议会于 2009 年 2 月废止了《德岛县募捐取缔条例》。①

通过日本"e-GOV 法令检索"数据库以及"条例存档数据库"的反复检索,笔者发现,截至 2021 年 6 月 22 日,日本中央政府及省级政府(都道府县)并未实施专门性的募捐规制法律或法规。此外,目前仍在实施类似"双重规制"型募捐政策的基层政府(市町村)共有 14 个,②仅占日本基层政府总数(1 718 个)的 0.8% 左右。需要补充说明的是,在这些基层政府中,市级政府、

① 参见德岛县议会官方网站(https://www.pref.tokushima.lg.jp/gikai/iinkai/situgi/h21/index5.html/)的相关公告。

② 参见日本"条例存档数据库"(条例 Web アーカイブデータベース,https://jorei.slis.doshisha.ac.jp/)及日本"e-GOV 法令检索"(e-GOV 法令検索,https://elaws.e-gov.go.jp/)。

町级政府、村级政府的数量分别为 6 个、7 个、1 个。由于这些地方的辖区面积小、区域位置偏、经济欠发达、人口规模小，从而不难推测这些地方的募捐规制政策的辐射区域及其社会影响，几乎可以忽略不计。

这个推测，可以从笔者若干前年对时任日本公益法人协会理事长太田达男的访谈中得到一些验证。作为日本公益慈善界元老级人物的太田氏出生于 1932 年，1965 年毕业于京都大学法学部，之后常年担任日本公益法人协会（日本最大的公益法人联盟组织）理事长。当笔者向其问及日本募捐规制政策相关问题的时候，他有些迷茫，随后听笔者介绍说仍有部分日本地方政府实施募捐规制条例后，脸上表现出极为惊讶的表情。随后，太田氏和笔者解释道，在他的公益生涯中，一直以为日本所有组织和自然人均可自由开展募捐活动，并说他迄今未曾听说因募捐规制而引发社会纠纷或法律问题。① 据此，笔者可以更加大胆的推测，目前仍在实施的 14 个地方募捐规制条例，事实上也基本处于休眠状态。

如前文所述，日本募捐协会曾于 2013 年指出，当下日本"开展募捐（劝募）或提供捐赠的行为，基本处于自由状态。"不过，需要注意的是，募捐"行为需要遵守相关事项或接受有限规制"。那么，这些"遵守事项和有限规制"到底是指什么？

概括而言，当下日本募捐政策的主要内容呈现为：(1)日本红十字会、共同募金会等基于官方力量所开展的募捐活动，分别接受《日本红十字法》、《社会福祉法》等专项法律的规制；②(2)宗教法人、社会福祉法人、学校法人、医疗法人、更生保护法人，则分别接受《宗教法人法》、《社会福祉法》、《私立学校法》、《医疗法》、《更生事业法》等专项法律的规制；(3)NPO 法人、公益财团法

① 笔者对时任日本公益法人协会理事长太田达男的访谈（时间：2015 年 8 月 30 日，地点：日本同志社大学今出川校区）。
② 参见下澤嶽「日本赤十字社、共同募金にみる日本的募金の展開」『静岡文化芸術大学研究紀要』第 16 卷，2015 年，17—26 頁。

人/公益社团法人、一般财团法人/一般社团法人可以自由开展募捐活动。不过,如果欲享受税收减免待遇,则需接受 NPO 法及公益法人制度改革关联三法案等法律相关规制;(4)上述法人之外的所有法人团体、非法人团体以及自然人,均可自由地开展公开募捐活动。不过,不管是个人发起的募捐活动(含个人求助),还是团体发起的募捐活动,如果触犯刑法、民法等法律法规,相关责任人将受到相应处罚。根据日本募捐协会的梳理,个人或团体在开展募捐活动中,尤其需要注意遵守《公职选举法》《政治资金规正法》《个人信息保护法》《特定商业交易法》《特定电子邮件法》《道路交通法》以及前述部分地方政府仍在实施的募捐规制条例。①

　　基于以上分析不难发现,日本政府已摒弃"秩序中心主义"的立法理念,基本废除"双重规制"型募捐政策,最大限度地解除募捐活动的资格准入许可制。同时,主要通过刑法等法律法规对募捐活动所引发的违法行为进行治理,即采取了"依法对募捐行为进行有限规制"(简称"政府有限规制")。在官方募捐规制政策日趋缓和的时代背景下,日本民间社会为了回应政府所释放的巨大善意,日本唯一的劝募联盟组织——日本募捐协会主动召集相关利益方进行协商,分别于 2011 年和 2012 年制定并发布《街头募捐的十大注意事项》和《募捐行动基准指南》,从而开启基于民间行业力量的募捐行为自律之路。据此,日本募捐政策实现了从"双重规制"向"政府有限规制和民间行业自律并行"的转型。此即当代日本募捐政策的规制逻辑所在。

五、小结

　　纵观近代以来日本募捐政策长达 150 余年的演变历程,其规制逻辑清晰地呈现为:囿于"公益＝国益"的固化认知,战前日本政府形成了"基于资格

---

① 参见日本ファンドレイジング協会编『寄付白書 2017』日本ファンドレイジング協会,2017 年,168—169 頁。

准入许可的全面规制"型募捐政策。二战结束后,由于经济凋敝以及来自民主政治建设和新宪法等的多重压力,日本社会曾一度出现因规制空白而形成的"放任自由"型募捐政策,进而为治理因"放任自由"而引发的募捐乱象,日本部分地方政府转向采取"双重规制"型募捐政策。然而,随着经济社会形势的剧烈变迁,加上遭到来自宪法学者等民间批评,日本部分地方政府不得不将"双重规制"型募捐政策调整为"依法对募捐行为进行有限规制"。最后,在官民两股力量的协同下,日本最终形成"政府有限规制和民间行业自律并行"的募捐政策,据此最大限度地解除了针对募捐活动的规制。

在笔者看来,驱动日本募捐政策实现渐变演进的因素,从宏观层面而言,战后日本国民生活水平的大幅度提升、民主政治体系的日趋完善以及依法治国体制的逐渐健全,均为日本募捐政策的递进式转型奠定了基础条件;从微观层面而言,国民守法意识的提升、违宪审查对政府形成的无时不在的压力、学界和实务界的批判,以及通过 NPO 法和新公益法人制度成功废除非营利法人资格许可制等,最终汇合成一股巨大的力量,直接推动日本募捐政策走向今日的"有限规制和民间自律并行"之格局。

实事求是地说,我国的募捐政策面临着比日本更加复杂的情况。仅就当下状况而言,一方面,国家民政部联合有关部门正在如火如荼地开展进一步打击整治非法社会组织(NPO)专项活动;另一方面,高校学者和公益慈善实务人士正热火朝天地响应全国人大社会建设委员会的号召,就《慈善法》修订工作展开热烈讨论。暂且不论我国社会组织(NPO)在法人资格获取方面仍然承受的"双重管理制度"(准确地说,应该是"双重许可制度")究竟将延续至何时,仅就《慈善法》所设立的慈善公募资格许可制度就已引起学界和实务界的诸多争议。事实上,迄今为止,不管是社会组织(含慈善组织)依法开展的面向非营利事业(含公益慈善事业)的募捐活动,或是企业和个人发起的募捐活动(主要呈现为个人救助),均引发不少社会争议。例如,2021 年 9 月 5 日,由中国社会福利基金会烧烫伤关爱公益基金发起的"不要烫伤我的童年"项目,在参与"腾讯 99 公益日"活动中被爆涉嫌套捐,从而招致社会各方指责。以上种种社会现实,迫使政府相关部门不得不进一步采取措施加以整治,从而让大多数民众觉得我国的募捐政策并非"规制过剩",而是"规制不足"。

不过,即使如此,"共同富裕"这个国家政策话语的强势推出,似乎召唤我国社会应该以更大的力度推动以"捐赠"为驱动力的"第三分配"。值得我们高度关切的是,党的十九届四中全会通过的《中共中央关于坚持和完善中国特色社会主义制度 推进国家治理体系和治理能力现代化若干重大问题的决定》指出,"重视发挥第三次分配作用,发展慈善等社会公益事业"。党中央首次明确以第三次分配为收入分配制度体系的重要组成,确立公益慈善事业在我国经济和社会发展中的重要地位,继 2016 年《慈善法》颁布实施后,进一步释放出新时代党和国家大力发展公益慈善事业、对收入分配格局进行调整的重大信号。[1] 所谓第三次分配,是指在道德力量的作用下,通过个人收入转移和个人自愿缴纳和捐赠等非强制方式再一次进行的分配。[2]

在国家吹响"共同富裕"和"第三次分配"的号角下,理论界和实务界没有理由不去推动目前严重滞后的与"募捐"相关的一系列制度设计。正如有学者所警示的,"在以组织化慈善为主流的现代慈善背景下,慈善募捐是慈善活动的逻辑起点,也是慈善活动持续开展的支持与保障。募捐活动的外部性决定募捐需要在一定的法律框架体系下有序展开,募捐主体的资格获得,募捐的有效展开都需要法律的支持。募捐活动可能也是慈善组织和慈善活动的政府选择过程,政府可以通过募捐资格和募捐领域的设定,引导慈善组织开展活动,也引导社会公众的捐赠行为。政府选择和社会选择可能为慈善组织

---

[1] 参见杨斌:《重视发挥第三次分配作用 探寻中国特色公益慈善之路》,URL:http://theory.people.com.cn/n1/2020/0102/c40531-31531793.html,2021 年 12 月 1 日访问。

[2] 参见王名等:《第三次分配:理论、实践与政策建议》,《中国行政管理》2020 年第 3 期,第 101—116 页。

铺就坦途大道,也可能使慈善组织左支右绌,进退失据。"①

　　基于日本经验,我们认为,中国的募捐政策也将走向"渐进适调"之路。首先,我国应根据社会发展情况(尤其是经济发展、法治进程、国民素质提升进展等情况),尽快适调和优化社会组织(NPO)法人资格准入制度,以解决"非法人社会组织"所面临的制度性困境,同时加快完善非营利组织税收优惠制度,激活社会各界向社会组织提供捐赠的积极性;其次,积极利用当前《慈善法》修法的窗口期,加快凝聚社会各界的共识,全力推动"慈善公募资格许可制度"转变为"对公募行为的规制";②再次,针对慈善组织之外的其他主体(例如公益性事业单位或者非政府公法人)的募捐行为,努力通过另行立法加以全面解决;③最后,在各种条件均具备的情况下,放开针对社会组织(含慈善组织)的募捐资格规制,允许所有以互益或公益为宗旨的社会组织均享有公开募捐资格,同时重构我国的募捐监督立法,即"事先监督应以构建备案制为核心,而事后监督则应重构募捐者的公开义务和监督者的检查职权"。④

　　当然,我们也应清醒地意识到,驱动我国募捐政策变迁的微观因素似乎在很长时间内难以形成。而诸如驱动日本募捐政策发生根本性变迁的宏观因素,我们似乎也难以判断这些宏观因素最终在我国得以同时出现的临界点在什么地方? 不过,即使如此,我们仍需相信,假以时日,我国的募捐政策也必将走向基于法治的最大限度的开放。

---

① 引自"慈善法治"微信公众号:《慈善法治圆桌汇第四期:慈善募捐的界定与募捐资格》,URL:https://mp.weixin.qq.com/s/uUX9laLGKbpIcooTWkymEw,2021 年 12 月 1 日访问。

② 参见贾西津:《资格还是行为:慈善法的公募规制探讨》,《江淮论坛》2017 年第 6 期,第 95—102 页。

③ 参见金锦萍:《慈善募捐之界定与募捐资格之取得》,URL:https://mp.weixin.qq.com/s/S23S-tg4AudY62CeDSWscA,2021 年 12 月 1 日访问。

④ 参见吕鑫:《我国慈善募捐监督立法的反思与重构:全程监督机制的引入》,《浙江社会科学》2014 年第 2 期,第 54—62 页。

第七章
日本非营利组织与政府的合作伙伴关系

　　毋庸讳言,改革开放政策在大幅度推动国民经济发展的同时,亦带来深刻的社会和文化变迁。正如有学者所指出的:"旧单位制度解体了,但人们却不能自由组合起来。在碎片化和原子化状态下,人们无力维护美好的公共空间和创造多彩的公共生活。"①如何有效应对这一由社会急剧转型所带来的困境,已成为当下中国所面临的重大挑战。在此背景下,"推动社会创新"逐渐成为社会各界的共识并已陆续展开相关实践。

　　毋庸置疑,我们正在跨入一个"社会创新被不断提起、不断践行并且不断突破的时代"。然而,社会创新(尤其是社会建设和社会管理领域的创新)既非自上而下的改革,亦非自下而上的革命,而是上下互动、官民合作的新思路。由此可见,"推动社会创新"的关键在于建立官民共治的行动框架。更进一步说,官民共治(或国家与社会的协同治理)就是政府与社会组织(NPO)通过构建合作伙伴关系以共同承担起公共治理的责任。从狭义上说,它是推进社会管理创新,改善社会治理状况的关键所在。从广义上说,官民共治也是推进中国特色民主政治的根本途径。②

---

① 引自陈建民:《中国期待社会转型》,《中山大学公益慈善研究中心简报》2011 年第 12 期,第 1—10 页。

② 参见俞可平:《重构社会秩序走向官民共治》,《国家行政学院学报》2012 年第 4 期,第 4—5 页。

　　为此,我们不仅应立足本国国情从纵向角度去探讨和寻求解决之道,而且须具备国际视野从横向角度去学习和借鉴先进国家之经验。然而,在有关国际比较和借鉴的研究中,我国学者更倾向于欧美发达国家的研究,而针对同属东亚儒家文化圈且公共性的构造转型等方面与中国有很大相似性的近邻日本的相关研究却几近缺失。殊不知,如本书第二章所提及的,与我国提出"社会管理创新"理念相类似,日本政府亦曾于 2009 年提出"新公共"(新しい公共)理念并相继实施了相关政策。根据日本政府于 2010 年 6 月发表的《"新公共"宣言》,所谓"新公共",即指"致力于构建'互助和有活力的日本社会'的市民们所共同拥有的'协动(協働)'之场所"。

　　需特别指出的是,该定义中的"协动"一词即为"NPO 与政府的合作伙伴关系"的日文表述。由此可知,日本明确将"协动"视为其"新公共"构建的核心要素。为了弥补国内相关研究的缺憾并为我国进一步推进社会治理提供参考,本章将对日本 NPO 与政府的合作伙伴关系(即"协动")展开初步性研究,具体包括协动的内涵、协动政策的实施状况以及协动政策的效果与困境等内容,最后在总结日本协动政策相关经验的基础上,结合我国社会组织(NPO)与政府合作伙伴关系的现状提出若干启示。

一、"协动"概念的内涵

　　如第二章所论及的,在公共性范式变迁的影响下,日本 NPO 与政府的关系范式发生了重大转变。"协动"理念成功引领日本从"统治"(Government)转向"治理"(Governance)。为此,在探讨协动政策的相关内容之前,我们有必要对日本学界以及政府话语体系所提及的"协动"一词的内涵进行考察。

　　日本学界普通认为,首次提出"协动"概念的是行政学者荒木昭次郎。1990 年,荒木在其《参加与协动:创造市民与行政的新型关系》一书中根据美国政治学者奥斯特罗姆(Vincent Ostrom)提出的"合供"(Coproduction)理论,系统论证了采用"协动"方式以提高公共服务生产效率的可能性。荒木认为,随着定居化、老龄化与高学历化现象的出现,日本的地域社会逐渐走向成熟。与此同时,对抗型和要求型的市民运动亦逐步演变为补充型的市民参与活动。在此背景下,荒木提出了公共服务的"生产协动体制"与"成本负担区分"的概念,并对"协动"得以成立的条件及其界限进行了探讨。①

若干年后,荒木对"协动"进行了重新诠释:"协动是达成如下目标的手段,即两个或两个以上的不同行为主体在相互协商的基础上设定相互认可的活动目标,为完成这一目标各行为主体应基于平等的立场展开自主、自律的相互交流与通力合作,努力获得任何单一行为主体都取法取得的具有相乘效应的活动成果"。②

在荒木提出"协动"概念之后,日本不同领域的学者随即展开进一步的研究。毫不夸张地说,在短短 20 余年间,日本国内有关"协动"的研究已呈现出百家争鸣之景象,甚至还出现了被泽田道夫称之为"协动理论丛林"的现象。限于篇幅,本章仅选取若干学科领域的代表性学者的相关研究以管窥一二。

第一,政治学和行政学领域。武藤博已认为,"协动"基本等同于"合作伙伴关系"(Partnership),但在"协动社会"语境中,较之前者,"合作伙伴关系"的语义范围显得更加宽泛,它意味着"为了市民社会的可持续发展,三大部门应基于平等的立场展开通力合作"。③ 新川达郎则更加具体地指出:协动已成为日本公共治理最为关键的核心要素,协动的原则至少包括"合作者之间的平等原则""相互理解和相互尊重原则""合作关系透明化和

---

① 参见荒木昭次郎『参加と協働:新しい市民=行政関係の創造』ぎょうせい,1990年版。

② 引自荒木昭次郎『協働型自治行政の理念と実際』敬文堂,2012 年版,268 页。

③ 参见武藤博已『分権社会と協働』ぎょうせい,2005 年版,25 页。

公开化原则""目标共享原则""目标实现与目标评估原则""共赢与相互成长的原则"。① 此外,稻生信男也在其力作《协动的行政学》一书中明确提出:"所谓协动,是指两个或两个以上的组织或行为主体在相互平等的前提下,为了解决某个政策性课题而共同构建起具有自发性、透明性、公开性且横跨不同领域的合作关系或共同作业网络"。②

第二,社会学领域。针对 NPO 与政府的协动关系,社会学者松野弘提出,作为地方自治的两大基本要素——"团体自治"(地方自治体)与"居民自治"(居民或市民)应以市民的公共性为基础,并在政策制定过程中应促使官民双方展开合作。作为"协动关系"的基本要素,松野弘提出以下五点,即相互平等、相互作用、相互理解、相互批判与相互协作。③

第三,地方自治研究领域。以研究自治基本条例和协动而闻名的松下启一认为,"协动"不是纸上谈兵式的纯理论性概念,而是诞生于政策实践领域的实务性概念。为此,他认为"协动"的内涵应涵括:协动的关键要素包括合作主体、平等、自立(自律)、责任与信任;市民/NPO 作为公共性主体之一,应与政府一道致力于公共课题的解决;协动不仅存在于"市民/NPO 与政府部门"之间,还存在于"市民/NPO 与议会/议员"之间以及"市民/NPO 自身之间";协动的目的在于实现地方自治。④

第四,NPO 研究领域。日本 NPO 研究的权威学者山冈义典则通过与"参与"概念进行比较区分的基础上提出"协动"的定义。他认为,"参与"是指个体(市民或居民)针对组织(政府、NPO 或企业等)的行为,而"协动"则指组织与组织之间所发生的行为。在此前提下,他将"协动"定义为"不同类别或

① 参见新川達郎「パートナーシップの失敗：ガバナンス論の展開可能性」『年報行政研究』第 39 卷,2004 年,26—47 頁。
② 引自稻生信男『協働の行政学』勁草書房,2010 年版,48 頁。
③ 参见松野宏ほか編著『現代地域問題研究—対立の位相から協働の位相へ—』ミネルヴァ書房,2009 年版,16 頁。
④ 参见松下啓一『市民協働の考え方・つくり方』萌書房,2009 年版,18 頁。

不同性质的组织为了达成共同设定的社会目标，基于平等的立场，在发挥出各自所拥有的组织优势（资源和特性等）的基础上所展开的合作活动"。① 而日本 NPO 实务专家木原胜彬则从实践的视角提出："协动是这样一种具有战略性和实践性的行为，即为了达成公共活动的共同目标，在尊重合作伙伴的平等关系下展开合作活动，并以此创造出具有相乘效应的活动成果之行为"。②

受学界理论研究的影响，日本政府尤其是作为地方政府的地方自治体迅速将"协动"理念导入政策实务领域。据松下启一的考证，"协动"理念被地方自治体所接纳和认可的时期约为 1995 年前后。③ 而首次将"协动"理念真正转变为政策文本的则是横滨市政府。1999 年 3 月，横滨市政府开创性地制定并颁布《横滨市政府与市民团体之间的协动基本方针》（通称"横滨规则"），④其中明确提出"协动六大原则"：一是平等性原则，NPO 与政府基于平等的关系展开活动；二是自主性原则，政府须尊重和保障 NPO 自主地展开活动；三是独立性原则，在协动的过程中，政府须努力让 NPO 朝着独立和自立的方向发展；四是相互理解原则，NPO 和政府应相互理解对方的长短处及其立场；五是目标共享原则，NPO 与政府在其所共同开展的合作活动中必须拥有共同目标；六是公开性原则，NPO 与政府的协动关系必须完全公开并且接受社会的监督。至此，以"横滨规则"为契机，"协动"一词迅速成为日本各级地方自治体竞相采用的政策用语，并引领日本公共行政走向"治理"新时代。

---

① 引自山冈義典・雨宫孝子『NPO 实践講座（新版）』ぎょうせい，2008 年版，100—103 頁。

② 引自木原勝彬「NPOと行政の協働とはなにか」（新川達郎監修『NPOと行政の協働の手引き』大阪ボランティア協会，2003 年版），22 頁。

③ 参见松下啓一『新しい公共と自治体』信山社，2002 年版，6 頁。

④ 在"横滨规则"的基础上，横滨市政府相继制定和颁布了《市民活动推进条例》（2000年）、《协动推进的基本方针》（2004 年）以及《横滨市市民协动条例》（2012 年）。

综上分析可知,虽然日本学界基于不同的学科视角提出不尽相同的"协动"概念,但这些概念并不相互排斥。事实上,这些概念之间隐藏着若干共通的基本要素,包括:两个或两个以上的行为主体;行为主体之间的平等性;行为主体的自主性或自律性;行为主体之间的相互作用;具有相乘效应的活动成果。

二、协动政策的实施状况

如前所述,在荒木昭次郎教授提出"协动"概念的若干年后,"协动"一词就已成为日本政府尤其是地方自治体的主流政策用语。可以说,"协动"一词已成为我们洞悉日本社会治理进展以及 NPO 发展的关键概念。接下来,我们将主要从地方自治体(地方政府)的视角考察日本协动政策的实施状况。

以都道府县层级的地方自治体的协动政策为例,笔者专门调查了以下三项数据:一是有无负责协动事务的部门;二是政府规章有无明文记载"协动事务";三是有无实施与协动相关的政策。调查结果表明:第一,在全国 47 个都道府县中,所有地方自治体均设有负责协动事务的行政部门。另外,在其行政部门称谓中出现"协动"一词的地方自治体共计 11 个(约占总数 24%);第二,在全国 47 个都道府县中,在其行政组织规章等地方法规中明文记载"协动事务"的地方自治体共计有 21 个(约占总数的 45%);第三,在全国 47 个都道府县中,实施以"协动"命名的政策文件的地方自治体多达 35 个(约占总数的 75%)。同时,即使那些未颁布直接以"协动"命名的政策文件的地方自治体(宫城县、山形县等 8 个自治体),亦均在其他政策文件中以专门章节的形式论及"协动"(见表 7-1)。此外,根据笔者将近 2 年时间的观察,绝大多数的日本中央政府部门以及"市町村"级地方自治体已展开与"协动"相关的政策。由此可见,"协动"理念确实已渗入到日本各级政府部门的政策实务中。

表 7-1 日本都道府县政府的协动政策①

	都道府县	协动事务负责部门	协动事务之规定	协动政策文本
1	北海道	环境生活部道民活动文化振兴科	有	北海道协动推进基本方针
2	青森县	环境生活部县民生活文化科	无	推进县民与行政协动的构想
3	岩手县	政策地域部NPO·文化国际科	无	推进行政与NPO协动的指南
4	宫城县	环境生活部共同参划社会推进科	无	宫城县民间非营利活动促进条例
5	秋田县	企划振兴部地域活力创造科	无	县民协动行动指南
6	山形县	生活环境部生活环境科	无	山形县公益活动推进计划
7	福岛县	企划调整部文化振兴科	无	有关福岛县与NPO的协动方针
8	茨城县	生活环境部生活环境科	无	有关茨城县与NPO的合作·协动政策
9	栃木县	县民生活部县民文化科	有	来自NPO等的提案协动事业
10	群马县	生活文化部NPO·志愿活动推进科	有	有关NPO与行政的协动方针
11	埼玉县	县民生活部NPO活动推进科	无	地域课题解决型协动事业
12	千叶县	环境生活部县民交流·文化科	无	县与NPO的协动事业提案制度
13	东京都	生活文化局都民生活部管理法人科	无	东京都与社会贡献活动团体的协动推进方针
14	神奈川县	县民局县民活动部NPO协动推进科	有	与NPO等的协动推进方针

① 数据截至 2011 年 8 月底。

续表

	都道府县	协动事务负责部门	协动事务之规定	协动政策文本
15	新潟县	县民生活·环境部县民生活科	无	新潟县 NPO 活动促进方针
16	富山县	生活环境文化部男女参划·志愿活动科	无	富山县志愿活动·NPO 协动指南
17	石川县	县民文化局县民交流科	无	NPO 活动促进基本方针
18	福井县	总务部男女参划·县民活动科	无	行政与 NPO 的协动指南
19	山梨县	企划县民部县民生活·男女参划科	无	推动与 NPO 协动的基本方针
20	长野县	企划部县民协动·NPO科	有	NPO 与行政的协动方针
21	岐阜县	环境生活部环境生活政策科	有	协动事业推进指南
22	静冈县	生活环境部县民生活科	无	有关静冈县 NPO 活动的基本方针
23	爱知县	县民生活部社会活动推进科	无	爱知县协动规则指南 2004
24	三重县	生活文化部男女共同参划 NPO 室	无	来自 NPO 等的协动事业提案
25	滋贺县	综合政策部县民活动生活科	有	有关促进县民社会贡献活动的基本认识
26	京都府	府民生活部府民力推进科	有	京都府与 NPO 的协动事业
27	大阪府	府民文化部男女参划·府民协动科	无	大阪府 NPO 活动活性化方针
28	兵库县	企划县民部县民生活科协动推动室	有	县民志愿者活动促进条例

续表

	都道府县	协动事务负责部门	协动事务之规定	协动政策文本
29	奈良县	生活创造部协动推进科	有	奈良县与NPO之间的协动事业提案
30	和歌山县	环境生活部NPO·县民活动推进室	有	和歌山县志愿活动·NPO活动促进基本方针
31	鸟取县	未来建设推进局鸟取综合实力创造科	无	协动推进指南
32	岛根县	环境生活部NPO活动推进室	无	NPO与行政的协动指南
33	冈山县	县民生活部县民生活交通科	有	冈山县与NPO的协动手册
34	广岛县	环境县民局县民活动科	有	行政与NPO·志愿活动的协动手册
35	山口县	环境生活部县民生活科	无	行政与县民活动团体的协动指南
36	德岛县	县民环境部县民协动科	有	德岛县社会贡献活动促进条例
37	香川县	总务部县民活动·男女共同参划科	有	行政与NPO的协动手册
38	爱媛县	县民环境部管理局县民活动推进科	无	行政与NPO的协动方针
39	高知县	文化生活部县民生活·男女共同参划科	无	高知县社会社会贡献活动推进支援条例
40	福冈县	新社会推进部社会活动推进科	有	协动基本方针
41	佐贺县	生活环境本部男女参划·县民协动科	有	县民协动方针
42	长崎县	县民生活部男女参划·县民协动科	有	行政与NPO的协动方针

续表

	都道府县	协动事务负责部门	协动事务之规定	协动政策文本
43	熊本县	环境生活部男女参划·协动推进科	有	熊本县协动方针
44	大分县	生活环境部县民生活·男女共同参划科	有	大分县与NPO的协动方针
45	宫崎县	县民政策部生活·协动·男女参划科	无	多样主体之间的协动方针
46	鹿儿岛县	总务部县民生活局共生·协动推进科	有	地域协动的框架构建事业
47	冲绳县	环境生活部县民生活科	无	冲绳县NPO活动促进基本方针

资料来源：笔者根据澤田道夫「自治と協働の基礎理論」荒木昭次郎ほか『現代自治行政学の基礎理論』成文堂，2012年版，24頁、椎野修平「自治体のNPO政」(http://www.osipp.osaka-u.ac.jp/jaNPOra/shiidata.htm)以及参阅日本各都道府县政府官方网站资料的基础上制作而成。

　　在对日本地方自治体所实施的协动政策进行了宏观式、全景式的考察之后，我们不禁会追问如下问题：日本如何在微观层次上展开协动政策？换言之，在政策实务中，日本的协动政策究竟以什么样的形式出现？其行动框架是什么？针对上述问题，日本实践型学者渡边光子展开了名为"NPO与地方自治体之协动"的研究。简而言之，渡边光子首先选取了协动政策较为发达的三个不同层级的地方自治体——神奈川县（县级自治体）、横滨市（政令指定都市）以及镰仓市（一般市）为考察对象，然后对这三个自治体所实施的协动政策展开详尽的考察和分析，最后归纳出具有普遍性和代表性的"NPO与地方自治体协动的具体形式"以及"推动NPO与地方自治体协动的行动框架"（见表7-2和表7-3）。

表 7-2　NPO 与地方自治体协动的具体形式

NPO 的独立活动领域		
NPO 与地方自治体的协动活动领域	（A）NPO 主导型协动	
	1. NPO 的策划活动得到地方自治体的支援 2. NPO 所开展的事业活动得到地方自治体的协助（如信息、场所、人才、宣传或其他配套服务） 3. NPO 所开展的事业活动获得地方自治体的补助	
	（B）真正意义上的协动	
	1. NPO 与地方自治体相互交换意见和信息 2. NPO 与地方自治体为解决共同的政策课题，在协动项目的制定、实施和评估过程中各司其职 3. NPO 与地方自治体通过执行委员会或联合主办的方式共同策划、实施和评估协动项目 4. NPO 与地方自治体共同承担项目风险	
	（C）地方自治体主导型协动	
	1. 地方自治体派遣公务员到 NPO 实习和研修 2. 地方自治体向 NPO 投资 3. 允许 NPO 参与到地方自治体所主导的相关政策的策划、立案与评估等环节 4. 地方自治体向 NPO 外包（委托）相关业务 5. 地方自治体指定 NPO 管理相关公共设施	
地方自治体的独立活动领域		

资料来源：整理译自渡边光子『NPOと自治体の協働論』日本評論社，2012 年版，119 頁。

表 7-3　推动 NPO 与地方自治体协动的行动框架

1. NPO
（1）中间支援组织帮助协调相关"协动"活动
（2）详细制定并彻底公开事业计划书、报告书以及预算·决算报表，同时提高组织的专业性和经营能力
（3）充分理解受制于议会或单年度主义式预算方式的政府部门的组织结构

续表

(4) 不完全依赖于政府部门所提供的资金（需要开展独立的事业、扩大组织会员数量、增加来自社会的捐款）
(5) 确保能够独立自主地开展政策倡导活动
2．地方自治体
(1) 明确"协动"的目的、定义和原则，制定明文记载有相关规则的协动条例
(2) 在综合计划或基本方针中明确"协动"的定位，专门成立相关负责部门以及横跨各个政府部门的协调会议
(3) 制定协动方针或指南，向政策执行人员提供充分的教育和研修机会（包括授课和实习）
(4) 制定恰当的委托费用的算定基准并完善支付方式
(5) 详细制定并彻底公开协动项目的相关信息以及协动伙伴的选定基准与选定程序。
3．协动双方
(1) 在 Plan（立案）、Do（实施）以及 Check（评估）等阶段展开全方位的协动
(2) 缔结有关保障双方平等关系的协议书
(3) 制定明文记载有角色分担、项目实施程序和项目期限等内容的合同书
(4) 分别制定受托方 NPO、委托方地方自治体和受益者市民对协动项目的评价体系
(5) 通过对话、交换信息以及共同作业等方式促进相互理解
(6) 协动结束后，需要对"今后是否需要继续开展类似的项目"这一问题展开讨论和协商

资料来源：整理译自渡辺光子『NPOと自治体の協働論』日本評論社，2012 年版，126 頁。

　　根据渡边光子的解释，虽然 NPO 与地方自治体的协动在理论上应以"双方的平等关系"为前提，但是在协动政策的现实操作中，由于协动双方不但需要一个相互磨合、相互适应的过程，而且相对于政府部门，日本非营利部门仍处于弱势，因此难免造成协动双方在合作活动中所发挥的主导性作用出现失衡的情况。根据这一现实情况,渡边光子将协动政策的具体形态区分为"NPO主导型协动""真正意义上的协动"以及"地方自治体主导型协动"。①

此外,由于"协动"在日本的历史尚浅,仍处于不断摸索和不断试错的阶段,为了更好地推动日本NPO与地方自治体之间的协动,渡边光子根据神奈川县、横滨市以及镰仓市的经验教训,梳理出包括NPO、地方自治体以及协动双方在内的行动框架(见表7-3)。其中,有必要对"3.地方自治体的行动准则之(4)——制定恰当的委托费用的算定基准"这一项进行补充说明。

迄今为止,作为协动的形式之一,日本地方自治体将相关事务外包(或委托)给NPO负责实施。然而,由于人工费偏低,加上地方自治体向NPO支付的委托费几乎不包括相关间接经费(例如为准备实施项目而产生的管理费、维系组织运作的日常性办公经费等),从而导致受托方NPO往往成为地方自治体的"廉价承包方",造成协动政策流于形式并影响了NPO的独立性和自律性。② 为此,日本学界和实务界的相关人士陆续向政府相关部门提出"制定恰当的委托费用的算定基准"之要求。

三、协动政策的成效及其问题

(一)协动政策的主要成效

一般而言,某项公共政策所取得社会效果,主要包括微观层面所产生的"作用"以及宏观层面所发挥的"功能"。其中,"作用"是指某项公共政策的实施对相关利益主体所产生的积极影响。而"功能"则指某项公共政策的实施

---

① 参见渡辺光子『NPOと自治体の協働論』日本評論社,2012年版,119頁。
② 参见渡辺光子『NPOと自治体の協働論』日本評論社,2012年版,125—128頁。

对相关社会制度所产生的积极影响。按照这个理论，日本协动政策的成效至少包括以下两个方面。

第一，微观层面所产生的"作用"。本章所论及的日本协动政策的相关利益主体，主要包括 NPO、地方自治体以及作为受益者的市民。根据渡边光子针对神奈川县、横滨市以及镰仓市所实施的协动政策案例的研究结果表明，协动政策的实施促使 NPO、地方自治体与当地市民发生积极变化。

一是 NPO 发生了积极变化，包括有效履行了组织使命、确保了活动资金与活动场所、保障了组织活动的稳定化和持续化、提高了组织的社会认知度和信用度、通过制定各种报表（包括项目计划、合同契约、评价指标等）提高了组织的经营管理能力、加深了对行政部门组织结构的认知和理解以及扩展了组织自身的社会网络。

二是地方自治体发生了积极变化，包括有效解决了悬而未决的社会问题、迅速灵活地回应了市民的公共服务需求、在资源有限的前提下向市民提供了专业化的公共服务、实现了公共服务的多样化、一定程度上克服了政府组织的"条块"弊端、强化了不同地方自治体之间的合作意识、促进公职人员在创新、效率和使命感等方面的意识变革、为修改滞后法律制度的提供了契机、提升了市民对政府的满意度以及市民对政府的信任感。

三是市民发生了积极变化，包括迅速获得了周到细致的专业服务、税收得到有效使用、获得了参与社区营造的机会、形成了"公共性可通过官民合作加以实现"的认知、强化了市民之间相互合作的意识、体验到了助人为乐的乐趣等。①

第二，宏观层面所发挥的"功能"。日本协动政策的实施对相关社会制度也产生积极影响。首先，协动政策推动了日本行政体制的改革进程。如前文所论及的，伴随高度经济成长期的终结、福利国家政策的扩大以及少子老龄

──────────

① 参见渡辺光子『NPOと自治体の協働論』日本評論社，2012 年版，56—83 頁。

化的日趋严峻,日本逐步推行了以新自由主义为意识形态的新公共管理(NPM)改革。然而,尽管新公共管理改革在削减财政支出方面取得显著成效,但在公众参与和公平正义等方面却存在严重缺陷。① 为此,日本政府掀起了新一轮的行政体制改革,试图采用"协动"等手段将外部力量导入到行政体制改革中,以此推动"减量型改革"向"协动型改革"的转变。②

其次,协动政策进一步完善了日本的地方自治制度。根据日本国宪法和地方自治法的相关规定,日本实施了以"团体自治"和"居民自治"为核心的地方自治制度。然而,囿于传统文化和战前行政体制的影响,"居民自治"一直未能得到有效实施,导致日本地方自治制度成为"依靠单脚行进的跛子"。所幸的是,NPO与地方自治体的"协动"为市民参与到公共政策的立案、实施和评估等过程提供了契机,从而有助于构建起以"市民主权型自治体"为导向的地方自治制度。③

最后,协动政策在一定程度上还推动了日本的国家政治制度之一——资产阶级代议制的进一步完善和发展。代议制(间接民主)作为近代资产阶级革命的产物,是古代民主制的复兴与发展,从文化发展的内在规律来分析,既是对古代文明的承继,又是一次全新的发展。较之于封建专制,代议制确有其不可磨灭的历史进步性。然而,从阶级分析的角度来看,代议制难免带有明显的资产阶级印迹,它只是直接民主的替代性选择之一,其得以实现的根本途径在于普选制度的实施及其有效性。众所周知,由"大众民主主义"等因素所引发的国民政治冷淡现象造成日本国民的政治投票率长期处于低迷状态,严重弱化了代议制的原有功能。然而,协动政策在一定程度上实现了政

① 参见中邨章『自治体主権のシナリオ：ガバナンス・NPM・市民社会』芦書房,2003年版,32—33頁。
② 参见新川達郎「自治体行政改革における『協働』の展開：アウトソーシングの質的転換」『ガバナンス』6月号,2012年,24—26頁。
③ 参见木原勝彬「自治体再構築と協働：参加から協働、そして自治へ」『地域政策』(2008年秋季号)公人の友社,2008年,19—29頁。

治参与模式的革新,使得政治参与的两种模式——"公职人员的选举"和"公共决策的市民参与"得以并存,从而巧妙地在自由主义民主基本架构内强化了共和主义的人民主权原则。

(二) 协动政策所面临的问题

在日本,作为新生事物的协动政策,在其发展呈现方兴未艾之势的同时,也难免面临诸多困境。概括而言,其所面临的困境主要包括以下三个方面。

首先,协动政策面临"形同质异"的困境。如前所述,由于协动双方不但需要一个相互磨合和相互适应的过程,而且相对于政府部门而言,日本非营利部门仍处于弱势,因此在协动政策的现实运作过程中形成了"NPO 主导型"和"地方自治体主导型"这两个具有过渡性质的协动形态。然而,这两种协动形态却引发协动政策的"形同异质"危机。究其原因,一是日本学界有关"协动"的理论研究呈现"理论迷思"或"理论丛林"之怪象。正如前文所论及的,日本学者在默认"协动"本身所具有的规范性价值的前提下基于各自的学科视野提出"协动"概念,由此造成他们无法对"协动"的基本要素展开系统论证,加上在这些不同学科领域的学者之间缺乏有效的对话和沟通,最终导致日本学界迄今为止仍未形成有关"协动"的统一定义。

二是在这种"理论迷思"的影响下,日本政府部门对"协动"概念的认识和理解产生偏差,甚至许多协动政策的执行人员对"协动"一词望文生义,认为所谓"协动"即为"政府部门与 NPO 等民间组织为完成某项工作而共同努力"之意,而常常忽视了"平等性""自主性""相互作用"以及"相乘效应"等协动概念之所以得以成立的关键要素。

三是自明治维新后,日本在走向现代化和构建现代民族国家的进程中,"官"始终扮演着"公共性"承载者的角色。虽然二战后日本不遗余力地推行地方自治制度并为此实施了几次大规模的地方分权运动,然而囿于"官僚主导文化"或"官主主义"等根深蒂固的传统政治文化的束缚,这种以中央集权为制度前提的地方分权充其量只能算是促进了"团体自治"的"垂直型分权"。正是这种以中央与地方之间的"非平等性""上下级关系"以及"从属关系"为基本特征的"垂直型分权",对自诩为"自治体"的日本地方政府所实施的协动政策产生了难以忽视的消极影响。简而言之,日本地方自治体经常习惯性地将"垂直型分权"中的"中央与地方的关系"置换到"NPO 与地方自治体的协动关系"中,从而造成以"非平等性""上下级关系"以及"从属关系"为基本特征的"垂直型协动"大行其道。① 很显然,在这种由政府占据主导权的"垂直型协动"中,NPO 等民间组织不易获得发言权,通常只能唯政府马首是瞻,并经常沦为公共服务外包业务的"廉价承办方。

其次,协动政策本身蕴含"权力悖论"的困境。众所周知,包括日本在内的资本主义国家普遍采用了"委托—代理人"制度作为其基本政治制度之一。"委托—代理人"理论认为,作为代理人的政治家、官僚与其他公务人员必须依据契约为作为委托人的全体国民提供公共服务。于是,日本不少学者根据这一理论对协动政策进行了严厉批判。例如,政治学者新藤宗幸曾这样批判道:"雇主和被雇佣方之间为何一定要进行'协动'? 雇主根据自己的意愿让被雇佣方为其提供服务实乃天经地义之事。雇主完全没有必要与被雇佣方进行协动。""协动只不过是政府部门为了应对财政危机而采用的权宜之计,它从根本上颠倒了主客关系"。②

与新藤宗幸的观点相似,小原隆治亦指出:"根据洛克的信托理论,地方行政首长和议会均为市民的代表机构。作为委托人的主权拥有者——市民与作为受托方的政府部门之间的协动实属无稽之谈。"③此外,松下圭一对协

① 参见澤田道夫「自治と協働の基礎理論」(荒木昭次郎ほか『現代自治行政学の基礎理論』成文堂,2012 年版),22 頁。

② 引自新藤宗幸「『協働』論を越えて」『月刊地方自治職員研修』第 11 号,2003 年,9—10 頁。

③ 引自小原隆治「書評『ドキュメント・市民が作ったまちの憲法』」『季刊行政管理研究』第 113 号,2006 年,67—68 頁。

动政策也提出质疑：在坚持政府信息公开和严格履行市民参与程序的前提下，政府有必要与市民或 NPO 展开协动。然而由于"垂直型协动"大行其道，NPO 等市民团体的自主性和独立性受到侵蚀，并面临被行政部门"同质化"的危机。如此一来，协动政策容易沦为侵犯国民主权原则的帮凶。①

而对协动政策提出最为深刻质疑的，非行政学者金井利之莫属。金井利之曾将"协动"讥讽为"掩盖权力斗争真相的粉饰工具"，并从政治力学的视角对协动政策所提倡的"平等关系""目标共享"以及"角色分担"等进行了猛烈抨击。他认为，"平等关系"只不过是市民（NPO）和政府各自为了谋求能够凌驾于对方之上的政治权力之借口。而"目标共享"正是协动双方为了将这种权力斗争关系加以正当化的手段，因为市民（NPO）与政府之间本来就很难达共识。至于所谓的"角色分担"更是一种幻想。因为，如果政府没有足够的财源去提供公共服务的话，那么市民（NPO）也不一定有足够的经济实力去参与公共服务供给。其结果是，协动只是政府推卸和转嫁自身责任的手段而已。② 简而言之，金井利之认为"协动"本身蕴含着"权力争斗关系"，即使协动能够实现市民（NPO）与政府之间的平等关系，那它也将对民主主义造成极大破坏。于是，为了化解协动本身所蕴含的"权力悖论"，有日本学者尝试通过将"分权"概念解构为"垂直型分权"和"水平型分权"，进而与之对应的，将"协动"区分为"垂直型协动"和"水平型协动"，在此基础上提出"为推动真正意义上的协动，必须大力推行水平型协动"。③

最后，与上述两大困境相关联的，协动政策还面临"协动失灵"之困境。新川达郎在其《协动失灵：公共治理理论的发展可能性》一文中提出，导致"协动失灵"的原因在于资源问题（包括人才、资金和信息等资源）、项目经营

---

① 参见松下圭一『自治体再構築』公人の友社，2005 年版。
② 参见金井利之「協働という化粧の下」『ガバナンス』第 92 号，2008 年，82—83 頁。
③ 参见澤田道夫「自治と協働の基礎理論」（荒木昭次郎ほか『現代自治行政学の基礎理論』成文堂，2012 年版），19—73 頁。

机制问题（包括责任分担机制、独立自主机制、项目经营技术、平等与交流机制、信息透明和公开机制、既得利益化防范机制等问题）以及公共治理的结构性问题（包括协动目标的可行性、协动的统制机制以及协动双方的适格性问题）。为了克服"协动失灵"，政府必须发挥"元治理"的角色。[①] 那么，问题的关键是，应如何促使政府承担起"元治理"工具之重任呢？为此，宫崎文彦提出，日本政府部门应在"新公共"构建中尽快现实从"NPM 型行政"向"支援型行政"的转变。[②]

四、小结

在公共性范式变迁的影响下，日本 NPO 与政府的关系范式实现了从"对立""融合"到"协动"的历史性转换。而所谓"协动"，是"NPO 等民间组织与政府的合作伙伴关系"的日文表述，其基本要素包括"两个或两个以上的行为主体"及它们之间的"平等性""自主性""相互作用"以及"具有相乘效应的活动成果"。迄今为止，日本政府尤其是作为地方政府的地方自治体基本实施了"协动政策"，其政策形态包括"NPO 主导型协动""真正意义上的协动"以及"地方自治体主导型协动"。总体而言，虽然日本协动政策面临"形同质异""权力悖论"以及"协动失灵"等困境，但它的实施却不但促使相关政策利益主体发生积极变化，而且还对相关社会制度产生积极影响。

此外，值得我们关注的是，2010 年 5 月 8 日，由英国保守党与自由民主党组成的英国新政权发表《大社会构建计划》（Building Big Society）。同年 6 月 4 日，日本民主党新政权发表《"新公共"宣言》。也于同年 7 月，美国政府公布

---

① 参见新川達郎「パートナーシップの失敗：ガバナンス論の展開可能性」『年報行政研究』第 39 卷，2012 年，26—47 頁。

② 参见宫崎文彦「『新しい公共』における行政の役割」『公共研究』第 5 卷第 4 号，2009 年，186—244 頁。

了"社会革新基金(SIF)"的首批资助团体,试图以此促进政府与 NPO、企业之间合作伙伴关系的发展。另外,行政学理论研究也取得新的进展,继新公共管理理论和公共治理理论之后,公共价值管理(Public Value Management,PVM)理论正在兴起并有可能成为新的公共行政学范式。PVM 理论主张,公共管理者不是领导者而是探索者,他们应与公民及其他组织一起致力于寻求、确定和创造公共价值,同时拓展公众参与,建立开放型的、灵活的公共服务获取和传递机制。① 不难发现,上述事件隐约暗示着全球公共行政发展的一个新动向,即通过发展"政府与 NPO 等民间组织的合作伙伴关系"以构建起"新公共性社会"的动向。从这点意义上说,日本的协动政策尽管面临不少困境,但仍不失为顺应潮流、尊重民意、与时俱进、开拓创新之举措。

那么,与日本相比较,中国 NPO 与政府合作伙伴关系的发展是相对领先还是相对滞后呢? 毋庸讳言,就中国内地的 NPO 与政府的关系而言,长期以来,人们所说的更多是有关双方的敌视和冲突。然而,康晓光等人通过实地调查发现,在现实中 NPO 与政府的合作广泛存在。不过,康晓光等人同时也承认,这种合作关系高度依赖于"策略"而非"制度(或政策)"。其原因何在呢? 康晓光等人给出了这样的解释:"在正式制度发达的环境中,制度是支配合作过程的主要因素,留给策略发挥作用的空间不大。但是在处于社会转型中的中国内地,支撑 NPO 与政府合作的正式制度极为匮乏,双方合作不能'照章办事'和'循规蹈矩',只能'因事制宜'和'因时制宜',因而才有了策略发挥作用的广阔空间"。② 此外,值得引起我们深思的是,康晓光等人站在NPO 的立场,通过系统总结 NPO 与政府合作的经验,建立了具有"行动指南功能"的"策略框架"——一个包含合作原则、合作策略、合作措施的三级体

---

① 参见何艳玲:《"公共价值管理":一个新的公共行政学范式》,《政治学研究》2009 年第 6 期,第 62—68 页以及尹文嘉:《公共价值管理:西方公共管理发展的新动向》,《天府新论》2009 年第 6 期,第 91—95 页。

② 引自康晓光等:《NGO 与政府合作策略》,社会科学文献出版社 2010 版,第 140—143 页。

系。然而在笔者看来,康晓光等人所谓的"策略框架"乃是人们(含 NPO 实践者)在生活实践中习得的、应对生活世界各种生存挑战的"智慧",即邓正来意义上的"生存性智慧"。① 很显然,这种"生存性智慧"具有临时应对性、易变性等非制度化特征。

诚然,中日两国在社会、经济和政治等方面存在较大差异,贸然将两者进行简单比较有失偏颇。然而,就 NPO 与政府合作伙伴关系的发展规律而言,较之我国非制度化的"策略",日本制度化的"协动政策"确实值得我们加以重视、学习和借鉴。笔者希望藉由本章对日本协动政策的初探性研究能够在国内起到抛砖引玉之效果,推动国内更多学者关注日本的协动政策。正所谓"他山之石,可以攻玉"。

---

① 参见邓正来:《"生存性智慧"与中国发展研究论纲》,《中国农业大学学报》2010 年第 4 期,第 5—19 页。

第八章
日本非营利组织参与城市治理：
以市民提案为例

党的十八届三中全会提出我国全面深化改革的总体目标，即"完善和发展中国特色社会主义制度，推进国家治理体系和治理能力现代化"，从而推动以国家治理为总体治理，以政府治理和社会治理为分支范畴和子领域的治理改革。①　其中，作为社会治理所呈现出来的三种基本状态之一，政府与社会组织（NPO）和公民的合作治理是指"不同治理主体为解决共同事务而对各方治理性资源进行的交换和共享"②，并且"在广义上，也是政府治理的紧密相关内容"。③

然而，尽管已经具备有关合作治理方面的理论基础，但"在合作治理层面上的发展还缺乏深入的实践"。④　为此，今后我们有必要在不断总结改革实践经验的同时，积极借鉴国外发达国家在合作治理方面的有益经验。甚为遗憾的是，国内已有研究集中倾向关注欧美发达国家，而选择性忽视了同属东亚儒家文化圈的邻国日本在合作治理领域所取得的成绩。鉴于此，本章聚焦

---

① 参见王浦劬：《国家治理、政府治理和社会治理的基本含义及其相互关系辨析》，《社会学评论》2014 年第 3 期，第 12—20 页。
② 引自敬乂嘉：《从购买服务到合作治理》，《中国行政管理》2014 年第 7 期，第 54—59 页。
③ 引自王浦劬：《国家治理、政府治理和社会治理的基本含义及其相互关系辨析》，《社会学评论》2014 年第 3 期，第 12—20 页。
④ 引自敬乂嘉：《从购买服务到合作治理》，《中国行政管理》2014 年第 7 期，第 54—59 页。

于日本近年来兴起于城市内部的合作治理新型实践——市民提案,着重分析其创设背景、制度概要、民主合法性以及典型实践等内容,并尝试总结出对我国的若干启示。

一、市民提案制度的创设背景及其概要

(一) 市民提案制度的创设背景

如本书第七章所述,在日本学界,合作治理通常被表述为"协动"。这个日式词汇由行政学者荒木昭次郎首次提出。1990 年,荒木教授在其著作《参加与协动》一书中根据美国政治学者奥斯特罗姆所提出"合供"(Coproduction)理论,系统论证了采用"协动"方式以提高公共服务生产效率的可能性。① 若干年后,荒木教授对"协动"进行了重新诠释:"协动是实现某种共同目标的手段,即两个或两个以上的行为主体在相互协商的基础上,共同设定相互认同的活动目标,并为完成这一目标各行为主体基于平等立场展开自主、自律的相互交流和通力合作,从而获得单一行为主体所无法取得的具有相乘效应的活动成效。"②简而言之,"协动"特指政府与 NPO 等社会力量的合作伙伴关系,其基本要素包括"两个或两个以上的合作主体"以及各主体之间的"平等性""自主性""相互作用"和"具有相乘效应的活动成效"。

在荒木教授提出"协动"概念之后的短短 20 余年间,该词已席卷日本绝大多数的地方自治体并成为最具话语权的政策用语之一。可以说,"协动"为日本社会从"统治"走向"治理"提供了强有力的智力支持,并为日本政府创新公共服务供给方式提供了新理念。在协动理念的影响下,近年来,日本不少市级自治体相继实施名为"市民提案型协动事业制度"或"协动事业市民提案

---

① 参见荒木昭次郎『参加と協働:新しい市民＝行政関係の創造』ぎょうせい,1990 年版。
② 引自荒木昭次郎『協働型自治行政の理念と実際』敬文堂,2012 年版,268 頁。

制度"（以下统称"市民提案制度"），从而推动日本城市内部合作治理的实践和发展。

（二）市民提案的制度概要

一般而言，市民提案是指政府就某个社会问题主动接受 NPO 等社会力量的政策提案，并在明确相互角色和作用的基础上，通过取长补短的方式共同实施合作治理项目，以此有效地解决社会问题。概而言之，市民提案的制度安排主要包括以下几个要素。①

1. 市民提案的主体。各地方自治体对于市民提案主体的规定不尽相同。概括而言，市民提案的主体包括两种：一是涵盖所有市民个人和 NPO；二是局限于 NPO（包括志愿者团体和地缘团体等市民活动团体）。此外，不少地方自治体对参与市民提案的 NPO 作出相关规定，例如要求 NPO 必须在该地方自治体所管辖的行政区域内开展活动，或要求它们具备一定的活动业绩。总而言之，政府部门要求市民提案主体须具备实施公益事业所需的基本能力。

2. 市民提案的类型。市民提案主要包括"市民自由提案"和"行政委托提案"两种类型。其中，前者是指 NPO 等就某个未进入公共政策议程的社会问题向政府提出解决方案，在获得政府部门合作的基础上共同实施项目。一般而言，市民自由提案需要满足以下要件：一是具有公益性、能够回应社会需求并以解决本地社会问题为宗旨；二是具备计划性、客观性、可行性且能够在年度内完成；三是要求 NPO 等和政府部门以协动（合作治理）的方式共同实施方案。此外，不少地方自治体还将"项目的可持续性"以及"有效激活市民活动"等要件纳入市民提案基准。与之相对应的，"行政委托提案"是指政府部门就某个领域的社会问题向社会公开征集解决方案，并采取特定项目或

---

① 参见新川达郎「市民提案と公共サービスの再構築」『ガバナンス』第 160 号，2014 年，17—19 頁。

一般性施策重点项目之形式,通过与 NPO 等的合作治理共同实施项目。

3. 市民提案的程序。其程序可概括如下：第一,NPO 等向政府部门提交包括事业计划和收支预算计划在内的事业提案书以及提案团体的概要说明书等材料;第二,与希望获得协动的政府部门进行事前协商;第三,行政部门事先公布审查基准并进行客观、公正、公开的审查和遴选(按照惯例,政府部门会组建包括外部委员在内的审查委员会并委托其对市民提案进行审查和遴选);第四,政府部门进行内部协调后提交行政首长裁决;第五,不少地方自治体需要将市民提案事业所需经费编制成预算并提交议会表决通过。

4. 市民提案的经费来源。一般而言,每项市民提案事业所需经费大约维持在数十万日元至数百万日元之间。协动双方事先协商好资金配套方式,例如要求政府部门承担所需经费的 1/2、2/3 或 3/4。另外,绝大部分的市民提案项目主要依据"补助金交付要纲"加以实施。当然,不少地方自治体也可以根据市民提案的内容选择不同的实施方式(包括委托、共济、补助、执行委员会方式或公共财产使用方式等)并签订协议书或合同书。

5. 市民提案的实施和评估。市民提案项目虽然采取协动方式加以实施,但是这种协动主要限定于"NPO 等通过动员各种治理性资源负责实施项目,而行政部门提供包括补助金在内的全方位支援"。另外,不少地方自治体会在项目实施的中期阶段进行项目评估,并在项目结束后要求提案团体向政府提交项目报告和收支决算材料并召开公开报告会。与此同时,还可组建第三方机构对项目成果进行事后评估。

二、市民提案的合法性与功能

(一) 市民提案的民主合法性

在以议会民主制为基础的现代日本政治框架下,其政策决策过程可被分解为"政策提案"(提案权)和"政策决定"(决策权)。迄今为止,日本学界围绕提案权和决策权孰优孰劣的问题争论已久。根据行政学者金井利之的研究表明，提案者在现代日本的政策决策过程中最终占据优势。其原因在于，尽管决策者（国会或地方议会议员）拥有最终决策权，但他们最终只能在提案者所提交的法律草案中作出抉择。而在目前的日本政治体制中，提案权几乎被中央官僚或地方行政首长所垄断，从而导致决策者的决策权最终受制于提案者。① 这就是日本被称为"官僚主导型国家"的根本原因所在。尽管如此，中央官僚或地方政府职员仍拥有无可争议的、具有民主合法性的提案权。原因很简单，在中央政府层面，负责指挥监督中央官僚的中央部委首长均为民选国会议员，而负责指挥监督地方政府的行政首长亦经由民选产生。当然，日本国会议员或地方议员也拥有提案权，尽管这种提案权很少被使用。

简而言之，日本议会民主制框架下的中央官僚或地方政府职员所拥有的提案权之所以拥有民主合法性，是因为中央部委首长或地方行政首长经由民选产生。根据这个推论，金井利之提出"民主合法性的起源在于市民"之论断。既然民主合法性最终归属市民，那么由市民或市民组织发起的政策提案就天然地拥有民主合法性。当然，并非任何市民或市民组织能够享受完全意义上的政策提案权。例如各种经济团体、地产者及专家团体等特殊利益集团所拥有的提案权受到相关法律的规制和约束。

（二）市民提案的现实功能

在解决市民提案的民主合法性问题之后，我们还有必要追问市民提案制度之所以被创设的原因，即其现实功能问题。针对该问题，金井利之认为，市民提案制度能够有效化解提案权被政府部门垄断的现实困境，即对于议会而言，市民提案与政府提案同台竞争，增加议会的决策选项，从而强化议会的决策权。对于行政首长而言，虽然其统辖的各行政部门在提案权上也存在内部

① 参见金井利之「市民提案と正統性」『ガバナンス』第 160 号，2014 年，14—16 頁。

竞争,但最终很难超越行政部门固有的思维模式,而市民提案一方面使提案更加贴近社区层面的真实需求,有利于社会问题的实际解决,提高经费的使用效益;另一方面能够最大限度地激活更多的民间智慧,从而优化行政首长的决策权。① 一言以蔽之,市民提案能够强化议会和行政首长的决策权,从而使其拥有不可争辩的民主合法性和现实功能性。

三、市民提案制度的典型实践②

根据日本学者佐藤彻于 2012 年在日本全国范围内所实施的有关市民提案制度的问卷调查结果显示,在参与问卷调查的 810 个地方自治体中,已实施市民提案制度的地方自治体达到 132 个。③ 其中,大阪府丰中市所实施的市民提案制度被评选为五大示范性案例之一。

(一) 大阪府丰中市的协动政策

大阪府丰中市毗邻于国际大都市大阪市,1936 年由丰中町、麻田村、樱井古村以及熊野田村合并而成,目前拥有 36.6 平方公里的管辖面积和397 309 人的法定人口。二战结束后不久,丰中市随即组建独具特色的地域组织——公民分馆,以此聚合青年团和妇女会等地域组织的力量,集中开展公共卫生和文化等领域的社会贡献活动。尔后,随着居民人口的激增,诸如老人俱乐部和儿童会等分领域、分年龄段的居民组织不断涌现。进入 20 世纪 80 年代后,丰中市开始组建以小学片区为单位的"校区福祉委员会",并与原有地域组织展开合作,向居民提供诸如老年人送餐服务和育儿沙龙服务等

---

① 参见金井利之「市民提案と正统性」『ガバナンス』第 160 号,2014 年,14—16 页。
② 除特别注释说明外,本节论述均参考笔者于 2015 年 6 月 7 日对大阪府丰中市的实地调研记录。
③ 参见佐藤彻「全国自治体における協働事業提案制度及び先行事例の収集調査と統計分析」(2012 年)。

公共服务。对此现象,时任丰中市政策企划部部长、现任该市副市长的田中逸郎解释道:"随着丰中市城市问题的复杂化,单凭原有的诸如自治会或町内会的综合性地域组织已然无法有效应对。为此,我们必须尽快构建以多元化主体为核心的公共治理制度框架。"①在此背景下,丰中市政府于 1992 年在全国率先出台《丰中市地区城市营造条例》,明确提出行政部门必须积极主动地支援以居民为主体的城市营造活动。

1995 年,日本发生阪神淡路大地震并促使中央政府出台 NPO 法,从而引发日本社会对 NPO 的极大关注和殷切期待。为了回应时代需求,丰中市专门设置由市政府各部门和丰中市社会福祉协议会共同组成的特别委员会,集中讨论如何进一步制定相关政策。2001 年,丰中市制定《第 3 次丰中市综合计划②》并将"基于协动和公私伙伴关系的城市治理"定为市政基本方针。根据这个方针,丰中市于 2003 年颁布《丰中市市民公益活动推进条例》并于翌年开始实施。

《丰中市市民公益活动推进条例》作为丰中市践行协动(合作治理)理念的基本政策,明确提出"将有计划地全面推广市民公益活动,构建以多元化主体为核心的新型公共治理框架,以此促进以协动和公私伙伴关系为基础的城市治理",同时规定行政部门与 NPO 等社会力量之间的协动原则,包括"对等原则""互相理解原则""目的共享原则""信息公开原则"以及"自主性和自律性尊重原则"。根据这些政策原则,丰中市随即推出以市民创意为基础的市民提案制度,具体包括"提案公募型委托制度"和"协动事业市民提案制度"。

① 引自『ガバナンス』編集部「提案公募型委託制度と協働事業市民提案制度で市民視点の政策を実現」『ガバナンス』第 127 号,2011 年,34—36 頁。
② 所谓"综合计划",是指日本地方自治体制定的涉及该自治体未来发展的基本蓝图和基本方针,具体包括基本构想、基本计划和实施计划三大部分,属于地方自治体的顶层制度设计。

（二）提案公募型委托制度及其实践

所谓"提案公募型委托制度"，是指行政部门为了解决某个特定领域的社会问题，专门向公益类 NPO 公开征集解决方案并择优选定合作对象共同实施项目的制度。其中，根据《丰中市市民公益活动推进条例》第 2 条的规定，所谓"公益类 NPO"（日文表述为"市民公益活动团体"），是指具有自发性、自律性且以增进不特定多数人的利益为宗旨的市民活动团体。截至 2016 年 2 月 22 日，丰中市辖区内的公益类 NPO 共计 142 家，其组织形态包括特定非营利活动法人、公益社团法人、一般社团法人、社会福祉法人以及不具有法人资格的志愿者团体等。①

概括而言，提案公募型委托制度的操作流程如下：（1）行政部门召集有意参与政策提案的公益类 NPO 举行公开征集说明会，鼓励它们积极提交项目策划方案（问题解决方案）；（2）行政部门组建由行政职员组成的审查委员会并召集提案团体举行项目方案公开说明会。审查委员会在听取各提案团体的项目方案说明后，根据事先制定的审查基准进行打分；（3）市长根据审查委员会的审查意见，择优选定项目方案并将审查结果进行公开；（4）被选定为合作方的提案团体与行政部门展开协商，共同制定项目实施细节目录（委托清单表）；（5）签订委托合同，正式实施项目；（6）项目结束后，作为合作方的提案团体应向行政部门提交结项报告书等资料（见图 8-1）。

较之原有的政府购买服务制度，丰中市提案公募型委托制度具有以下几个显著特征：第一，在项目方案公开征集阶段，行政部门并没有事先单独制定有关项目实施细节目录（委托清单表），而是就某个特定社会问题的解决方法向社会公开征集最优方案；第二，根据提案团体所提交的项目方案等材料以及审查委员会的审查意见，最终选定最优提案和合作方；第三，作为合作方

---

① 参见豊中市「市民公益活動団体情報」，URL：http://www.city.toyonaka.osaka.jp/machi/npo/salon/npo_dantai.html，2016 年 4 月 1 日最終アクセス。

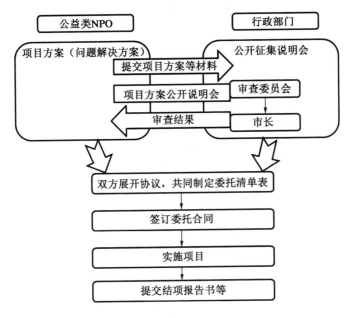

图 8-1　丰中市提案公募型委托制度的操作流程

资料来源：整理译自豊中市「NPOと行政の協働—豊中の実践」(2014 年),9 頁。

的提案团体与行政部门基于平等原则展开协商,共同制定委托清单表并签订委托合同,同时合作双方在项目实施过程中充分调动各自所拥有的运作性资源和治理性资源。

(三) 协动事业市民提案制度及其实践

所谓"协动事业市民提案制度",是指公益类 NPO 为了解决本地区所存在的社会问题,独自制定问题解决方案并提交至行政部门,尝试通过与行政部门的合作以更好地解决社会问题的制度。概括而言,协动事业市民提案制度的操作流程如下：

1. 行政部门召集有意参与提案的公益类 NPO 举行提案公开征集说明会,鼓励它们在规定期限内向主管部门(丰中市市民协动部社区政策科)提交参加"事前意见交换会"的申请。在事前意见交换会上,作为提案团体的 NPO 必须就提案内容及其必要性等具体事项,与作为协动方的行政部门进行磋商。需要说明的是,根据《丰中市协动推进本部会议设置要纲》的规定,提案团体所希望的协动方(即相关行政部门)必须派出"协动推进员"①参加事前意见交换会。

2. 提案团体在规定期限内通过现场递交或邮寄等方式,向作为协动方的相关行政部门提交提案材料(包括协动事业提案书、提案事业策划书、提案团体介绍材料以及市长认为有必要提交的其他材料)。各行政部门的协动推进员受理提案材料后,负责填写"协动事业市民提案接收科报告书"并经由主任协动推进员将其提交至市民协动部社区政策科。

3. 根据市民协动部社区政策科的要求,各行政部门的协动推进员负责对市民提案内容进行审查,包括"与提案内容相关的法律和制度""与提案内容相关的市政府所实施的相关政策"以及"采用协动方式实施提案所需调查的其他事项"。根据审查结果,协动推进员负责撰写"协动事业市民提案制度调查报告书"并经由主任协动推进员将其提交至市民协动部社区政策科。

4. 针对上述调查报告书的相关内容,市长负责向作为行政内部会议的"丰中市协动推进本部会议干事会"(简称"干事会")以及作为第三方组织的"丰中市市民公益活动推进委员会"(简称"市民委员会")进行咨询,最后选定有资格参加项目方案公开说明会的提案团体,同时要求作为协动方的各行政部门一并出席公开说明会。需要说明的是,市民委员会是根据《丰中市市民公益活动推进条例》第 8 条的规定成立于 2004 年的市长咨询机构,其成员包括专家学者(4 名)、NPO 实务者(4 名)、企业界代表(1 名)以及公开招聘的市民代表(4 名)。

———————————

① 2012 年 4 月 1 日,丰中市政府废除之前所实施的《丰中市市民公益活动推进联络会议设置要纲》,重新制定并实施《丰中市协动推进本部会议设置要纲》。根据这项新制度,丰中市政府组建了由市长、副市长和各行政部门负责人组成的"协动推进本部会议",并下设以市民协动部部长为干事长、市民协动部社区政策科科长为副干事长、各行政科室负责人为干事成员的"协动推进本部会议干事会"。同时,要求所有部局级行政部门和科室级行政部门分别配置"主任协动推进员"和"协动推进员",以协助干事会开展协动工作。

5. 举行"项目方案公开说明会"，要求提案团体和作为协动方的各行政部门就提案项目的具体内容以及合法性等事项进行口头说明，同时接受市民委员会的质疑。之后，干事会和市民委员会员根据提案项目的公益性、可行性、前沿性、普及性以及是否符合《第3次丰中市综合计划》所规定的政策方向等审查基准展开审查并形成初步结论。根据这个初步结论，市长最后选定可付诸实施的市民提案。

6. 被选定为合作方的提案团体基于平等的立场，与作为协动方的行政部门展开协商并共同制定提案项目的具体实施方案以及决定双方的责任分担，从而最终形成"成案化事业策划书"。尔后，行政部门将其承担的项目费用编入财政预算并提交议会审议表决。获得财政支出许可后，协动双方根据事业策划书的相关规定，充分调动各自所拥有的运作性资源和治理性资源共同实施项目。同时，丰中市负责将提案项目的名称、实施计划、实施状况等信息进行彻底公开，以便接受社会监督。

7. 项目结束后，作为合作方的提案团体必须向行政部门提交项目总结报告，并召开公开报告会进行总结和评估（见图8-2）。

根据上述内容，我们不难发现丰中市协动事业市民提案制度具有以下几个特征：第一，公益类NPO可以就任何一个社会问题向行政部门进行政策提案；第二，能够充分发挥NPO所具有的专业性和敏感性等优势，将那些未被社会认知的社会问题进行显性化并通过政策提案使之进入公共政策议程。第三，通过寻求与行政部门的"协动"（合作治理），突破行政部门的"条块分割"束缚，强化行政部门与NPO的合作；第四，根据参与各方的权限和职责，划定NPO、行政部门和议会所应承担的责任并促使它们共同合作以推进城市治理。

（四）政策成效与主要问题

通过"综合计划→公益活动推进条例→市民提案制度"这个制度架构，丰中市实现了以法制化的方式推动NPO等社会力量通过协动方式深度参与社

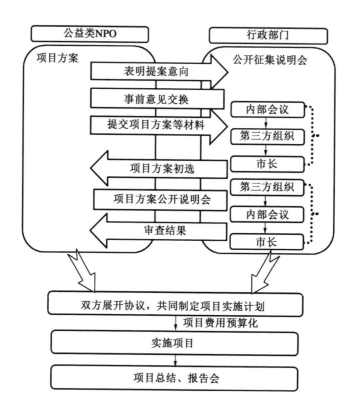

图 8-2　丰中市协动事业市民提案制度的操作流程
资料来源：整理译自丰中市「NPOと行政の協働—豊中の実践」(2014 年)，11 頁。

会治理。丰中市市民提案制度自 2004 年创设以来，尽管期间遭遇不少困难和挫折，但总体上基本维持了制度的稳定性并实现合作治理的可持续性。①

　　根据丰中市发布的最新报告，其市民提案制度的政策成效可概括为以下几点：一是推动 NPO 参与政策全过程，包括议题遴选、方案制定、政策实施以及政策评估；二是重建 NPO(市民)与政府部门的信任关系，同时通过协动方式促进 NPO(市民)与地方公务员之间的相互学习和相互成长；三是充分发挥 NPO 的专业性和灵活性，以协动方式提升市民参与的力度和广度，提高公共服务供给的质量和市民满意度；四是通过政府部门与 NPO 的协动，有效

———————————

① 参见豊中市「平成 24 年度豊中市市民公益活動推進施策実施状況報告書」(2013 年)。

剔除政府部门的"条块分割"所带来的弊端并实现其内部变革；五是扩大志愿者活动与协动之间的界限，动员更多的社会力量参与公共服务供给，从而强化公共服务供给的公开性和透明度。①

当然，作为新生事物的市民提案制度仍面临诸多问题。首先，从制度本身而言，市民提案制度存在手续较为繁琐、普及性不足以及参与主体缺乏多元性等问题。其次，从政府部门的角度而言，政府部门仍习惯将协动限定在政策实施过程，同时倾向重视协动成果，而对协动的稳定性和可持续性重视不足。另外，公务员仍不习惯亲临现场参与协动，与 NPO 工作人员的交流和沟通存在不足。最后，从 NPO 的角度而言，NPO 的整体能力建设有待加强，同时它们比较容易自我满足，从而导致其对自身使命的忽视。②

应该说，丰中市市民提案制度所面临的上述问题，同样也是其他地方自治体所面临的问题。尽管如此，目前尚未得到全面普及的市民提案制度仍对日本社会产生深远影响。正如日本公共治理权威学者新川达郎所指出的，"该制度采取市民提案的方式，超越并创新原有的政府购买或行政补助的制度框架，逐渐促使日本公共服务供给方式转变为合作治理模式。""目前，开展协动型项目被普遍视为日本社会的发展方向。项目策划阶段以及实施阶段的参与和协动被视为理所当然并得到迅速普及，甚至有些地方自治体还出现只有采用协动方式才能进行预算编制的现象"。③

四、小结

合作治理乃至社会治理通常涉及公民的社会生活和社会活动，具体包括

---

① 参见豊中市「NPOと行政の協働—豊中の実践」(2014 年)，97—100 頁。
② 参见豊中市「NPOと行政の協働—豊中の実践」(2014 年)，87—96 頁。
③ 引自新川達郎「市民提案と公共サービスの再構築」『ガバナンス』第 160 号，2014 年，17—19 頁。

社会公共服务、社会安全和秩序、社会保障和福利、社会组织、社区管理等等。① 虽然中日两国在政治体制和行政体制上存在较大差异,但在公共服务的供给责任主体上却是相同的,即公众的公共服务同样由地方政府支持和提供,和公众直接打交道的仍是地方政府。② 因此,地方政府要积极推动公众广泛参与到社会治理中,增强政府决策的科学性和合理性,进而最大限度地确保政府的决策符合公众的利益诉求。概括而言,以市民提案为最新实践的日本合作治理至少能为我国带来以下几点启示。

(一) 推动从"政府购买"走向"合作治理"

合作治理能否建立往往取决于政(政府)社(社会组织,NPO)合作的形态。从当前世界范围内的公共管理实践看,政社合作的形态主要包括政府购买和合作治理。前者的基本特征是运作性资源的交换和共享,即政府用财政资金或硬件资源换取社会组织(NPO)的专业服务。而后者的基本特征是不同治理主体为解决共同事务而对各方治理性资源进行的交换和共享,通常政府采取邀请和授权等多种方式,支持社会组织(NPO)参与公共事务的咨询、决策、实施、评价和监督,共同实现对公共需求和社会矛盾的发现、型塑和回应。③

早在 20 世纪 60 年代,日本就已着手构建包括民间委托制度、PFI 制度、指定管理者制度以及市场检验制度在内的政府购买服务制度体系。④ 然而,这些政府购买服务的实施规则往往由政府部门事先单独制定,而 NPO 在大多数

---

① 参见王浦劬:《国家治理、政府治理和社会治理的基本含义及其相互关系辨析》,《社会学评论》2014 年第 3 期,第 12—20 页。

② 参见董石桃:《当代西方地方治理中公民参与的实践发展及其启示》,《行政论坛》2015 年第 2 期,第 96—100 页。

③ 参见敬义嘉:《从购买服务到合作治理》,《中国行政管理》2014 年第 7 期,第 54—59 页。

④ 参见俞祖成:《日本政府购买服务制度及启示》,《国家行政学院学报》2016 年第 1 期,第 73—77 页。

情况下只能被动地参与其中。换言之,在政府部门具有绝对话语权和主导权的政府购买服务模式中,NPO原有的治理性资源可能较少释放甚至被压制,其与服务受众之间的关系局限在服务供给(政策实施)上,进而容易沦落为单纯的政府服务承包商。

进入20世纪80年代以后,日本市民的公共服务需求快速呈现出多样化和碎片化,单凭政府部门的力量已然无法提供贴近市民日常生活且呈现高度碎片化的公共服务。为此,日本地方自治体主动创设市民提案制度,通过"协动"(合作治理)的方式,鼓励并支持活跃在社会各领域的NPO向政府部门提出针对新社会问题或潜在社会问题的解决方案。正是在这个意义上,新川达郎给予市民提案制度高度评价,认为它推动"以'减量型行政'为目标的传统外包模式逐渐转变为以'改变行政部门体制及其行为模式'的协动型外包模式"。① 而在笔者看来,日本市民提案制度的意义绝不仅仅局限于公共服务供给方式的创新,更在于"将直接民主理念有效地嵌入间接民主框架",从而巩固和强化日本政府的合法性。

较之日本,我国政社合作的相关实践发展目前仍处在购买服务层面。其原因在于"在中国这样社会组织发展迟缓的强国家社会,社会服务需求和政治管控需要往往首先催生以服务为首要使命的依附性社会组织,使得购买服务成为政社合作的第一步"。② 当然,购买服务尽管具有浓厚的培育色彩,但未来通过一定的渠道和机制,也有可能带来合作治理的后果和格局,尤其是当前地方层面如火如荼开展的公益创投,其操作方式也在一定程度上借鉴了市民提案的做法,让我们对合作治理的前景更加乐观。鉴于日本的经验,今后我们在通过发展和巩固购买服务能力以推动合作治理发展的同时,还可以鼓励有条件的地方政府大胆尝试类似日本市民提案制度的合作

---

① 引自新川達郎「自治体行政改革における『協働』の展開」『ガバナンス』第134号, 2012年,24—26页。
② 引自敬乂嘉:《从购买服务到合作治理》,《中国行政管理》2014年第7期,第54—59页。

治理改革。

（二）致力于构建"法治型合作治理"

在日本，国家治理、政府治理以及社会治理均须遵循"依法治理"这个基本原则。作为日本合作治理最新实践的市民提案也不例外。以大阪府丰中市为例，该市在推行市民提案之前，首先出台了具有地方自治体"小宪法"之称的条例——《丰中市地区自治推进条例》和《丰中市市民公益活动推进条例》，并制定作为该市顶层制度设计的《第 3 次丰中市综合计划》，从而将"基于协动和合作伙伴关系的城市治理"这个市政方针纳入法规范畴，进而为市民提案制度的创设奠定了坚实的法律基础。另外，丰中市还针对市民提案流程出台专项政策，例如《丰中市协动事业市民提案制度实施要纲》以及《丰中市协动推进本部会议设置要纲》等等。此外，值得我们关注的是，这种由地方政府先行探索实践的法治型合作治理，最终引起日本中央政府的关注并被纳入相关国家法律。2014 年 6 月，日本国会审议通过《为了推进"增强地域自主性和独立性"的改革而进一步完善相关法律的法案》（通称"第四次一揽子法案"），其中明确将"提案征集方式"列为地方分权改革的新型方式之一。

较之日本，在我国，即使是先行实践的政府购买服务也还处于制度建构阶段，其制度的分化和细化还有待时日。另外，在某种意义上接近日本市民提案的公益创投，虽然在地方层面已"开展地如火如荼，但还没有国家层面的相应政策文件出台"，①即使是在地方层面也基本停留于诸如"意见""通知""办法"等法律位阶较低的制度层面，还远未达到类似日本的系统化和精细化的建制水准。基于日本的经验，今后我们需要注重合作治理的法制化和精细化，努力推动基于依法治国这个基本方略的治理变革。

---

① 引自李健、唐娟：《政府参与公益创投：模式、机制与政策》，《公共管理与政策评论》2014 年第 1 期，第 60—68 页。

（三）重视发挥政府在合作治理中的"元治理"作用

合作治理倾向于将"多主体合作"视为其核心要素，侧重"强调合作网络的权威，将社会组织（NPO）、市场等力量置于与政府平等的地位，但是学者们发现对于国家的'自然排斥'，似乎同样会带来失灵问题，到最后仍然会拷问国家这个'元治理'主体的责任"。① 那么，日本的合作治理究竟是如何处理这个难题的呢？

从大阪府丰中市的案例中我们不难发现，市民提案制度虽然非常重视"合作各方之间的平等性"，并极力确保合作各方在政策全过程中的自主性和平等性，但是它本身并不排斥行政部门作为"元治理"的主体作用。事实上，在丰中市的市民提案实践中，行政部门在制度和资源供给、确保公平以及维护合作网络等方面都发挥了不可替代的作用。当然，行政部门作为元治理的作用得以充分发挥，其前提条件在于依法治理原则的贯彻。不过即使如此，囿于根深蒂固的"官主主义"以及"被统治"的历史传统，日本的合作治理实践也无法完全规避"政府元治理的两面性"问题。

正如日本市民提案制度的积极推动者、地方自治学者今川晃所指出的："迄今为止，我们在定义'协动'一词之时往往倾向于强调合作双方之间的平等性。然而在现实中，NPO 等民间组织很难与被赋予法律权限并掌控财政预算执行权的政府部门平起平坐。与其一味地强调合作双方在上述领域的平等性，还不如有意识地强化以下两个方面的平等性，即在各个具体领域的政策决策过程中为实现目的共享而展开平等协商，以及在政策实施过程中平等地分配各自所承担的角色并对合作进程展开平等磋商。即使如是，我们也不得不承认，实现这两个方面的平等性也绝非易事。原因显而易见，比起

---

① 参见吴晓林、郝丽娜：《"社区复兴运动"以来国外社区治理研究的理论考察》，《政治学研究》2015 年第 1 期，第 47—58 页。

NPO等民间组织,政府部门掌握了强大的法律限权和财政预算执行权。"①总而言之,在国家与社会关系上与日本存在相似性的中国,理应更重视政府在合作治理中的"元治理"作用,而不应全然否定之。

---

① 引自今川晃编著『地方自治を問いなおす』法律文化社,2014年版,3—4頁。

第九章
日本非营利组织参与基层治理：
以社区基金会为例

　　1914 年，世界上首家社区基金会（Community Foundation）诞生于美国俄亥俄州克利夫兰市，随后在全球范围内广为传播和发展。根据"美国社区基金会地图"的统计数据，截至 2017 年 3 月，社区基金会在四大洲 50 多个国家成功落地，全球范围内共诞生 1 860 家社区基金会。其中，北美地区 1 032 家，欧洲地区 667 家，亚洲地区 62 家，大洋洲地区 56 家，非洲地区 31 家，南美地区 11 家。①

　　作为新型的公益慈善类社会组织（NPO），社区基金会能够广泛地吸收资金捐助，整合政府、市场和社会资源，在满足居民公共服务需求和引导居民参与社区公共事务等方面发挥重要作用。② 鉴于此，深圳市于 2008 年引入社区基金会这个组织形态，成立了我国首家类社区基金会——桃源居公益事业发展基金会，从而开始企业倡导社区基金会的实践并催生一批政府倡导型社区基金会。根据基金会中心网的统计数据，截至 2017 年 3 月末，我国以"社

① 参见美国社区基金会地图网站，URL：http://communityfoundationatlas.org/facts/，2017 年 2 月 1 日访问。
② 参见吴磊：《"合法性—有效性"框架下社区基金会发展的影响因素分析》，《社会科学辑刊》2017 年第 2 期，第 65—71 页。

区基金会"命名的社会组织已发展至 64 家,①由此可见社区基金会在我国正蓬勃兴起并发展迅速。

为了回应上述实践发展之需求,我国学界迅速对社区基金会议题展开了研究,包括社区基金会的内涵、作用、发展对策、运作模式以及国外实践经验等内容。其中,关于国外实践经验的研究,已有研究主要聚焦于西方国家(尤其是英美国家)的社区基金会实践,②而对邻国日本社区基金会的研究则处于缺失状态。众所周知,作为同属东亚儒家文化圈的国家,日本的文化背景及其国家与社会关系与我国存在高度相似性,其社区基金会的移植过程和发展历程值得我们关注和重视。鉴于该问题意识,本章以日本社区基金会为研究对象,采用实地访谈等研究方法,就其缘起过程、本土演进以及发展现状等基本问题进行考察和分析,最后结合我国的相关情况提出若干启示借鉴。

一、日本社区基金会的缘起过程

在日本,由市民主导设立的以提供资金援助为使命的支持型组织被统称为金融 NPO,这些组织不以营利为目的,主要依靠市民的力量和意愿筹集社会资金并将之投向社会目的事业,③其类型包括"直接金融型""间接金融型"以及"无偿资助型"。④ 其中,社区基金会在很长时期内被定位为"无偿资助

---

① 参见基金会中心网网站,URL:http://data.foundationcenter.org.cn/foundation.html,2017 年 2 月 1 日访问。
② 其代表性研究包括:原珂、许亚敏、刘凤:《英美社区基金会的发展及其启示》,《社会主义研究》2016 年第 6 期,第 143—155 页、饶锦兴、王筱昀:《社区基金会的全球视野与中国价值》,《开放导报》2014 年第 5 期,第 28—33 页、崔开云:《社区基金会的美国经验及其对中国的启示》,《江淮论坛》2015 年第 4 期,第 42—49 页、乔宏彬:《美国社区基金会与光明新区社区基金会比较研究》,《特区实践与理论》2015 年第 2 期,第 109—112 页。
③ 参见藤井良広『金融 NPO』岩波新書,2007 年版,i—ii 頁。
④ 参见米山秀隆「市民の資金拠出による社会変革活動」『研究レポート』第 311 号,2008 年,1—19 頁。

型金融NPO"。那么,作为舶来品的"社区基金会"究竟是如何进入并扎根于日本社会的呢?

(一) 概念舶来

伴随日本近代化进程的发轫与推进,以企业或企业家名义所设立的基金会(财团)不断涌现,并在日本近代化过程中扮演了重要的角色。[①] 然而在"公益国家独占主义"时代,这些基金会在动员市民捐赠以及推动市民社会发展等方面受限重重。进入20世纪80年代,面对日益兴起的市民活动(志愿者活动),丰田基金会率先启动针对市民活动组织的资助项目。[②] 然而,直到20世纪90年代初期,向市民活动组织提供资助的民间基金会仍然是凤毛麟角,而来自政府的补助金(项目补助金和团体补助金)则日益成为市民活动经费的核心来源。[③] 在此背景下,公益实践家出身的日本学者出口正之于1986年首次将"社区基金会"这一崭新的公益组织形态介绍至日本。

　　从功能上而言,社区基金会(コミュニティ・ファウンデーション、コミュニティ財団)是指贡献于特定区域(大至州或省,小至城镇或村落)的基金会;从构造上而言,它是"公寓型基金会",即与普通基金会由单个捐赠者出资设立不同的是,社区基金会是由多个捐赠人分别出资设立多个独立基金所构成,这些独立基金通常允许捐赠人自由命名。简而言之,每个社区基金会存在具有不同名称和不同个性的多个小型基金,这些基金由该社区基金会统一管理和运营。为此我们可将其比喻为"公寓",即"各户"(各基金)拥有各自的"门牌"(基金名),每个"家庭"(基

---

① 参见林雄二郎・山岡義典『日本の財団』中公新書,1984年版。
② 参见林泰義「コミュニティのためのファンド・バンク・ビジネス」『まちづくり』第9号,2006年,12—15頁。
③ 参见卯月盛夫「市民まちづくり活動資金の支援制度をめぐって」『まちづくり』第9号,2006年,16—17頁。

金)都拥有各自的"人生"(基金用途),"公寓管理人"(评议员和理事等)与各户"住民"(基金的捐赠者)之间并无特定关系。比起一户建住宅(普通基金会),公寓(社区基金会)的社会存在感显然要大很多。①

社区基金会概念经出口正之介绍至日本后,随即引起那些有志于推动民间公益活动的企业家精英的极大关注。1990 年 7 月,日本著名企业家团体"大阪商工会议所"(The Osaka Chamber of Commerce and Industry)果断地向美国派出由企业家、大学教授以及政府官员等共计 22 人所组成的"社区基金会调查团",并在实地调查的基础上于同年 12 月出版发行《社区基金会调查报告书》。1991 年 11 月,在获得通商产业省(现经济产业省)大臣的法人注册许可之前提下,大阪商工会议所捐出成立基金会所需原始基金 1 亿日元以及设立事务费 12 万日元,从而创设日本首家社区基金会——"财团法人大阪社区基金会"。与此同时,大阪府和大阪市为了对社区基金会的成立表示支持,各自捐出 2 500 万日元。② 2010 年 3 月,根据新公益法人制度的要求,大阪社区基金会向日本内阁府公益认定等委员会提交公益认定申请,获得公益法人资格后更名为"公益财团法人大阪社区基金会"(The Osaka Community Foundation)。③

经过 5 年的实践摸索,大阪社区基金会首任专任理事三岛祥宏对社区基金会做出了如下诠释:"社区基金会(コミュニティ财团)是一种具有公共性的社会贡献机构,它一般由熟知本地情况且具有公共关心的市民以理事等身份

① 引自出口正之「アメリカの財団をめぐる歴史的・宗教的背景とその活動」(橋本徹・古田精司・本間正明『公益法人の活動と税制——日本とアメリカの財団・社団』清文社,1986 年版),209—240 頁;出口正之『フィランソロピー:企業と人の社会貢献』丸善ライブラリー,1993 年版。
② 参见三岛祥宏『コミュニティ財団のすべて』清文社,1996 年版,154—158 頁。
③ 参见奥平昇郎「コミュニティ財団考——大阪コミュニティ財団の運営に携わって」『公益法人』第 34 卷第 6 号,2005 年。

参与运营,负责管理由个人、企业或其他团体所捐赠的多个独立基金,以此服务并贡献于捐赠者、非营利部门以及本地社会这三个公共性存在".①

在大阪社区基金会的示范性指引下,具有类似功能的基金会(准社区基金会)相继诞生。例如世田谷社区营造基金(世田谷まちづくりファンド,1992 年,东京)、H&C基金会(H&C财团,1992 年,东京)以及草根市民基金会(草の根市民基金,1993 年,东京)。尤其值得一提的是,1998 年《特定非营利活动促进法》(NPO 法)实施后,为了支援特定非营利活动法人(NPO 法人)和社会企业等社会组织的发展,由普通市民主导设立的资助型基金会不断涌现,例如神户市民基金会(市民基金·KOBE,1999 年,神户)、青森众人基金会(青い森の私たちファンド,2000 年,青森)、北海道 NPO 银行(北海道 NPOバンク,2002 年,札幌)、市民社会创造基金会(市民社会創造基金ファンド,2002 年,东京)、神奈川儿童未来基金会(神奈川こども未来ファンド,2003 年,横滨)、地域贡献支援基金会(地域貢献サポートファンド,2003 年,仙台)、地域维新基金会(地域維新ファンド,2004 年,山口)以及志民基金会("志"民アンド,2006 年,大阪)。

(二) 本土演进

然而令人遗憾的是,囿于旧公益法人制度的严厉规制,前述准社区基金会的绝大多数均无法像大阪社区基金会一样注册为财团法人,只能以公益信托、事业组合、NPO 法人甚至是营利企业等变通性组织形态开展活动,从而直接导致它们的募捐规模和资助规模均普遍偏小,机构人员较为缺乏,其实力与由企业或特定个人单独出资设立的普通基金会相距甚远。尽管如此,这些新型基金会以资源中介的身份践行了社区基金会的民间募捐理念,向捐赠者和受资助团体直接或间接地提供了参与公益活动的机会。面对这种本土

---

① 引自三岛祥宏『コミュニティ財団のすべて』清文社,1996 年版,第 3 頁。

化的演进状况,日本社区基金会研究第一人出口正之对美国式的社会基金会概念做出如下修正:

> 近年来,使用"社区(コミュニティ)"或"基金(ファンド)"等词语进行命名并以支援市民活动组织为使命的民间资助型组织不断涌现。这些组织普遍具有"资金筹集的多元化""资助的公开性""资源媒介性"以及"市民主导性"等特征。鉴于此,我们不妨将它们统称为"社区基金会"或"共同体基金会"。①

据笔者的考证,这个修正式概念的提出,在很大程度上宣告了日本社区基金会的本土化进程取得阶段性发展。其理由是,社区基金会"四大特征"的提出,尤其是"市民主导性"这个特征的提出,推动了长期深受"官主主义"②影响的日本社会对于社区基金会的本土式理解。不难发现,自 2007 年以后,"Community Foundation"在日文中的表述从之前侧重活动领域的直译——"コミュニティ財団"(社区基金会)③逐渐转变为意在强调运营主体的转译——"市民ファンド"(市民基金会)。

例如,以京都地域创造基金为首的 10 家社区基金会于 2011 年 6 月 30 日共同发起成立作为日本社区基金会的全国性倡导型组织——"市民基金会推进联络会"并明确提出:"凡是以市民捐赠为主要收入,以市民为运营主体,以资助市民活动为主要目标,进而致力于推动社会问题的解决并实现市民社会价值的基金会即

---

① 引自出口正之「新しい資金仲介機関の誕生」『NPOジャーナル』第 17 号,2007 年,3—7 頁。

② 20 世纪 90 年代中期,作为民主主义的反义词,日本学界提出"官主主义"一词,旨在对"自明治时代以来,不管是在政官关系中,还是在官民关系中,抑或是中央与地方的关系中,高居中央政府各部门的官僚均拥有极为优越的权限"这一特权现象进行批判。参见今村都南雄编著『日本の政府体系』成文堂,2002 年版,21 頁。

③ 类似的日文表述还包括"コミュニティ基金""コミュニティ・ファンデーション"以及"コミュニティ・ファンド"。

为'市民基金会'"。① 与之相类似,日本内阁府则提出更为简洁的表述："凡是市民主导设立的、面向 NPO 等公益组织提供资金援助的民间组织即为'市民基金会'"。② 而奥田裕之则对市民基金会的概念做出进一步拓展,认为它是"市民为支援公益性活动或社会性事业而自发成立的、包括'资助'和'融资'等功能在内的非营利性基金会"。③ 为此,冈本仁宏在《NPO · NGO 事典》中特意提醒我们,日本为数不少的社区基金会已开始像社区银行一样从事融资业务,这使得它们已不太符合标准意义上的社区基金会。④ 另外,根据日本募捐协会的不完全统计,截至 2010 年 7 月末,市民基金会的数量已发展至 48 家。⑤

二、日本社区基金会的发展现状

如本书第五章所指出的,进入 21 世纪后,已延续 110 余年的日本公益法人制度终于被提上改革日程。经过长达 6 年的讨论与酝酿,日本政府于 2006 年颁布"公益法人改革关联三法"并宣布于 2008 年正式实施。概括而言,新公益法人制度将旧公益法人(社团法人/财团法人)与中间法人统分为"一般社团法人/一般社团法人"(一般法人)和"公益社团法人/公益社团法人"(公益法人),同时将法人资格取得与公益资格认定进行剥离,并采用类似

---

① 在此基础上,市民基金会推进联络会提出市民基金会所应具备的三大要件,即"捐赠收入的多样性""资助过程的公开化和透明化"以及"运营主体的民间化"。参见市民ファンド推進連絡会「市民ファンド推進連絡会設立記念フォーラムのご案内」(2011 年),URL:http://www.jnpoc.ne.jp/？p＝1319,2017 年 4 月 1 日最終アクセス。

② 引自内閣府「新しい公共支援事業の実施に関するガイドライン」(2011 年),URL:http://www5.cao.go.jp/npc/unei/jigyou.html,2017 年 4 月 1 日最終アクセス。

③ 引自奥田裕之「『新しい公共』における市民ファンドの可能性」『都市社会研究』第 3 号,2011 年,55—70 頁。

④ 参見岡本仁宏「コミュニティ基金」(山内直人·田中敬文·奥山尚子編『NPO · NGO 事典』NPO 研究情報センター,2012 年版),113 頁。

⑤ 参見日本ファンドレイジング協会編『寄付白書 2010』日本経団連出版,2011 年版,104—105 頁。

公司法人的"准则主义"①进行法人注册。此外,新公益法人制度还构建起全新的公益认定制度,即将一般法人的公益认定权限转交给由民间有识之士组成的第三方机构"公益认定等委员会"②。新公益法人制度的实施,加上之后进行的 NPO 法修订和相关税制改革,为日本社区基金会的进一步发展提供了坚实的法制保障。

在上述非营利法人制度改革的推动下,京都府市民于 2009 年 3 月主导创设"一般财团法人京都地域创造基金",并于同年 8 月获得公益财团法人资格。作为日本社区基金会本土化发展的标志性存在,京都地域创造基金在充分借鉴大阪社区基金会运作模式的基础上,创新性地实施了一系列契合本土需求的公益项目。与大阪社区基金会不同,京都地域创造基金在项目运作方式上并未局限于募捐和资助这两类项目,而是开发了包括信息公开认证、资助以及融资等在内的综合性项目运作体系。换言之,京都地域创造基金借鉴却不拘泥于传统社区基金会模式,坚持市民参与理念并以持续创新的方式将资助、援助和融资等项目运作手段融为一体,短短几年内就已取得令人瞩目的发展业绩,进而直接催生大批同类型基金会的诞生。限于篇幅,我们仅就京都地域创造基金所开发的 NPO 融资项目进行简要介绍。③

伴随公益创业的发展和壮大,尤其是近年来社会企业的异军突起,日本 NPO 部门向金融机构寻求融资的需求与日俱增。在这种强烈社会需求的驱动下,京都地域创造基金经过不懈努力,于 2009 年 10 月与京都信用金库、京

---

① 所谓"准则主义",是指一般社团法人或一般财团法人在成立之前,只需将组织章程拿到公证处进行公证并到法务省法务局进行法人登记即可获得法人资格。换言之,一般社团法人和一般财团法人的设立彻底排除了旧公益法人制度所采取的主管部门许可原则。

② 全国性公益法人的公益认定机构被称为"内阁府公益认定等委员会",地方性公益法人的公益认定机构被称为"(都道府县名)公益认定等审议会(或委员会)",例如"京都府公益认定等审议会"。

③ 笔者对时任京都地域创造基金专务理事兼事务局局长户田幸典先生的访谈(访谈地点:京都地域创造基金事务局,访谈时间:2014 年 5 月 26 日)。

都北都信用金库以及京都府签订多方合作协议,共同创设"京都 NPO 活动支援融资制度"。2013 年 6 月,该制度更名为"京都 NPO 支援连携融资制度",据此不但增加了合作团体的数量,而且提升了融资的额度。

　　概括而言,京都 NPO 支援连携融资制度的大致框架可整理如下:(1)凡在京都府内设有事务所的 NPO 法人,均可向京都地域创造基金提出最高额度为 500 万日元、还贷期限最长为 5 年的融资申请。该融资主要用于组织运作和设备购置;(2)接到融资申请后,京都地域创造基金将根据理事会事先制定的《"京都 NPO 支援连携融资制度"公益性审查委员会设置要领》,组建由 5 名外部专家组成的"公益性审查委员会",对融资申请的公益性进行审查。审查结束后及时向申请团体出具"公益性审查通知书";(3)通过公益性审查的 NPO 法人向指定金融机构①提交借贷申请书。金融机构将根据京都地域创造基金出具的公益性审查结果进行融资审查。之后与 NPO 法人签订借贷协议并发放贷款;(4)获得融资的 NPO 法人根据借贷协议按期还款。根据事先协议,凡是融资额度少于 300 万日元的贷款,其利息全部由京都市和京都府共同代为支付。不过,如果融资金额超过 300 万日元,NPO 法人则需要支付全部利息的 1%,而剩余部分则由京都市和京都府共同代为支付(见图9-1)。② 由于该融资制度开创了社区基金会携手政府部门和金融机构共同创设 NPO 融资制度的先河,其制度模式迅速得到社会的广泛关注并被其他都道府县的社区基金会竞相效仿。

　　2013 年 5 月,京都地域创造基金创始人兼首任理事长深尾昌峰在日本内阁府主办的"互助社会构建之恳谈会"第 3 次会议中,对"市民基金会"概念的模糊性和暧昧性进行了批判,继而提出替代性概念"市民社区基金会",并首

① 包括京都信用金库、京都北都信用金库、京都银行以及京都中央信用金库等 4 家金融机构。
② 实际的利息补助方式是:京都市和京都府向京都地域创造基金提供相关补助金,而后京都地域创造基金替代 NPO 法人支付利息。

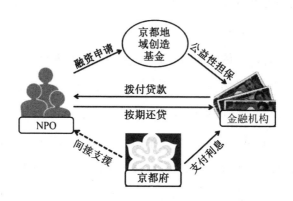

图 9-1 京都 NPO 支援连携融资制度的操作流程
资料来源：笔者自制。

次将京都地域创造基金自我定位为"日本首家市民社区基金会"。① 2014 年
3 月,深尾昌峰发表论文《支撑市民性的"市民社区基金会"的定义及其作
用》,首次对这个兼顾活动领域和运营主体的新表述——"市民社区基金会"
做出全面诠释:

  所谓"市民社区基金会"(Civil Foundation for Our Community),是
指"以资源中介者的身份,获取包括市民捐赠或市民投资在内的各项
社会资源,并通过各种方式将其提供给以'解决地域问题为使命、以市
民为行动主体的市民活动'的社会组织"。进而言之,市民社区基金必
须同时满足以下六大要件: (1)通过向尽可能多的市民或企业展开募
捐以筹集原始基金或资助本金;(2)独立于政府部门以及特定的企业、
团体或个人,同时积极推行组织的信息公开和透明化运营,以此获得

———————————
① 深尾昌峰「市民コミュニティ財団が支える共助の社会—官民の役割分担とそれを支
える仕組み—」(2013 年),URL: https://www.npo-homepage.go.jp/index.html,
2017 年 4 月 1 日最終アクセス。

本地社会的信任；（3）以公益财团法人或 NPO 法人等公益性较高的法人身份为组织形态，积极充分地利用捐赠税收减免制度，通过各种方式向社会大众展开募捐，同时致力于创造有利于市民参与的社会环境，以此推动更多的市民参与到社区营造活动或社会问题解决活动；（4）根植于本地社会，以多角度、综合性的视点审视本地社会问题，通过链接本地的各种资源，激活本地社会的能量；（5）以支援企业、NPO 及其他以"民"为行动主体的各项公益活动、地域营造活动以及社区活动为组织使命；（6）构建起"能够让蕴含捐赠者意愿的各项捐赠资源发挥出最大社会效应"的相关制度，面向社会公开遴选资助对象，同时将各方利害相关者纳入项目选考委员会，以此建立公正、公平和透明的资助体系。①

在京都地域创造基金的示范性影响和技术性支援下，日本各地相继成立市民社区基金会。根据笔者的初步统计，截至 2017 年 5 月 4 日，日本市民社区基金会总数已达到 19 家，此外还存在 40 家以上类似市民社区基金会的组织。可以说，日本社区基金会的发展已从"星星之火"走向"燎原之势"（见图 9-2）。此外，值得我们关注的是，在京都地域创造基金的倡导下，日本 10 家市民社区基金会联手成立"全国社区基金会协会"，目前其加盟成员达到 19 家。② 作为日本社区基金会的行业性组织，全国社区基金会协会在行业网络构建、行业资源共享、行业标准共建以及政策倡导等方面发挥了积极作用。

---

① 引自深尾昌峰「市民性を支える『市民コミュニティ財団』の定義と役割」『龍谷政策学論集』第 3 巻第 2 号，2014 年，73—83 頁。
② 参见一般財団法人・全国コミュニティ財団協会「全国コミュニティ財団協会とは」，URL：https://www.cf-japan.org/，2017 年 5 月 4 日最終アクセス。

图 9-2　日本社区基金会的全国分布图

资料来源：笔者自制。

三、案例研究：大阪社区基金会①

（一）创设背景

　　20 世纪 80 年代末期，日本社会迎来泡沫经济的鼎盛期，企业盈利屡创新高，国民收入亦大幅提升。在全国经济一片景气的形势下，企业对于社会贡

①　如无特别说明，本节论述主要参考以下文献：笔者对大阪社区基金会专务理事坂上义明先生的访谈（访谈地点：大阪社区基金会事务局；访谈时间：2014 年 5 月 29 日）以及大阪社区基金会官网（http://www.osaka-community.or.jp/index.html）的相关资料。

献活动的热情陡增，市民参与公益慈善活动的意愿也日趋强烈。然而，面对日益高涨的民间公益热情，日本社会并未能及时地作出回应，其原因在于，受"官主主义"长期统摄的影响，日本民间捐赠的方式主要局限于"财界募捐方式"和"特定捐赠方式"这两种。前者类似我国的摊派式、动员式募捐，后者则指面向各级政府机构的指定捐助以及面向共同募捐组织和日本红十字会的大众募捐。

这两种传统的捐赠方式往往忽视乃至抹杀了捐赠者的自发意愿及其能动价值观。因为捐赠者无法决定捐款的具体用途，甚至无法有效监督捐款是否被正确使用。而另一方面，大量市民活动团体和志愿者团体却囿于活动资金的匮乏而举步维艰，从而不得不日益依赖来自政府的补助金。为了打破这一现状，日本近代史上公益慈善活动极为活跃的大阪地区的企业家组织——大阪商工会议所率先展开探索性行动。

无独有偶，1986 年，出口正之在《公益法人的活动与税制：日本和美国的社团/财团》一书中首次将"社区基金会"概念介绍至日本，并于 1987 年向大阪市提出创设社区基金会的提案。① 1989 年，大阪商工会议所事务局查询到出口正之的相关文献后兴奋不已，随即展开有关创设社区基金会的可行性分析。1990 年 5 月，大阪商工会议所设置"文化税制推进特别委员会·社区基金会研究会"，并于同年 7 月向美国派出"社区基金会调查团"。4 个月后，《社区基金会调查团报告书》出版发行。紧接着，大阪商工会议所召集相关专家进行周密论证后发布"大阪社区基金会设立构想"，同时成立"大阪社区基金会设立筹备委员会"。

1991 年 11 月，在获得通商产业省（现经济产业省）大臣许可的前提下，大

---

① 参见出口正之「アメリカの財団をめぐる歴史的·宗教的背景とその活動」(橋本徹·古田精司·本間正明『公益法人の活動と税制——日本とアメリカの財団·社団』清文社，1986 年)，209—240 頁；出口正之「長寿社会における民間非営利部門の活用—日本でコミュニティ·ファウンデーションの創設を」(『長寿社会への提案——長寿社会に関する懸賞論文入賞作品集』1987 年)，16—35 頁。

阪商工会议所捐出基金会所需原始基金 1 亿日元以及设立事务费 12 万日元,正式创设"财团法人大阪社区基金会"。与此同时,大阪府和大阪市为了对基金会的成立表示支持,各自捐出 2 500 万日元。① 2010 年 3 月,根据新公益法人制度的要求,大阪社区基金会向日本内阁府提交了公益认定申请并顺利通过,从而成为"公益财团法人大阪社区基金会"。

(二) 组织使命与治理机制

1. 组织使命。大阪社区基金会通过章程将其组织使命定位为:"在最大限度尊重普通市民和民间企业等的社会贡献意愿的基础上,将从中筹集的捐赠用于公益事业的资助、表彰以及学生奖学金项目等,以资提升本地社会的公益发展水平。"为了实现这一组织使命,大阪社区基金会已在大阪府及其周边区域开展以下事业:一是资助或表彰包括振兴学术研究、发展艺术文化、保护保全环境、推进国际交流、健全青少年、充实社会教育、激活本地社会、增进本地福祉等在内的公益事业;二是向在校优秀学生提供奖学金资助;三是支援普通市民或民间企业等所开展的社会贡献活动,同时积极展开以提升捐赠文化为宗旨的普及启蒙活动;四是除前列各项之外的、实现组织使命所需的其他必要项目。

2. 治理机制。为了有效实施上述各项事业,大阪社区基金会根据相关法律制度的要求与组织自身的发展需要,逐渐构建起较为完善且行之有效的内部治理机制,其中包括评议员会、理事会、监事、会计监查人、事务局、选考委员会以及顾问。

(1) 评议员会。评议员会制度是日本财团法人(类似我国的基金会法人)的独特制度。与社团法人不同,财团法人由于不存在会员(社员),故无法拥有像社团法人一样的最高权力机构——会员(社员)大会。于是之,为了有

———————————

① 参见三岛祥宏『コミュニティ財団のすべて』清文社,1996 年版,154—158 頁。

效监督和牵制理事会以实现组织内部的权力制衡,日本财团法人一般设置有类似社团法人会员大会功能的"评议员"或"评议员会"。根据大阪社区基金会的章程规定,其评议员会由5—8名不领薪酬的评议员组成并拥有针对以下事项的决议权:理事、监事以及会计监查人的选任或解任;理事和监事的报酬设定及其相关规程的制定;章程的变更;借贷对照表、净资产增减计算书以及财产目录表等的认可;借款事项以及重要财产处置事项;基于公益目的所获取的财产余额的赠与以及剩余财产的处置事项;原始基金的处置以及例外情况的认可等事项。评议员会由理事长负责召集,分为"定时会议"(每年1次)和"临时会议"(视情况召开)。目前,大阪社区基金会的评议员会由7名评议员组成,其中包括4名经济界人士、1名公益界人士以及2名政府官员。

(2) 理事会。大阪社区基金会的章程规定,理事会由5—8名的理事组成,并从中选出理事长(代表理事)和专务理事(业务执行理事)各1名。其中,专务理事为领薪专职人员,其余理事则均为不领薪酬的志愿者。理事会除了监督各理事的职务执行状况之外,还拥有针对以下事项的决议权:有关召集评议员的事项;事业计划和收支计划;事业报告和收支决算;各项组织规定的制定、变更以及废止;理事长和专务理事的选任与解聘;借款以及重要财产的处置、接受与转让;事务局长及其他职员的选任与解聘;事务所及其他组织机构的设置、变更以及废止等。理事会由理事长负责召集,分为"一般理事会"(每年2次)和"临时理事会"(视情况召开)。目前,大阪社区基金会的理事会由6名理事组成,除理事长和专务理事各1名之外,还包括3名公益界人士和1名大学教授。

(3) 监事和会计监查人。根据章程规定,大阪社区基金会必须设置1—3名不领薪酬的监事和1名会计监查人。其中,监事的职务权限包括:监督各理事的职务执行情况并提交监查报告;调查基金会的业务实施情况和财产状况;出席理事会并就有关事项进行意见陈述;如果理事的行为违反了组织章程或相关法律,监事可对其进行检举;核查理事会向评议会所提交的各项提案并向评议会陈述相关意见。目前,大阪社区基金会设有 2 名监事,其职业分别是律师和企业负责人。此外,会计监查人的职务权限在于根据相关法律对基金会的借贷对照表、净资产增减计算书以及财产目录表等进行审查,并据此提出会计监查报告。

(4)事务局。根据理事长所制定的事务局运营事项,大阪社区基金会设有由专务理事所领导的事务局(办公室),负责执行理事会的各项决策。目前,该事务局共有 4 名专职职员,包括专务理事、事务局长(类似我国基金会的秘书长)、筹款与资助专员以及会计专员。需要指出的是,除会计专员为派遣职员外,其他 3 名职员均为大阪商工会议所的挂职人员。①

(5)选考委员会和专业顾问。为了公平公正地遴选各项目的资助对象,理事长在获得理事会许可的前提下有权设置若干选考委员会。选考委员会由各界有识之士(无薪酬)组成,主要依据理事会事先制定的选考委员会章程进行运作。目前,大阪社区基金会仅设置一个由 3 名公益界人士和 5 名大学教授所组织的统一选考委员会。此外,大阪社区基金会还设有 2 名不领薪酬的专业顾问。

(6)大阪社区基金会与大阪商工会议所的关系。大阪商工会议所是根据日本《商工会议所法》成立的非营利法人,属于日本关西地区的经济联盟组织,其会员包括法人会员(企业等)、团体会员(协同组合等)以及个人会员(商工业者等)。由前述可知,大阪商工会议所主导创设了大阪社区基金会并在其后发展中给予了全方位的支持。首先,在旧公益法人制度下,日本民间组织很难申请注册为公益法人。为此,大阪商工会议所通过其社会影响力以及政府人脉,成功游说通商产业省(现经济产业省)作为大阪社区基金会的主管

---

① 所谓"挂职人员",是指大阪商工会议所派遣其职员进入大阪社区基金会开展工作,以减轻其经费支出压力。这些挂职人员名义上属于大阪社区基金会的全职人员,但在实际上属于大阪商工会议所的工作人员,因为他们的薪水及其相关福利由大阪商工会议所支付。

单位并顺利获得公益法人（财团法人）资格；其次，大阪商工会议所捐出大阪社区基金会创设所需原始基金 1 亿日元以及设立事务费 12 万日元，同时成功促使大阪府政府和大阪市政府向大阪社区基金会各捐赠 2 500 万日元。再次，为了支援大阪社区基金会顺利开展工作，大阪商工会议所在其办公大楼中专门腾出一间办公室供大阪社区基金会无偿使用，同时派出 3 名工作人员分别担任专务理事、事务局长、筹款与资助专员并负责支付他们的工资；最后，大阪商工会议充分发挥其作为关西地区经济联盟组织的巨大影响，不断推动其会员（以企业居多）向大阪社区基金会提供捐赠。

（三）项目运作机制

市民、企业或其他团体出于某种动机或愿望，通过设立冠名基金等方式向大阪社区基金会提供捐赠。获得社会捐赠后，大阪社区基金会通过各种方式将其资助给非营利团体、研究机构或在校优秀学生。为了切实履行各自的问责义务，受资助方必须向大阪社区基金会提交成果报告书，同时大阪社区基金会也须将相关信息汇报给捐赠者。简而言之，大阪社区基金会的项目运作主要包括两大类：募捐项目和资助项目（见图 9-3）。

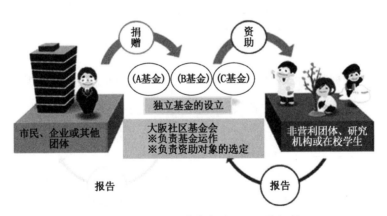

图 9-3　大阪社区基金会的项目运作机制

资料来源：笔者整理译自大阪社区基金会官网 http://www.osaka-community.or.jp/index.html。

1. 募捐项目。为了最大限度地激活民间捐赠热情,同时尽可能使社区基金会的理念契合日本社会文化,大阪社区基金会对募捐项目进行了精心设计,例如允许匿名捐赠、对捐赠的额度、时限和种类等不作任何限制等。概括而言,大阪社区基金会主要设计了三种募捐方式:"发展赞助会员""新设冠名基金"①以及"通过已设基金接受捐赠"。其中,赞助会员是指认同大阪社区基金会的组织理念并每年提供一定赞助的组织会员。② 而另外两种方式则主要通过"基金"的形式加以展开。需要指出的是,从结构上而言,社区基金会是由具有不同名称和不同个性的多个小型基金所构成的"公寓型基金会"。③ 参照美国社区基金会的这一特征,大阪社区基金会通过实践摸索逐渐构建起较为完善的基金类别体系(见图 9-4)。

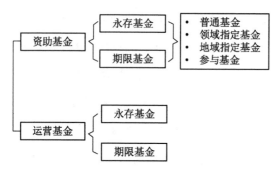

图 9-4　大阪社区基金会的基金类别体系

资料来源: 笔者整理译自大阪社区基金会官网 http://www.osaka-community.or.jp/index.html。

第一,根据基金的具体用途,可将其分为"资助基金"和"运营基金"。其中,资助基金主要用于资助各项公益事业以及奖学金项目。而运营基金则主要用于基金会日常运作所需经费的支出,以及有关社会贡献活动的调查研究

---

① 包括市民个人设立的冠名基金"My Foud"和企业设立的冠名基金"Our Foud"。
② 法人会员每年最低赞助 5 万日元,个人会员每年最低赞助 1 万日元。这些赞助将全部纳入基金会的运营经费。
③ 在此意义上,大阪社区基金会认为社区基金会中的"社区"一词不仅包含"地域社区"之意,还包含"基金集合体"之意。

和其他相关普及启蒙事业的经费支出。

第二，根据基金的使用期限，可将其分为"永存基金"和"期限基金"。所谓永存基金，是指保存本金并仅利用本金所产生的利息进行对外资助的基金。与之相对的，期限基金是指在捐赠者所要求的一定期限内将本金和利息一并对外资助的基金。

第三，根据基金的资助方式，可将其分为"普通基金""领域指定基金""地域指定基金"以及"参与基金"。其中，普通基金是指捐赠者可将资助事项全权委托给基金会的基金。而领域指定基金则意味着允许捐赠者指定具体的资助领域（如环保领域）。与之相类似的，设立地域指定基金的捐赠者则有权指定具体的资助地域（如捐赠者的故乡）。另外，参与基金允许捐赠者随时提出有关选择资助对象的建议，不过该基金要求捐赠者至少提供 1 000 万日元以上的捐款。

当然，捐赠者在设立独立基金的时候，往往采取上述各种基金类别的组合形态。为了安全有效地运作和管理这些基金，大阪社区基金会通常采取购买国债或地方债，以及银行存款或金融信托等方式进行保值和增值。当然，运作和管理这些基金需要一定的经费，为此大阪社区基金每年度末从各基金的增值收益中提取相当于该年度末基金剩余总额的 5% 作为基金管理费。此外，为了切实履行问责义务，大阪社区基金会向每位捐赠者邮寄有关各独立基金的《运作报告书》和《资助实施报告书》，以及有关大阪社区基金会的《年度事业报告书》和《基金会资讯》（每年发行 3 次）等资料，同时邀请所有捐赠者参加大阪社区基金会主办的"大阪社区基金会年会"和"社会贡献研讨会"。

3. 资助项目。为了公正、公平、透明地分配募捐资金，在参照美国社区基金会相关经验的基础上，大阪社区基金会对其每年 1 次的资助项目进行了精心设计。以大阪社区基金会 2014 年度的资助项目为例，其整体流程包括发布申请指南、接受资助申请、审查和选考、发布选考结果、支付资助金、项目反馈和评估(见图 9-5)。限于篇幅,以下仅对申请指南、审查和选考、项目反馈和评估这三个环节进行简要说明。

图 9-5 大阪社区基金会的资助项目流程

资料来源:笔者整理译自大阪社区基金会官网 http://www.osaka-community.or.jp/index.html。

第一,制定和发布申请指南。作为资助项目最为关键的前期准备工作,大阪社区基金会将在每年 10 月之前通过其官方网站等途径发布资助申请指南,内容包括项目流程、申请资格、资助额度、资助金的使用范畴、选考基准以及其他注意事项。其中值得关注的是,大阪社区基金会对资助对象的申请资格并未做出苛刻的限制,只要具有 1 年以上活动业绩的非营利团体,不论其是否具有法人资格,均可提出资助申请。不过,这里所谓的"非营利团体",不包括宗教性团体、政治性团体以及与捐赠者具有利害关系的团体。此外,不接受以组织债务偿还、组织基本设备购置以及维持组织运营为目的的资助申请。

第二,审查和选考。其先后流程包括:事务局的资料审查、选考委员的专业审查、选考委员会的共同审议以及理事会的最后决议。其中涉及两大难题——选考委员会的设置和选考标准的设定。关于前者,大阪社区基金会的首任专务理事三岛祥宏曾作如下解释:"按照不同的资助领域相应地设置各种选考委员会,这几乎是不可能的。而设置由不同领域的专家所组成的大型选考委员会,也容易导致审议工作无法顺利推进。为此,我们只能选任 6 名活跃在大阪不同领域的专家组成选考委员会"。[1] 关于后者,大阪社区基金会在其申请指南中进行了明确提示(见表 9-1)。

---

[1] 引自山田和秀「コミュニティ財団の発展でフィランソロピーの活性化を」『公益法人』第 26 巻第 1 号,1997 年,21—25 頁。

表 9-1　大阪社区基金会资助对象选考标准

选考标准	审查要点
必要性与公益性	• 是否具有较高的社会需求和紧急性 • 是否清晰表达了项目的社会目的
独创性与前沿性	• 是否具有崭新的行动框架 • 是否具有崭新的视点、想法以及手法
实现可能性	• 项目的内容和方法是否妥当 • 项目的实施日程和实施体制是否妥当 （是否能够根据需要与其他团体携手合作）
费用和预算的妥当性	• 是否根据项目内容做出经费预算 • 单价是否妥当 • 资助性价比是否较高 • 项目收入的预算是否妥当 • 是否向项目受益者收取适当费用
社会效应与发展前景	• 项目是否具具有较高的社会效应以及是否具备可持续性 • 资助结束后，受资助团体是否能够获得进一步发展

资料来源：笔者整理译自大阪社区基金会官网 http://www.osaka-community.or.jp/index.html。

　　第三，项目反馈和评估。作为资助条件之一，大阪社区基金会要求所有资助对象在资助项目结束后的 3 个月内提交"项目实施报告书"。此外，大阪社区基金会还可在资助项目实施期间要求受资助方提交有关实施进展的报告书。当然，仅仅依靠书面报告往往很难获得全面准确的反馈信息。为此，大阪社区基金会还在每年度末随机选取 10—15 家资助团体，派出包括理事长和事务局长等干部在内的调查团进行实地调查（尽职调查），以此获得有关资助项目的第一手信息并深化与资助团体之间的交流与合作。此外，从2003 年开始，大阪社区基金会将原来具有恳亲（联谊）性质的集体聚会发展为较为正式的"大阪社区基金会年会"。该年会每年分别在东京和大阪召开，邀请包括基金会干部、赞助会员以及捐赠者在内的所有利害相关人员参加，同时挑选 3—5 家资助团体在年会上进行资助成果汇报并接受来自会场的提问和质疑。

（四）主要成果与未来课题

为了寻求超越传统捐赠的既有概念和常识的新理念，以大阪商工会议为核心的有识之士通过借鉴和移植美国社区基金会的理念和模式，成功创设作为日本首家社区基金会的大阪社区基金会。自 1991 年设立以来，在社会各界的支持下，大阪社区基金会不但克服了包括泡沫经济危机、经济紧缩以及金融危机在内的各种经济危机，而且在募捐金额和资助金额上屡创新高。截至 2021 年 8 月底，大阪社区基金会共设立 272 个基金，累计获得 43.8 亿日元的社会捐赠。与此同时，成功对外资助 1 989 个项目，资助金额累计高达 10.43 亿日元（见图 9-6、图 9-7）。

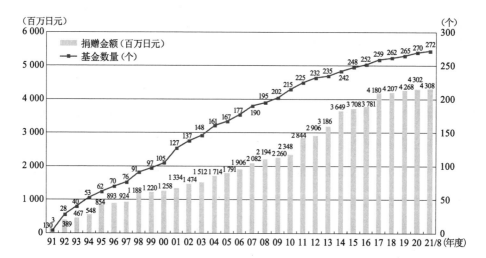

图 9-6　大阪社区基金会的募捐金额与基金数量的历年变化（累计）

资料来源：笔者整理译自大阪社区基金会官网 http://www.osaka-community.or.jp/index.html。

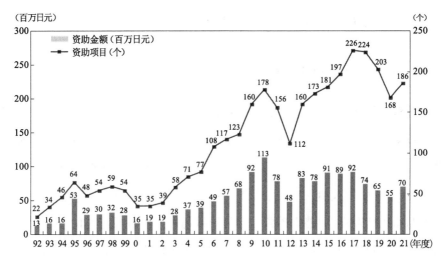

图 9-7　大阪社区基金会的资助金额与资助件数的历年变化（非累计）

　　当然，大阪社区基金会在不断获致发展的同时，也遭遇诸多发展难题。除了需要克服前述各种经济危机所带来的不利影响之外，作为日本社会新事物的大阪社区基金会还须时刻应对来自社会各方面的挑战。其中，法制规制问题曾一直困扰大阪社区基金会。如前所述，在 2008 年新公益法人制度实施之前，囿于旧公益法人制度的严格规制，从设立之初的法人注册到税收减免资格申请，大阪社区基金会均遭遇不少挫折。所幸的是，借助大阪商工会议所在商界和政界所具有的巨大影响力，大阪社区基金会最终得以注册为财团法人。然而，关于税收减免资格的申请，直到 2010 年根据新法重新注册为公益财团法人之后才获得较为全面的税收减免待遇。另外，由于大阪社区基金会的每一步发展均借助了大阪商工会议所的力量，使得大阪社区基金会的发展模式一直无法得到普及，进而导致其社会效应迄今仍停留在理念移植阶段。此外，在基金会运营成员的选任、专职人员的培养以及资助领域的选定等内部运营方面，大阪社区基金会亦面临不少难题。

四、案例研究：京都地域创造基金

（一）日本非营利部门的"资源格差"①困境

　　针对作为推动市民社会走向成熟并有效克服资本主义代议民主制之弊端的日本非营利部门所主导的"市民参与"，日本行政学者田尾雅夫提出警告并指出其所面临的"三大困境"：一是"政治无序"困境。如果盲目贯彻市民参与，则容易引发政治秩序的混乱甚至无政府主义；二是"寡头制"困境。市民参与组织所存在的"能人现象"，容易导致与民主治理相违背的"寡头制"的出现；三是"资源格差"困境。市民参与的不同主体之间所存在的资源动员能力之"格差"，容易导致市民参与活动与民主理念"渐行渐远"。② 在这三大困境中，由于民主理念在日本社会已深入人心且其资本主义代议民主制度得到较好执行，从而使得"政治无序"和"寡头制"危机得到有效控制。然而，"资源格差"困境在日本非营利部门中却日趋凸显，从而引发日本学术界和非营利实务界的热烈讨论。

　　笔者认为，日本非营利部门的"资源格差"困境之所以日趋严峻，原因在于它本身所具有的二重性，即"资源格差"困境的外部性和内部性。关于前者，与政府部门和营利部门相比，非营利部门在组织资源获取方面存在巨大差距已是不争的事实。与政府部门基于"强制"、营利部门基于"自愿和互利"的组织资源获取方式不同，非营利部门只能依靠"自愿和公益"的方式获取包

---

① 本书所使用的"格差"一词，源自日文"格差（かくさ）"一词。其中"格"在日语中有"等级"、"阶层"之意（古汉语中亦有此意，但时至今时此意已失），因此"格差"一词意指"事物之间在资格、价格、地位等方面的差距"（参见松村明监修『大辞泉』小学館，1998 年版）。在本书中，"资源格差"主要是指在组织资源获取方面同时存在"外部差距"（与政府部门和营利部门相比而言）和"内部差距"（与非营利部门的其他组织相比而言）。

② 参见田尾雅夫『市民参加の行政学』法律文化社，2011 年版，17—18 頁。

括社会捐赠、政府资助和服务性收费在内的组织资源。在日本，非营利部门的组织资源基础向来薄弱，志愿捐款只占其开支的很少一部分，政府补助也由于新公共管理运动和政府重塑运动，政府越来越没有能力，也没有意愿来过多地支持非营利部门。在上述两种组织资源匮乏的情形下，日本非营利部门只能依靠包括会费和事业性收入在内的服务性收费，并成为其最主要的资金来源。① 然而，服务性收费是一个极为敏感的问题，如果过高则容易引起市民反感甚至抵制，而且其本身也不符合非营利部门的初衷。此外，随着日本非营利部门规模的不断壮大及其外延的日益拓展，尤其是伴随旨在同时实现"社会性"（公益性）和"事业性"（营利性）的社会企业的蓬勃兴起②，日本非营利部门所面临的"资源格差"的外部困境正日趋严峻。

　　关于"资源格差"困境的内部性，即前文中田尾雅夫提及的，由于非营利部门内部的不同组织之间存在诸如组织规模、法人资格和税收减免资格有无等方面的差异，它们在资源动员能力方面也就不可避免地存在"格差"。目前，日本学界对这一问题的关注和研究并不多，但美国学者 Pekkanen 却曾敏锐地观察到有关日本非营利部门的"二重构造"现象，即"日本非营利部门中的大规模组织凤毛麟角，但小规模组织却占据多数"的现象。③

　　随着非营利部门"资源格差"问题的争论不断深入，日本社会逐渐形成以下两种争锋相对的观点：以后房雄和原田晃树为代表的学者认为，为了化解非营利部门的"资源格差"困境，各级政府部门除了采取减免税收等优惠措施

---

① 参见山内直人『NPO 入門』日本经济新闻出版社，2007 版，37—40 页以及田中弥生『市民社会政策論』明石書店，2011 年版，53—70 页。

② 根据日本经济产业省的统计数据，截至 2008 年底，日本社会企业的数量约 8 000 家，市场规模约 2 400 亿日元，从业者人数约 3.2 万人。根据其预测，截至 2012 年底，日本社会企业的市场规模达到约 2.2 万亿日元，从业者人数将升至约 30 万人。参见日本经济产業省「ソーシャルビジネス研究会報告書」(2008 年)。

③ 参见 Robert Pekkanen., *Japan's Dual Civil Society：Members Without Advocates*. Stanford：Stanford University Press，2006.

外,还应以补助金、项目委托以及政府购买服务等手段支持非营利部门的发展。①与之相对的,以田中弥生为代表的学者认为,如果一味强调依赖政府资金尤其是项目委托资金,则容易使非营利部门沦为政府部门的"廉价承包方",同时还可能导致非营利部门出现"行政化"或"官僚化",进而弱化其与普通市民之间的"联系纽带",进而导致其自治性和自律性的丧失。②

在双方各执一词、互不相让的持续争论影响下,一方面,日本政府开始以"协动"的名义积极主动地向非营利部门提供各种资金援助,同时尽可能地避免介入非营利部门的自治和自律领域;另一方面,日本非营利部门自身亦采取积极行动,尝试构建以"市民社会"为基础的发展战略,努力获得尽可能多的来自普通市民的支援与合作,以此建构起真正意义上的"非营利部门"。

据笔者的观察,日本非营利部门致力于构建以"市民社会"为基础的发展战略,正在通过"筹款策略"的革新这一方式寻求突破。为此,接下来,我们首先梳理和归纳日本非营利部门筹款策略的革新理论——"市民资金理论"的相关内容,然后以其为分析框架,对"京都地域创造基金"进行个案分析,考察日本非营利部门筹款策略的革新理论在现实语境中的具体运用和实际操作,同时简要探讨其社会效应与发展前景。

(二)市民资金理论及其创新性

资源问题一直是困扰非营利部门的重大难题。正如有学者根据"资源依赖理论"所指出的,组织必须及时回应存在于外部环境并掌握相关资源的外部团体所提出的要求。由于非营利部门本身并不能创造出资源,使之有求于外部环境。因此,非营利部门不得不依赖于外部资源供给者。为了维系组织

---

① 参见後房雄『NPOは公共サービスを担えるか』法律文化社,2009 年版以及原田晃樹ほか『NPO 再構築への道:パートナーシップを支える仕組み』勁草書房,2010 年版。
② 参见田中弥生『NPOが自立する日:行政の下請け化に未来がない』日本評論社,2006 年版以及田中弥生『市民社会政策論』明石書店,2011 年版。

运作,非营利部门必须学会应对外部环境的需求和制约,同时须努力化解由外部环境所带来的各种影响。① 此外,"尽管人们对非营利组织的依赖越来越深,但是非营利组织自身的发展却困难重重,尤其是资金需求方面。几乎每一个非营利组织都面临资金不足的问题,这就需要筹款"。② 在日本,非营利部门尝试通过获取"市民资金"的方式以缓解"资源格差"困境。所谓"市民资金",是指"对非营利部门将要实施的具有较大社会影响的公益创业项目抱有认同感或共鸣,同时具有主动参与和积极协助之主体性意愿的市民所提供的资金"。③ 接下来,我们将根据"市民资金"概念的倡导者佐野修久的相关论述,简要介绍市民资金的构成要素、主要形态、筹款策略以及预期效果。④

1. 市民资金的构成要素与主要形态

佐野修久认为,市民资金的构成要素包括"资金提供者的广泛性""公益创业的特定性""市民所具备的积极参与意愿"以及"市民所获得的社会性回报或经济性回报"。其中,"资金提供者的广泛性"是指提供市民资金的群体主要以普通市民为主,同时涵盖企业和其他组织;"公益创业的特定性"是指市民一般只向能够引起其认同或共鸣的公益创业项目提供支持性资金;"市民所具备的积极参与意愿"是指市民基于自我选择和自我责任向某项公益创业提供支持性资金,同时具有主动参与和积极协助该项公益创业的意愿;"市民所获得的社会性回报或经济性回报",是指市民通过提供支持型资金的方式,助推公益创业项目顺利实施并使其创造出相应的社会价值。当然,如果条件允许,提供"市民资金"的主体还可能获得一定的"经济性回报"。

---

① 参见 Powell, Walter W., and Patricia Bromley, eds. *The Nonprofit Sector：A Research Handbook*, Third edition, Stanford, California：Stanford University Press, 2020.
② 引自王名:《非营利组织管理概论》,中国人民大学出版社 2007 年版,第 201 页。
③ 引自佐野修久「ソーシャルビジネスを支える市民資金」『自治フォーラム』第 613 号,2010 年,20—27 頁。
④ 参见佐野修久「ソーシャルビジネスを支える市民資金」『自治フォーラム』第 613 号,2010 年,20—27 頁。

此外,佐野修久将市民资金的形态区分为四大类:一是捐赠,即指市民无偿提供的资金,这些资金一般无法回收本金与利息;二是借贷,即指市民(包括民间金融机构等组织)基于金钱的借贷契约向公益创业主体提供的借款。一般而言,借款人应向贷款人返回本金和利息。不过,这种"借款"允许不采用市场中介的手段,并且允许采取比较弹性和灵活的方式,例如降低借款利息或者"零利息";三是购买债券,即指市民以证券等方式购买政府或企业发行的债券,以此向某项公益创业提供资金。一般而言,购买债券的市民可回收本金并获得利息。由于债券流通必须遵从市场规则,因此它具有较浓厚的经济性色彩;四是出资,即指市民通过购买企业的股票成为股东,或者共同出资成立某项"基金"并以此获得分红。这种方式的市场风险较大,但回报也相对较丰厚(见表9-2)。

表 9-2　市民资金的主要形态及其回报

	市民的回报	
	社会性回报	经济性回报
捐赠	有	无
借贷	有	有(较小)
购买债券	有	有(一般)
出资	有	有(较大)

资料来源:整理译自佐野修久「ソーシャルビジネスを支える市民資金」『自治フォーラム』第 613 号,2010 年,20—27 頁。

2. 市民资金的创新型筹款策略

在理想状态下,任何一家 NPO 均可通过"直接方式"获取所需的市民资金。然而在现实中,囿于组织规模、法人形态以及税收减免资格等因素,绝大多数的 NPO 往往无法通过"直接方式"获得市民资金。鉴于此,近年来,日本非营利部门开始探索以"简介方式"为主要特征的创新型筹款策略。这种创新型筹款策略可分类"筹款策略 a"和"筹款策略 b"。前者是指成立社会企业等新型组织以筹集市民资金,然后这些社会企业等组织直接实施公益创业项

目，以此消解非营利部门所面临的"资源格差"外部困境；后者是指通过成立
以筹款为核心业务的"中间支援组织"（支持型组织），通过其筹集市民资金以
消解非营利部门所面临的"资源格差"外部困境，然后在根据一定的程序或规
则将筹集到的市民资金借贷或免费提供给其他 NPO，进而以此消解非营利
部门所面临的"资源格差"内部困境（见图 9-8）。

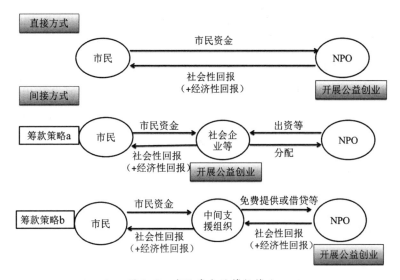

图 9-8　市民资金的筹款策略

资料来源：整理译自佐野修久「ソーシャルビジネスを支える市民資金」『自治フ
ォーラム』第 613 号，2010 年，20—27 頁。

　　在佐野修久看来，市民资金的创新型筹款策略将对日本非营利部门产生
积极影响，即"强化资金来源的稳定性""提高公益创业的成功率"以及"扩大
市民参与非营利活动的机会"。不过，我们注意到，在很长一段时间内，"筹款
策略 a"被使用的频率较高，而"筹款策略 b"则比较少被实践和运用。① 为此，
笔者注意到，近年来倍受日本各大媒体关注的京都地域创造基金，已然成为

---

① 参见日本政策投資銀行地域企画チーム『市民資金が地域を築く：市民の志とファイ
　　ナンスの融合』ぎょうせい，2007 年版。

实践市民资金理论提及的"筹款策略 b"最具代表性的 NPO 之一。① 接下来，笔者将根据相关媒体报道、京都地域创造基金的官方网站资料及其相关负责人的访谈记录等，简要考察"筹款策略 b"的实际运用及其效果。

（三）京都地域创造基金的创设及其实践

1. 京都地域创造基金的创设动机

1995 年 1 月 17 日，日本关西地区发生里氏 7.3 级的阪神淡路大地震。曾积极参与灾区救援和重建工作并被京都府市民称为"京都三人帮"的深尾昌峰、赤泽清孝和山口洋典等人，在切身感受到非营利部门所发挥出的巨大能量的同时，亦痛感非营利部门的生存和发展空间受到严重限制。当时，从事非营利部门工作的日本年轻人的最高年收入仅有 200 万日元左右（约人民币 12 万人民币），因此，他们一旦结婚成家，为了维系生活都不得不辞职另谋高就。1998 年，日本政府颁布并实施 NPO 法。以此为契机，为了广泛宣传和普及 NPO 的相关知识并以"中间支援组织"（支持型组织）身份推动非营利部门的发展，深尾昌峰等人主导创设了 NPO 法人"京都 NPO 中心"，并成立日本首家由 NPO 法人运营的广播电台——"京都社区广播电台"。② 然而，随着"京都 NPO 中心"相关活动的深入展开，尽管非营利部门的社会认知度在京都府内得到不断提升，但真正意义上的市民主导的公益创业却未在京都府内获得广泛和牢固的社会基础。"如果不及时并有效应对这一难题，日本非营利部门极有可能成为'泡沫式的潮流'"。③ 正是在这种强烈危机感的驱使下，深尾昌峰等人开始萌发创设"京都地域创造基金"的想法。

---

① 据笔者的不完全统计，京都地域创造基金在其成立后的短短 29 个月内，曾被朝日新闻、每日新闻、读卖新闻、产经新闻等全国性报纸，以及京都新闻、琉球新闻等地方性报纸共计报道 55 次之多。

② 参见「若者をつなぎ 心を支える」『朝日新聞』2010 年 12 月 20 日 4 面付き。

③ 引自深尾昌峰「京都地域創造基金の戦略と展望」『公益法人』第 39 号，2010 年，4—8 頁。

　　根据京都地域创造基金理事长深尾昌峰的回忆，"京都地域创造基金"的创设动机主要基于以下两个"困境"：一是"资金筹集"的困境。深尾昌峰等人在开展"京都社区广播电台"等公益创业的过程中，首先遭遇到的最大难题即为资金问题。然而由于非营利部门未能建立起牢固的组织基础与社会信用，几乎所有的金融机构均不愿冒险贷款给"京都 NPO 中心"，从而使得深尾昌峰等人的公益创业热情受到重创；二是"理论与现实相背离"的困境。从理论上而言，如果非营利部门一味依赖公共资金（税金），那么它将丧失其理应具备的"民间性"。在日本，随着 2003 年"协动型社会"理念的提出，在"理念缺失之协动"的名义下，非营利部门被逐渐纳入政府活动领域，其民间性和自治性不断受到侵蚀。对此，深尾昌峰曾尖锐地批判道：

　　　　"我承认，在走向'协动型社会'的过渡期间，非营利部门承接来自政府的项目委托是一种'必然性'现象。然而，我们决不能一味强调这种'必然性'。如果我们自己有能力筹集到所需的活动资金，那么我们肯定能更好地开展我们自己所认为的、社会真正急需的公益创业项目。我们不能将希望完全寄托于政府部门……我们正置身于'自治体完全掌控公共资金'的社会。在资金分配方面，我们往往须仰仗于自治体的权限。其结果是，非营利部门被政府部门'同质化'和'官僚化'的风险不断增大，同时还使得非营利部门日益习惯于'眼睛向上看'"。①

　　基于对非营利部门"资源格差"困境的切身体验，深尾昌峰等人经过精心筹备，在获得京都府 20 余个 NPO、时任京都府知事山田启二以及京都信用金库专任理事榊田隆之等的支持下，于 2009 年 3 月 17 日（"京都 NPO 中心"创立 10 周年纪念日）正式宣布成立一般财团法人"京都地域创造基金"。同

---

① 引自深尾昌峰「京都地域創造基金の戦略と展望」『公益法人』第 39 号，2010 年，4—8 頁。

年 8 月,京都地域创造基金顺利通过京都府首个"公益财团法人"的资格认定。

2. 京都地域创造基金的使命定位

使命如何定位,往往成为新生 NPO 能否获得发展的关键一步。对此,京都地域创造基金在其组织章程第三条中做出规定:"为了实现有意积极支援以解决社会难题和振兴地域社会为宗旨的公益创业的市民与实施公益创业项目的市民团体之间的合作意愿,本法人将以资源媒介的身份,致力于建构所有社会主体均能顺利参与支援公益创业活动的社会体制,以此建设富裕和可持续发展的美好社会。"

换言之,京都地域创造基金试图以"中间支援组织"(支持型组织)的身份,搭建起普通市民与非营利部门之间的沟通桥梁,以此支援 NPO 尽可能地依靠"市民资金"独立开展公益创业活动。进而言之,京都地域创造基金主要采取市民资金理论中的"筹款策略 b",即成立以筹款为核心任务的支持型组织,筹集到市民资金之后,再根据相关程序或规则将其贷款或免费提供给其他 NPO 以开展公益创业。一言以蔽之,京都地域创造基金旨在成为"市民资金型基金会",而非"官设民营型基金会"或"商业资金型基金会"。

3. 京都地域创造基金的筹款策略

根据一般法人制度,京都地域创造基金要注册成为一般财团法人的话,需要筹集 300 万日元(约 18 万人民币)的注册资金(原始基金)即可。那么应该采取何种筹款策略为妥呢? 深尾昌峰等人经过一番考量,最终放弃向政府部门或大企业募捐的想法,转而采取"300 名市民×1 万日元 = 300 万日元"这一独具匠心的筹款策略,其意图在于试探日本社会到底是否需要属于市民自己的"市民资金型基金会"。为此,深尾昌峰等人将筹款期限定为半年并决定:假如半年后仍未筹集到足够的资金,就将已筹集到的资金如数归还捐赠者。出乎意料的是,这一计划很快得到 300 名市民的积极响应,从而为京都地域创造基金的未来发展注入强大动力。

　　截至 2012 年 2 月底,京都地域创造基金所开展的核心项目主要集中于市民资金理论中的"捐赠"和"借贷"两大领域。此外,为了确保上述项目得到有效和可持续的运作,京都地域创造基金对市民资金理论进行深化和发展,创设了"捐赠"和"借贷"项目的基础制度——"NPO 信息公开与认证制度"(见表 9-3)。

表 9-3　京都地域创造基金的核心项目

类别	名称
基础	NPO 信息公开与认证制度
捐赠	冠名资助/褒奖项目
	事业指定资助项目
	议题提案型项目
	慈善项目策划与实施事业
借贷	京都 NPO 活动支援融资制度

资源来源：笔者自制。

　　(1) NPO 信息公开与认证制度。正如深尾昌峰指出,"基金会的主要使命在于架设起市民社会与公益创业世界之间的沟通桥梁。我们要在'为实现社会变革而积极付诸于实际行动的人们'与'有意积极支援上述社会创新活动的市民'之间架设桥梁。然而,如果要打造出真正意义上的'桥梁',那么久必须迫使非营利部门做出相应的组织变革,即努力推动 NPO 积极主动地公开相关信息,以有效履行'问责义务',据此获得市民资金提供者的信任。"①为此,京都地域创造基金与"京都 NPO 中心"联手合作,共同开发"NPO 信息公开与认证制度",这项制度的体操作流程可概括如下：首先,为确保公平公正,京都地域创造基金将京都府 NPO 的信息公开与社会认证业务,委托给作为独立第三方组织的"京都 NPO 中心",由其负责运营名为"き

---

① 引自深尾昌峰「京都地域創造基金の戦略と展望」『公益法人』第 39 号,2010 年,4—8 頁。

ょうえん"的公益信息认证网站(http://kyo-en.canpan.info/),并负责登记和管理京都府NPO自愿提交的信息公开资料;其次,对已提交相关信息资料的NPO进行等级认证,并颁发不同等级的社会认证资格证书:一是初步认证。"京都NPO中心"对NPO提交的机构基本信息和活动内容的资料真实性进行核对和确认。确认合格后颁发有效期为1年的"初步认证"证书;二是事务局认证。"京都NPO中心"事务局对取得初步认证的NPO补充提交的收支记录文件和事业报告书等资料进行核查,确认合格后颁发有效期为1年的"事务局认证"证书;三是第三方评估认证。取得"事务局认证"的NPO可申请专业调查员的尽职调查以及第三方审查委员会的相关审查,通过审查后可获得有效期为2年的"第三方评估认证"证书(见图9-9)。① 最后,京都地域创造基金根据项目公益性的高低,对NPO运作的各项项目所需的社会认证等级②做出相应规定。截至2012年2月底,京都府内获得上述各级社会认证的NPO达至148家。

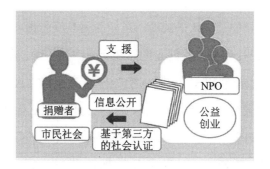

图9-9 NPO信息公开与认证制度的操作流程
资源来源:笔者自制。

---

① 初步认证和事务局认证实施免费制度,第三方评估认证则收取约5万日元的审查认定费。
② 不同项目采取不同等级的社会认证,同时也允许采取更为弹性化的方式。例如,经过相关选考委员会的审查和批准后,京都地域创造基金可对相关NPO采取事后社会认证的方式。

（2）冠名资助/褒奖项目。正如市民资金理论所论及的，市民资金的提供者往往期望得到较高的"社会性回报"（或潜在的"经济性回报"）。例如，某夫妇在其结婚30周年纪念日之际想以夫妻名义回报社会，或者某公司在其创立50周年纪念日之际筹划实施回报社会的公益事业。为此，京都地域创造基金专门设立接受最低额度为50万日元的"冠名资助/褒奖项目"，同时设立"冠名资助/褒奖选考委员会"①负责项目可行性和公益性的审查。之后，根据资金提供者的具体意愿制定项目计划并以冠名的方式委托给通过相关"社会认证"的NPO实施。通过京都地域创造基金、资金提供者与负责实施该项目的NPO之间的紧密合作，努力满足资金提供者所期待的"社会性回报"或潜在的"经济性回报"（见图9-10）。截至2012年3月23日，京都地域创造基金共筹集655万日元的冠名资助金并取得良好的社会效应。

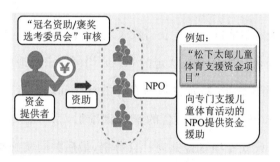

图 9-10　冠名资助/褒奖项目的操作流程
资源来源：笔者自制。

（3）事业指定资助项目。在现实中，诸多NPO囿于组织规模或税收减免资格等的制约，无法筹集到项目开展所需资金。另一方面，即使有不少市民认可其所开展的公益创业项目并有意对其进行资金支援，NPO也往往处于束手无策的困境。为此，京都地域创造基金于2010年3月创设"事业指定

---

① 京都地域创造基金设立的各种项目审查委员会的组成人员主要包括：京都地域创造基金理事会理事、相关NPO的负责人、大学教授以及其他社会专业人士。

资助项目"。该项目首先遴选出获得相关"社会认证"的 NPO 所开展的并获得市民认可的公益创业项目,然后通过京都地域创造基金接受市民的定向捐赠,最后通过"事业指定资助项目选考委员会"的审查,定向资助那些遴选出的公益创业项目(见图 9-11)。截至 2012 年 3 月 23 日,京都地域创造基金总共筹集 4 743 万日元的市民资金,成功资助京都府内的 56 个公益创业项目。

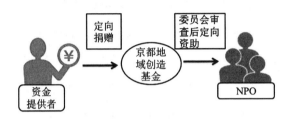

图 9-11　事业指定资助项目的操作流程

资源来源:笔者自制。

　　(4) 议题提案型项目。凡是获得相关"社会认证"或通过京都地域创造基金相关选考委员会的公益性认定的 NPO,均可向京都地域创造基金提出解决特定议题、特定领域、特定区域所存在的社会问题的专门提案。通过京都地域创造基金相关选考委员会的审查批准后,京都地域创造基金将与NPO 携手合作,设立专项基金并向社会募捐,最后共同实施相关项目(见图9-12)。截至 2012 年 3 月 23 日,京都地域创造基金已设立"城阳绿色城建基金""母亲河保津川基金""京都儿童基金""京都青年行动基金""京都音乐家志愿活动基金"以及"京都环境保护基金",总共筹集 4 229 万日元的市民资金。

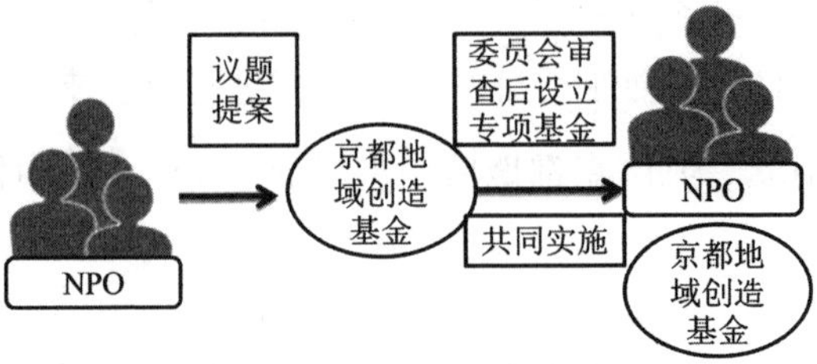

图 9-12　主题提案型项目的操作流程

资源来源:笔者自制。

（5）慈善项目策划与实施事业。京都地域创造基金还策划了一系列与企业公共实施的慈善项目。例如，2011 年 3 月 4 日—4 月 17 日，京都地域创造基金与京都府内的相关餐饮店合作，共筹集 23 万日元的市民活动资金。又如，东日本大地震发生后，京都地域创造基金与京都府内的相关餐饮店合作，接受客人的救灾募捐。2011 年 7 月，京都地域创造基金在京都府 26 家店铺内设置捐款箱以筹集公益活动资金。2011 年 8 月，京都地域创造基金与相关企业举办义卖会，共筹集 137 万日元的市民活动支援资金。

（6）京都 NPO 活动支援融资制度。伴随 NPO 规模的不断扩大，尤其是近年来社会企业的异军突起，日本非营利部门向金融机构寻求融资的需求与日俱增。在这种社会需求的驱动下，经过艰苦探索和不懈努力，京都地域创造基金于 2009 年 10 月与京都信用金库、京都北都信用金库以及京都府签订三方合作协议，共同创设"京都 NPO 活动支援融资制度"（小额无利息融资制度），从而成功挑战了市民资金理论中的"借贷"领域并开创日本业界的先河。该制度的操作流程具体如下：首先，京都府内所有获得"事务局认证"的 NPO 均可向京都地域创造基金提出最高融资额为 100 万日元、贷款期限为 3 年的融资申请；其次，京都地域创造基金设立由相关专业人士组成的第三方审查机构——"公益性审查委员会"，委托其对融资申请进行审查并向申请方发出"公益性审查结果通知书"；随后，京都地域创造基金以公益性担保人的身份向金融机构递交融资申请，并协助 NPO 与其签订贷款协议；最后，NPO 在成功融资后，按照相关协议按期还贷。此外，根据三方合作协议，京都府将替 NPO 支付贷款利息（见图 9-1）。截至 2012 年 3 月 23 日，京都地域创造基金总共协助 32 个 NPO 获得融资，总金额达到 2 180 万日元并实现 100% 的还贷率。

4. 京都地域创造基金的社会影响

长期奋战在非营利实务第一线的深尾昌峰等公益活动家，在痛感非营利部门"资源格差"问题的严重性和紧迫性之后,积极援用市民资金理论,成功创设作为支持型组织的京都地域创造基金,并实施包括"冠名资助/褒奖项目""事业指定资助项目""议题提案型项目""慈善项目策划与实施事业"以及"京都 NPO 活动支援融资制度"等创新型项目,在筹集到市民资金(消解"资源格差"的外部困境)之后,根据"NPO 信息公开和认证制度"以及各种项目审查会等制度性程序,将这些市民资金借贷或免费提供给 NPO(消解"资源格差"的内部困境),从而为京都府 NPO 实施相关公益创业提供了所需资金,同时也为化解京都府非营利部门所面临的"资源格差"外部和内部困境进行了卓有成效的探索。

此外,深尾昌峰等人还结合具体实践对市民资金理论进行了深化和发展,构建出独树一帜的"市民资金型基金会"的组织运行模式(见表 9-4 和图 9-13)。2010 年 4 月,鉴于京都地域创造基金在日本非营利部门的影响力及其社会贡献,日本内阁府特邀京都地域创造基金理事长深尾昌峰参加"内阁府'新公共'开幕论坛"并作大会发言,从而使得京都地域创造基金的社会影响迅速扩大。2012 年 5 月 20 日,日本 NHK 综合频道以专辑的形式对京都地域创造基金所开展的极具创新色彩的组织运营模式、所取得的成绩及其不断扩大的社会影响进行了专门报道,从而再度引起日本社会的关注。

表9-4　京都地域创造基金的组织运作模式

功能	具体内容	负责部门	负责人
筹款策略	捐赠、借贷	事务局	专职人员
资格审查	NPO 的信息公开与认证制度		
项目运作	冠名资助/褒奖项目 事业指定资助项目 议题提案型项目 慈善项目策划与实施事业 NPO 活动支援融资制度		
管理权限	无(自治)		

资源来源:整理译自有吉忠一・山口洋典「NPO 支援ファンドによる地域力再生の可能性に関する一考察」『同志社政策科学研究』第 12 卷第 2 号,2011 年,217—239 頁。

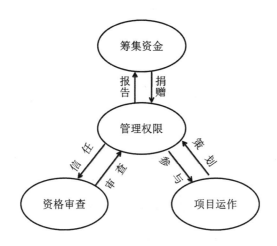

图 9-13　京都地域创造基金的组织功能及其关系

资源来源：整理译自有吉忠一·山口洋典「NPO 支援ファンドによる地域力再生の可能性に関する一考察」『同志社政策科学研究』第 12 卷第 2 号，2011 年，217—239 页。

　　概括而言，京都地域创造基金在为化解京都府非营利部门所面临的"资源格差"外部和内部困境进行了卓有成效的探索的同时，还成功实现了市民资金理论的倡导者佐野修久所预测的三大社会效应：第一，实现京都府非营利部门的资金来源的稳定化。通过"捐款"和"借贷"的筹款策略，京都地域创造基金成功开发和有效运作了五大项目，为京都府非营利部门开展可持续的公益创业活动提供了坚实的资金保障；第二，提高京都府非营利部门公益创业活动的规范化和效率化。通过建立 NPO 信息公开与认证制度，强化了非营利部门的自律机制建设，促使其组织活动走向规范化。同时，构建市民（捐赠者）监督非营利部门活动的渠道，从而确保市民资金的有效利用；第三，扩大市民参与非营利部门活动的机会。通过相关制度建设，确保市民（捐赠者）积极参与公益创业活动，从而提高普通市民的主人翁意识和公共参与意识，为建设"新公共社会"提供相应的基础。

五、小结

早在 1986 年,"社区基金会"概念就已被介绍至日本,尔后迅速引起以经济界精英为核心的社会有志之士的极大关注。1991 年,参照美国社区基金会的理念和模式,大阪商工会议所主导设立了日本第一家社区基金会——大阪社区基金会。借助于大阪商工会议所在日本经济界和政治界所具有的巨大能量,大阪社区基金会成功将美国社区基金会的理念及其制度移植至日本。然而遗憾的是,囿于日本"官主主义"的影响及其规制严厉的法律制度,大阪社区基金会模式并未得到有效普及。尽管如此,社区基金会所具备的崭新理念催生了大批具有相似功能的基金会,并由此推动社区基金会在日本的本土化进程。

2009 年,伴随新公益法人制度的实施,日本第一家市民社区基金会——京都地域创造基金顺利诞生。与大阪社区基金会不同的是,京都地域创造基金的创设和运营并非依赖于经济界精英的力量,而是借助于包括草根公益人士在内的普通市民的智慧和力量。换言之,正是因为京都地域创造基金在组织创设和项目运营等各环节均能将市民参与要素纳入其中,它才自称为"市民社区基金会"。更为重要的是,京都地域创造基金借鉴却不拘泥于大阪社区基金会模式,通过敏锐地捕捉本地社会的最新需求,不断开发出极具创新性的运作项目,在实现传统捐赠文化革新的同时,还成功将认证、资助、援助以及融资等项目运作方式有机融为一体,从而推动了日本社区基金会的本土融合。

可以说,在京都地域创造基金所缔造的"市民社区基金会模式"的影响下,日本社会迎来社区基金会的发展高潮。进而言之,经过理念移植与本土融合,作为舶来品的社区基金会在日本逐渐呈现出"活动领域的广义社区化""运营主体的市民化"以及"项目运作的多样化"等本土化特征。结合我国社区基金会的发展状况，我们认为日本经验至少能为我们带来以下几点启示。

（一）构建以市民自治为基础的社区基金会运作模式

在我国，为了回应社区需求，促进社区成长，在社区中培育和促进慈善，教育个人和社区，增加社区居民对公共事务的参与度并促使其了解慈善事业的价值，①深圳和上海等经济发达地区积极引入社区基金会，试图以此破解社区治理难题。截至目前，我国社区基金会的运行模式呈现多元化态势，包括企业主导运行模式、居民主导运行模式和政府主导运行模式，②然而绝大多数的社区基金会属于政府主导运行模式。

诚然，政府主导运行的社区基金会能够得到政府的大力支持，在政策倾斜、人员拨给等方面有着较大优势，同时自上而下的动员也使得这类社区基金会更易获得企业、媒体、社工等多元相关方的联动。然而，政府主导运行的社区基金会普遍存在独立性较低的问题，同时基层政府过多地干预社区基金会的项目运作和资金使用情况，行政化色彩浓厚，在人员设置上也较少保持多方平衡，居民较少参与到社区基金会的事务中来，从而使得社区基金会理事不能自主决策，居民的参与积极性也受到影响，进而严重制约社区基金会的发展。③

而在日本，从首家社区基金会的成立到成功实现本土化融合的市民社区基金会的不断涌现，日本各级政府始终没有随意介入其中，而更多的是以"制度供给者"和"资源支持者"的身份协助社会有志之士成立和发展社区基金会。例如，在日本首家社区基金会"大阪社区基金会"创设之际，中央政府

① 参见周如南等：《社区基金会的动员与运作机制研究：以深圳市为例》，《浙江省委党校学报》2017 年第 2 期，第 50—56 页。
② 参见徐家良、刘春帅：《资源依赖理论视域下我国社区基金会运行模式研究》，《浙江学刊》2016 年第 1 期，第 216—224 页。
③ 参见周如南等：《社区基金会的动员与运作机制研究：以深圳市为例》，《浙江省委党校学报》2017 年第 2 期，第 50—56 页。

（通商产业省）为社区基金会这类新型非营利组织形态提供了法人注册之便利，而大阪府政府和大阪市政府则通过捐赠原始基金的方式助推大阪社区基金会的落地。此外，作为本土化融合典范的京都地域创造基金自创立之初起就得到京都府政府和京都市政府的大力支持，同时在京都市政府的全力配合下创新性地开发出"京都NPO支援连携融资制度"。

　　简而言之，鉴于日本经验，我们有必要重新检视政府在社区基金会发展过程中的作用及其定位，尽快推动政府实现其角色转换，即从"主导者"转向"支援者"。只有如此，我们才有可能强化社区基金会发展所需的市民自治力量，实现真正意义上的社区基金会的发展。

（二）推动社区基金会的多样化发展

　　一般而言，社区基金会所指的"社区"范围可大可小，其服务范围可以根据实际需要扩张或收缩，即"社区"可以是一个居民区，一个城镇，一个州，一个地区（例如加勒比海地区）乃至一个国家。在世界范围内，大多数社区基金会以城市或城镇为基础。以社区基金会起源地的美国为例，除了乡镇和城市基金会，还有区域级（覆盖多个城市）、州级乃至国家级的社区基金会。① 受之影响，日本学者在引入社区基金会概念之际就已明确指出"社区基金会是指贡献于特定区域（大至州或省，小至城镇或村落）的基金会"，由此可见其社区基金会的核心在于"本地"概念，而非"区域"大小。与之相关联，日本社区基金会在实践中并未将其服务范围限定于行政化的"社区"，而是倾向定位于一级行政区域（都道府县行政区域）。当然，也有不少日本社区基金会是以某个特定社区为主要活动区域。总而言之，日本社区基金会所辐射的范围主要以省级行政区域为主，同时不排斥以狭义地域为活动范畴。

　　而在我国，囿于政府的深度介入和强势主导，社区基金会被限定于行政

---

① 参见饶锦兴、王筱昀：《社区基金会的全球视野与中国价值》，《开放导报》2014年第5期，第28—33页。

化的"社区"。换言之,在基层政府的推动下,我国的社区基金会主要被限定在社区居委会或街道办事处层面,主要提供社区救助、社区照顾、资助社区公益事业和社会组织发展,服务对象限于本社区(或本街道)居民,地域上互不重叠。为此,有学者明确将社区基金会定义为"在一定区域内(以社区居委会或街道地域为界限)为解决本社区问题而成立的具有独立性、公益性的一种枢纽型社区社会组织"。简而言之,我国绝大多数社区基金会是在政府主导下成立的,主要服务于"社区治理工作",从而导致其发展模式缺乏多样性和多元性,进而使其原有的社会功能大打折扣。为此,主导推动我国社区基金会发展的基层官员之一、深圳市光明新区党工委委员乔宏彬曾撰文坦诚:"建议成立市区两级社区基金会工作领导小组和指导小组,协调督促市区两级政府部门加强对社区基金会工作的指导和支持,将社区基金会试点工作、社区基金会助推社区治理改革变成各部门的'大合唱',力争创建社区基金会助推社区治理创新国家级试点,为全国兄弟城市探索更多可复制、可推广的成功经验"。①

我们殷切期待,今后通过政府职能的再定位和重新转换,我国社区基金会在服务范围上可以突破行政化的"社区"区域,从而实现其多样化发展,进而最大激活和充分发挥社区基金会在"促进社区草根类社会组织的成长""凝聚社区并打造有机共同体"以及"满足多元化的捐赠和社区需求"等方面的社会功能。②

(三) 改革和完善有关社区基金会的法律政策

作为公益慈善类社会组织的创新型组织形态,社区基金会必须在充分获

---

① 引自乔宏彬:《美国社区基金会与光明新区社区基金会比较研究》,《特区实践与理论》2015 年第 2 期,第 109—112 页。
② 参见崔开云:《社区基金会的美国经验及其对中国的启示》,《江淮论坛》2015 年第 4 期,第 42—49 页。

得法律政策保障的前提下才能快速、健康、有序的发展。在日本，很长时期内囿于旧公益法人制度的严厉规制，1991 年诞生的大阪社区基金会的发展模式一直无法被复制和效仿。然而，1998 年 NPO 法的出台以及 2008 年新公益法人制度的实施，极大地降低了社区基金会的法人注册门槛，并在税制优惠等方面为社区基金会的发展提供了制度保障，从而催生以京都地域创新基金为代表的一大批社区基金会。

而在我国，自 2008 年首家社区基金会诞生以来，除了深圳市和上海市等省市级政府出台了一些指导性政策文件之外，国家层面迄今并未出台或改革有关社区基金会的法律政策。根据现行《基金会管理条例》的规定，基金会按照公募基金会和非公募基金会分类，并没有"社区基金会"的制度安排，同时在社区社会组织层面也没有将社区基金会纳入其中。更令人遗憾的是，2016 年 9 月 1 日开始实施的《慈善法》虽然放宽了公募权的限制，但仍未就社区基金会作出任何规定。究其原因，"这很大程度上可能是因为登记管理体制所致、特别是'社区'概念引入中国后，其范围、功能与西方的社区有很大区别，被过度行政化了"。①

总而言之，鉴于日本经验，在法律政策层面，今后我们应当在法律上明确社区基金会的性质、地位和功能，在民政部修订《基金会管理条例》的背景下，适时出台社区基金会发展的规范性文件，在改革社会组织（NPO）登记制度的同时，从政策上扶持、培育和规范社区基金会的发展。

---

① 引自饶锦兴、王筱昀：《社区基金会的全球视野与中国价值》，《开放导报》2014 年第 5 期，第 28—33 页。

第十章
日本非营利组织参与社区治理：
以自治会/町内会为例

　　时任日本政治学会会长、筑波大学大学院人文社会科学研究所所长辻中丰教授早在 2009 年就已提出，讨论"日本 NPO 参与社会治理"议题时，应将独具日本特色的地缘组织——"自治会/町内会"（类似我国的村委会或居委会的基层群众性自治组织）纳入其中，因为这类组织属于日本 NPO 的一种特殊类型。①

　　日本学界普遍认为，日本实施的以"辅助原理"（The Principle of Subsidiarity）为基本理念、以团体自治和居民自治为双重驱动的地方自治制度，构建成了日本社区治理最为基本的制度框架。在日本社区场域，自治会/町内会成为社区居民自治的核心力量。为了破解自治会/町内会所面临的行动困境，日本不少地方自治体尝试打破以自治会/町内会为核心的狭义社区之边界，进而构建以小学校区或中学校区为范畴，以具备市民自主性和责任感的个人和家庭为构成主体，拥有共通性、地域性、开放性并在社区成员之间形成信任感的新型社区。

　　接下来，本章将聚焦日本的"自治会/町内会"，集中探讨这类较为特殊的

① 参见辻中丰・ロバート・ペッカネン・山本英弘『現代日本の自治会・町内会』木鐸社，2009 年版。

日本 NPO 参与社区治理的政策逻辑起点、制度框架及其实践动向,并结合我国社区治理的现状提出若干启示。

一、战后日本社区治理的政策逻辑起点

国家治理体系和治理能力现代化是新时代中国的主旋律之一。诚如刘建军所言,中国国家治理的基础是由一个个作为生活共同体的社区这一"扩大了的家庭"组合而成的一个平面社会。在从"单位中国"到"社区中国"的转型过程中,社区逐渐成为一个兼具包容性、扩展性和认同性的空间,进而成为中国国家治理的秘密之所在。形成社区良治的基本格局,将有助于巩固我党的执政基础和现代国家治理的社会基础。① 然而,毋庸讳言,目前我国的社区治理仍处于摸索前行时期,远未形成基于社会多元主体良性互动的社区治理格局。鉴于此,我们有必要在不断实践和总结本土经验的同时,积极学习和借鉴发达国家在社区治理领域的有益经验。

事实上,日本社区治理的发展动向来备受我国学界的关注。早在1989 年,我国学者潘若卫就从回顾町内会的历史入手,探讨了町内会在日本历史上所发挥的作用和功能。② 紧接着,日本学者中田实在我国期刊撰文介绍了日本町内会的形成与历史沿革,指出"曾经与行政关系密切并且深深介入居民生活的町内会,已经随着时代潮流的变化逐渐建立了自己的公共性基础,走上了组织自立的道路。""可以预见,在实行地方分权的未来社会中,町内会以及新整合的社区组织将会在共同管理社区方面发挥更大的作用"。③

---

① 参见刘建军:《社区中国:通过社区巩固国家治理之基》,《上海大学学报(社会科学版)》2016 年第 6 期,第 73—85 页。

② 参见潘若卫:《日本城市中的地域集团:町内会的沿革》,《社会学研究》1989 年第 1 期,第 60—67 页。

③ 引自〔日〕中田实:《日本的居民自治组织"町内会"的特点与研究的意义》,《社会学研究》1997 年第 4 期,第 24—37 页。

　　而我国学者黄金卫则关注到了町内会在社区福利供给的作用并展开了初步分析。① 首次基于实地考察开展日本社区研究的我国学者许耀桐通过对日本冲绳县某村自治会的结构和功能等内容的分析，提出了有关日本自治会的若干认识。② 日本学者黑田由彦则撰文介绍了日本町内会的内涵、特征及其历史沿革，最后指出"事实上，町内会已成为日本当今基层社区管理的最重要的代表。町内会和地方政府在明确责任分配的基础上成功地建立起了合作伙伴关系。"③紧接其后，韩铁英首次在我国学界开展关于日本町内会的全面性研究，详尽考察了町内会的形成、特征、功能及其性质。④ 作为前述研究的补充，田晓虹通过透视日本町内会在现代化进程中的角色与功能的转变及其转变方式，试图为研究东亚特色的国家与社会关系的演进路径提供探讨空间。⑤ 何怡帆则关注到了战后初期日本町内会被废止的这段历史并进行了深入探讨，从而开拓了我国学界对日本町内会的细化研究。⑥ 受其影响，有学者关注到了町内会在日本城市生活垃圾处理机制及其在地方治理中的作用。⑦ 而最新一项研究则首次突破町内会的视角，试图从基层治理的视点对日本社区治理的发展历程及其经验进行研究。⑧

---

① 参见黄金卫：《日本的社区福利及町内会》，《探索与争鸣》2000 年第 8 期，第 35—37 页。
② 参见许耀桐：《基层自治：对社区公共事务和文化生活的管理》，《北京行政学院学报》2001 年第 4 期，第 1—4 页。
③ 引自〔日〕黑田由彦：《町内会：当代日本基层社区组织》，《社会》2001 年第 8 期，第 43—45 页。
④ 参见韩铁英：《日本町内会的组织和功能浅析》，《日本学刊》2002 年第 1 期，第 46—63 页。
⑤ 参见田晓虹：《从日本"町内会"的走向看国家与社会关系演变的东亚路径》，《社会科学》2004 年第 3 期，第 64—72 页。
⑥ 参见何怡帆：《战后日本町内会废止过程》，《黑龙江史志》2014 年第 7 期，第 42—43 页。
⑦ 参见晏梦灵、刘凌旗：《日本城市生活垃圾处理的联动机制与居民自治会的重要作用》，《生态经济》2016 年第 2 期，第 48—51 页；王冰：《日本地方治理中的公民社会组织参与模式——以自治会为例》，《日本问题研究》2017 年第 2 期，第 55—63 页。
⑧ 参见葛天任、许亚敏、杨川：《战后日本基层社区治理经验及其对中国的启示》，《地方治理研究》2018 年第 2 期，第 53—65 页。

通过上述相关研究的梳理可知，我国学界对于日本社区治理的研究基本聚焦于作为日本传统共同体的"部落会·町内会"。① 诚然，这些研究为我们认知和理解日本社区治理的核心主体提供了重要参考，然而却无助于我们洞察日本社区治理的变革及其走向，这无疑是我国日本研究及社区国别研究的一大缺失。限于篇幅，本节无意对上述宏大命题展开全面研究，仅就战后日本社区政策的逻辑起点进行初步考察，进而试图回答以下问题：日本提出构建有别于传统共同体（部落会·町内会）的新型社区的历史背景是什么？ 日本提出构建新型社区的现实需求及其现实基础是什么？ 日本如何对新型社区进行功能定位？ 日本政府提出了哪些构建新型社区的行动方案？

（一）历史背景：日本社区自治组织的近代演变

1889 年，日本开始在全国范围内实施具有近代意义的地方自治制度——市制町村制，将原有的 71 500 个町村合并为约 18 000 个。之后，根据日俄战争的需要，日本政府再次推行了町村合并，从而使得町村数量最后减至 10 500 个。② 然而，那些被合并的町村并未被解体，而是以居民自治组织或行政区的形式继续存在，并发挥了协助行政部门提供公共服务、团结居民以维持地域秩序等功能。而在京都市，立足于中世以来的"町组"传统，于1879 年组建了以学区为范畴的居民自治组织——公同组合。此外，在农村地区，村民在藩政时期开始组建作为农民生活和生产的自治组织——自然

---

① 时至今日，日本居民自治组织的称谓并未统一，除了部落会和町内会，还有其他如下称谓：自治会、区、区会、町会、集落、地区、常会、振兴会、行政区、自治公民馆、地区联络会、驻在区。一般而言，日本社会习惯将这些组织统称为"部落会·町内会"或"自治会·町内会"。参见辻中丰・ロバート・ペッカネン・山本英弘『現代日本の自治会・町内会』木鐸社，2009 年版，40 页。
② 参见中田实「町内会・自治会のこれまでの歩み」（東海自治体問題研究所編集『町内会・自治会の新展開』自治体研究社，1996 年版），33—34 页。

村。这些自然村大多数拥有部落共有财产,同时其负责人大多担任过町村长等公职,从而使自然村与当地政府部门之间建立了紧密关系。与此同时,在城市地区,原有的特定功能组织(例如横滨和神户等城市的"卫生组合")以及由部分精英居民主导的自治组织(例如东京和大阪等城市的政治性团体),逐渐演变为代表本地区所有居民的综合性功能执行组织。① 在这种背景下,日本从大正末期(20 世纪 20 年代)开始以"町内会·部落会"的名义整顿规范基层社区自治组织。然而,囿于富国强兵等近代化的紧迫任务,当时的明治政府(内务省)将绝大部分精力花在了市町村等地方政府的培育建设工作,而无暇顾及基层社区的组织化建设工作。②

进入 20 世纪 30 年代,随着对外侵略战争的推进,日本当局逐渐关注到了部落会·町内会的功能和作用,并有意将其作为市町村政府的下部组织加以利用。1938 年 10 月,地方制度调查会向内务大臣提交了《农村自治制度改正要纲》,建议当局推进部落会·町内会的建设并将其作为町村政府的辅助机构。据此,内务省开始积极地培育和指导部落会·町内会。1940 年 9 月,内务省出台《部落会町内会等整备要领》(内务省训令第 17 号)并向各地方行政长官下达了以下指令:(1)区分市町村区域,在村落组建"部落会",在市街地组建"町内会";(2)部落会·町内会的组建工作必须覆盖本区域所有住户;(3)明确部落会·町内会的双重角色,即要求其同时扮演居民地域组织和市町村政府辅助性组织的双重角色;(4)在部落会·町内会内部下设"邻保班"(以 10 户左右为基准);(5)将邻保班作为部落会·町内会的邻保执行组织。③ 紧接着,日本当局于 1943 年通过市町村法的修订,成功地将部落会·

---

① 参见中田实「町内会·自治会のこれまでの歩み」(東海自治体問題研究所編集『町内会·自治会の新展開』自治体研究社,1996 年版),34—35 頁。

② 参见横道清孝「日本における最近のコミュニティ政策」財団法人自治体国際化協会·政策研究大学院大学·比較地方自治研究センター,2009 年,1 頁。

③ 参见内務省「内務省訓令十七号·部落会町内会等整備要綱」『官報』第 4106 号,1940 年 9 月 11 日。

町内会纳入法律框架,规定市町村长有权要求部落会·町内会协助实施部分行政事务,同时允许部落会·町内会在获得市町村长许可的前提下可拥有必要财产。据此,日本当局将之前自治性和民间性色彩较为浓厚的部落会·町内会改组为"警察国家式的国民动员型组织",①使其成为协助对外侵略战争的重要力量。

二战结束后,鉴于部落会·町内会在日本军国主义体制中所扮演的重要角色,联合国军总司令部(以下简称 GHQ)要求日本政府全面废除部落会·町内会。为此,日本政府(内务省)于1947年1月颁布旨在废除《部落会町内会等整备要领》的内务省训令第4号。② 然而,根据该政策,部落会·町内会仅在形式上被解散,事实上却仍以"任意团体"等名义继续存留并开展活动。面对这种状况,GHQ 直接绕过日本政府,于1947年5月亲自颁布《关于町内会部落会及其联合会等的解散、就职禁止及其他行为的限制之政令》(政令第15号),强制所有部落会·町内会必须于1947年5月31日之前完成解散工作。③ 据此,部落会·町内会在法律名义上被彻底铲除。然而,根据日本学者中田实的研究,在解散后的三个月内,近八成的町内会·部落会仍以改头换面的方式再次得以重建。④ 故,在 GHQ 于1952年撤出日本之后,日本绝大多数的部落会·町内会迅速得以复活。尽管如此,部落会·町内会曾被法律禁止的这段历史,不但促使地方政府对"将部落会·町内会作为工具加以整体利用"的做法进行反思并持谨慎态度,还催生中央政府部门(自治省)官员诸如"町内会及邻组曾被政令所禁止,因此我们不能随意加以利用"的观

① 参见中田实「町内会・自治会のこれまでの歩み」(東海自治体問題研究所編集『町内会・自治会の新展開』自治体研究社,1996年版),37頁。
② 参见内務省「内務省訓令第四号」『官報』第6005号,1947年1月22日。
③ 参见「ポツダム政令第15号」(中田実・山崎丈夫・小木曽洋司『地域再生と町内会・自治会』自治体研究社,2017年版),138—141頁。
④ 参见中田实「町内会・自治会のこれまでの歩み」(東海自治体問題研究所編集『町内会・自治会の新展開』自治体研究社,1996年版),38頁。

念,①甚至使得关于部落会·町内会的话题在很长一段时间内成为官方话语的禁区。

随着战后日本经济的快速发展,日本地方政府被迫忙于处理经济快速发展所需的町村合并事务、警察和教育行政中出现的集权现象以及社会问题的日益扩大等棘手问题,反而将那些在合并后的旧町村内所形成的居民自治组织(任意团体)视为"麻烦之物",进而出现将那些冠名为部落会·町内会以及新出现的"自治会"等居民自治组织作为行政工具加以利用(即基于个人资历任命这些居民自治组织的负责人为"行政协力委员"并委托其负责执行相关行政事务)。进入 20 世纪 60 年代,随着地域开发的推进,日本人口快速地向城市流动,从而引发新兴住宅区数量陡增,进而导致社区基础设施(保育园、学校、儿童游玩场所、商店以及医院等)严重不足、道路和排污沟缺乏以及生活环境恶化等一系列社会问题,从而要求社区居民团结起开一起寻求问题解决方案。与此同时,社区居民通过开展居民运动以要求政府部门回应地域诉求,然而在此期间出现了传统居民自治组织与新居民之间的对立和冲突。更为严重的是,随着居民生活圈的日益扩大,许多社会问题已超出传统的部落会·町内会所能辐射的范畴。此外,随着居民生活方式的多元化,社区内部难以召开居民会议,也难以找到合适的居民自治组织干部。② 简而言之,从战后初期开始,日本的传统共同体(部落会·町内会)开始走向瓦解,新型社区构建成为燃眉之急。

在此背景下,作为内阁总理大臣咨询机构的"国民生活审议会调查部会"于 1969 年 1—2 月展开社区实地调研,并于同年 4 月组建由 6 名来自不同学科领域的学者组成的"社区问题小委员会"。同年 9 月,社区问题小委员会发

---

① 参见三浦哲司「日本のコミュニティ政策の萌芽」『同志社政策科学研究』第 9 卷第 2 号,2007 年,145—160 頁。

② 参见中田实「町内会·自治会のこれまでの歩み」(東海自治体問題研究所編集『町内会·自治会の新展開』自治体研究社,1996 年版),39 頁。

布政策报告《社区：生活场所的人性之恢复》（以下简称《社区报告》）。这份长达 33 页的政策报告，被日本学界视为战后日本社区政策的起点，①对时至今日的日本社区政策产生了深远影响。鉴于此，接下来将参考日本学界的相关研究并结合笔者近期在日本社区的调研观察，深度剖析《社区报告》的内容和观点，以此回答前言中所提出的研究问题。

（二）现实需求：构建有别于传统共同体的新型社区

1. 传统共同体瓦解及其引发的问题

如前文所述，伴随经济的快速发展，日本城镇化急速推进，人口流动日趋频繁，熟人社区逐步演变为陌生人社区，以部落会·町内会为主体的传统共同体（传统社区）面临难以维系之态势。对此，《社区报告》全面分析了导致日本传统共同体走向瓦解的原因。②

第一，交通通讯技术的发展与居民生活圈的扩大。进入 20 世纪 60 年代，日本的交通和通讯技术发展迅猛，交通网络开始遍及全国各地，农村地区每 4 户家庭拥有 1 台家用汽车，每 2 户家庭拥有 1 台摩托车。同时，电视和电话已成为家庭日常消费品，极大拉进了人与人之间沟通的距离。此外，商品生产的多样化、消费水平的显著提升以及随着而来的居民生活圈（生产圈、交易圈、上学圈、通勤圈、休闲圈）的快速扩大，极大削弱了居民对于具有封闭

---

① 参见中田実「町内会・自治会のこれまでの歩み」（東海自治体問題研究所編集『町内会・自治会の新展開』自治体研究社，1996 年版），40 頁；横道清孝「日本における最近のコミュニティ政策」財団法人自治体国際化協会・政策研究大学院大学・比較地方自治研究センター，2009 年，3 頁；三浦哲司「日本のコミュニティ政策の萌芽」『同志社政策科学研究』第 9 巻第 2 号，2007 年，145—160 頁；高田昭彦「『政策としてのコミュニティ』とその系譜」『成蹊大学文学部紀要』第 51 号，2016 年，33—51 頁；三浦哲司「自治省コミュニティ研究会の活動とその成果」『同志社政策科学研究』第 10 巻第 1 号，2008 年，151—166 頁。

② 参见国民生活審議会調査部会コミュニティ問題小委員会「コミュニティ：生活の場における人間性の回復」（1969 年 9 月 29 日）。

性的传统共同体的身体束缚和心理依赖。

第二，人口的城市集中。随着科学技术的日新月异，日本的产业结构发生巨大变动。1950 年，日本的非农业就业人口所占比率为 52%，到了 1969 年则攀升至 75%。其中，毕业生的非农业就业人口所占比率从 1950 年的 44% 飙升至 1969 年的 95%。伴随产业结构和就业结构的巨大变动，日本迅速形成东京、大阪以及神户三大都市圈，从而造成城市人口所占比率从 1950 年的 38% 攀升至 1969 年的 68%。随着人口城镇化的快速推进，大量对居住地区生活漠不关心的年轻就业人口随之涌入都市，导致城市地区无法依靠原住居民的力量以维系传统共同体，而农村地区则由于年轻人口的大量流失出现了所谓的"人口过疏化"现象，从而导致传统共同体难以维系之状况。

第三，生活方式和生活意识的都市化。一般而言，都市生活具有理性主义、平等主体、匿名主义、个人中心主义等特征。在日本经济快速发展的过程中，大量年轻人口涌入都市，市民收入和消费水平显著提高，中产阶级日益壮大并产生中产意识，进而形成以年轻人为中心的享受不受他人干涉的自由生活之意识。之后，这种都市生活意识通过电视等媒体或返乡探亲的打工者，迅速地渗透入农村地区。

第四，功能性组织的增加。随着居民生活圈的扩大以及居民生活方式的多元化，日本基层的功能性组织（类似我国的社区社会组织）日益增多，试图替代传统共同体的原有功能或发挥传统共同体无法发挥的功能。这些功能性组织主要活跃在体育、旅游、兴趣爱好、教养、志愿者活动等领域，从而相对弱化了传统共同体的价值和影响力。

第五，政府功能的扩张。二战结束后至 GHQ 下令禁止部落会·町内会期间，作为传统共同体的部落会·町内会负责执行了诸如物质配给、转出证明等诸多行政工作。然而，部落会·町内会被勒令解散后，包括防火、防灾、防止犯罪、生活扶助、环境保护等行政工作逐渐被政府部门接管。此外，当时实施的市町村合并在推动政府功能实现扩张的同时，也强化了居民对于政府部门的依赖。例如,根据 1968 年内阁总理大臣官房广报室的调查结果显示,居民强烈希望行政部门能接管原来由部落会·町内会负责的道路维修、下水道管理、街灯管理、社区消防、社区清扫和消毒等工作。

第六,家庭制度的变革。二战结束后,统制和支配家庭的家长制度迅速瓦解,公民个体从家庭中获得解放,从而改变了之前基于家长制度的全人格塑造型的传统共同体价值观。加上城市中年轻人口的聚集、小家庭化、住宅小区的兴起等因素的叠加,日本家庭成员之间的连带感逐渐弱化。

第七,农村生产结构的变化。在传统的日本农村地区,生产农作物是全体村民的共通目标。为此,需要依靠部落会组织全村力量进行用水管理、山林开发以及农业合作劳动。同时,地主阶级与雇农阶级的身份制也强化了部落会的统制力和支配力。然而,随着战后非农业人口和外出务工人口的日益增多,农业生产不再是农村地区的唯一共通目标。同时,随着生产结构的变化,在传统共同体内部出现了农业协动组合等新型农民组织。此外,战后农地改革废除了地主阶级与雇农阶级的身份制,具备新时代观念的年轻村民开始参与掌控传统共同体。当然,尽管农村地区逐渐出现近代化和民主化倾向,但具有悠久历史的支配村民的传统共同体对于村民的支配力无法在短时间内彻底消失,但其影响力确实不可避免地走向衰弱,从而意味着村民将逐渐挣脱传统共同体的束缚并实现人性的缓慢恢复。

需要特别指出的是,日本传统共同体的瓦解速度超乎异常,从而导致基层社会措手不及,无法有效应对层出不穷的社会问题。具体而言,这些社会问题包括以下三个方面:

一是社区缺位问题。例如,休闲设施不足和关爱缺失等引发的青少年不良化问题、幼儿户外活动的安全问题、放学后儿童无人照顾问题、儿童教养缺失问题、退休老人孤独问题、社区娱乐设施缺乏问题、社区公害问题、交通事故问题以及病人紧急救助问题等。这些问题一旦成为居民个人或家庭无法应对的问题,就需要社区出面加以解决。

二是人口过疏化问题。在人口大量流失的过疏地区，防灾教育、卫生保健等地域社会得以维系的基础条件难以确保，原来由传统共同体负责的雪天紧急病人的运送及道路除雪等工作也难以开展。为此，这些地区除了通过集落合并、求助行政部门之外，迫切需要通过居民自主力量重建社区加以应对。

三是企业与本地居民的关系问题。在企业入驻的居民区，企业员工住宅区与本地居民容易产生矛盾乃至对立的问题。此外，企业导致的社区污染问题经常引发企业工会与本地居民的对立和冲突。而在企业员工居多的居民区，企业一方面会积极参与社区环境的改善工作，另一方面也会通过企业将其员工作为议员输入至本地议会，从而引发企业与政府之间的关系紧张问题。为了解决这些问题，有必要构建基于企业与本地居民之间信赖关系的新型社区。

2. 构建新型社区的现实基础与功能定位

（1）构建新型社区的现实基础

《社区报告》认为，日本今后需要致力于构建的新型社区，是指"在生活场所建立的，以具备市民自主性和责任感的个人和家庭为构成主体，拥有地域性和各种共通目标，且富有开放性并在社区成员之间形成信任感的集团组织"。《社区报告》提出这种新型社区的构想并非源自空中楼阁式的设想，而是立足于当时日本社区发展已有的现实基础。①

第一，社区意识的萌芽。新型社区的构建是以城镇化的快速推进、居民生活圈的扩大以及传统共同体的瓦解为出发点。此外，支撑居民间纽带感的传统人际关系的解构以及居民乡土意识的弱化也强化了构建新型社区的必要性。尽管如此，根据 1969 年东京都的一份调查结果显示，居民对于家乡的热爱和乡土意识在社会变迁中并未完全消失。另外，伴随经济社会结构的激烈变动，在那些拥有权利和义务对等意识的居民之间开始形成相互信赖之感。这种居民信赖感虽然目前停留在观念层面且并未促成居民大规模的社

---

① 参见国民生活審議会調査部会コミュニティ問題小委員会「コミュニティ：生活の場における人間性の回復」(1969 年 9 月 29 日)。

区行动,但有望演变为居民日后开展社区自治的动力来源。

第二,社区自治活动的成长。随着居民社区意识的日益萌芽,日本基层开始出现颇具自治色彩的社区活动之尝试,具体包括:(1)社区生活守护活动。在城市地区,居民发起以改善生活环境为核心的社区生活守护型居民运动,以此要求相关政府部门加以解决。其议题涉及地域交通安全、大气污染及社区噪音等公害问题、儿童游乐场和保育所的设置以及垃圾处理等问题。而在农村地区,则一直持续开展新村营造活动和健康农村活动;(2)提升社区生活质量的居民活动。一些社区居民不再停留于社区生活守护型居民运动,而是为了实现特定的生活目标及价值理念以提升生活质量,开始组建各种功能性组织,包括休闲娱乐型自组织、妇女会组织、社区读书会、纳凉大会等涉及社区生活各领域的社区居民组织。

第三,社区自治活动在成长过程中所遭遇的问题。如前所述,不管是城市地区还是农村地区,日本基层开始出现日趋活跃的社区自治活动。然而,这些活动的开展也面临诸多难题,包括许多居民对社区自治活动不感兴趣、缺乏社区自治活动所需的社区设施、居民流动性高导致的社区活动难以持续、部分自治会与特定政党保持利益输送关系等问题。不过,这些问题的出现正说明了居民的社区意识正在觉醒、社区主体性逐步得到确立以及居民共识正在逐渐形成。

(2) 新型社区的功能定位

《社区报告》认为,新型社区的整体功能在于确保社区居民维系其社会性共同生活所需的物理性生活环境水准的同时,提升与之相适应的社会性水准(包括人际交流、居民参与以及市民意识等)。只有不断协调和提升物理性生活环境水准与社会性水准之间的整合度,才能真正实现居民的社区生活质量。具体而言,新型社区的功能定位包括以下三个方面。①

———————————

① 参见国民生活審議会調査部会コミュニティ問題小委員会「コミュニティ:生活の場における人間性の回復」(1969 年 9 月 29 日)。

第一，致力于社区环境的改善。居民欲通过社区生活从精神层面和文化层面实现有意义的生活，必须基于居民之间的交流和沟通不断充实社区生活环境。换言之，社区居民应该与行政部门携手合作，共同解决诸如社区公害、下水道不畅、医院不足、垃圾处理、交通安全、绿化不足等问题。与此同时，行政部门在地域开发（含旧城改造）过程中，应充分听取居民意见并尽可能地与居民达成共识，从而尽可能地保护社区环境以提升居民福祉水平。

第二，通过社区充实居民生活。为了实现居民高品质的精神文化生活，必须不断深化居民之间的交流和沟通。随着经济社会结构的激烈变动，居民的劳动时间不断缩减，从而大幅提高其在社区生活中的余暇时间。其中，老人、青少年、农渔业从业者以及个体工商户的社区生活时间将占据其生活时间的绝大部分，从而使得社区中的人际关系及其自治活动成为他们实现高品质生活所不可或缺的要素，进而促使以其为核心的社区居民不断形成各种功能性组织以开展社区自治活动。为此，社区有责任为这些功能性团体提供开展社区自治活动所需的各种社区设施，包括体育馆、游泳池、运动场、公园、集会所以及其他娱乐设施。

第三，打造居民诉求整合之平台。随着生活方式日趋多元化和多样化，社区将充斥着来自居民的各种利益诉求乃至对立冲突。为此，社区必须发挥协调和整合居民需求和诉求的功能。换言之，社区应基于居民共识，合理地协调和化解社区中出现的各种诉求和矛盾。经验证明，通过居民之间的对话和沟通所达成的共识，能够从心理上给每位居民带去安全感和信赖感，同时有效提高居民作为市民社会一员的自觉性，进而逐渐改变居民以家庭为中心的固化观念，促使其认识到社区整体利益与每位居民及其家庭均戚戚相关。简言之，基于民主对话的社区问题化解方式，将有效地抑制社区居民的"自我主义"，进而有助于"社区共同体意识"的形成。

（三）行动方案：战后日本社区政策的逻辑起点

《社区报告》认为，构建新型社区的基本要素存在于社区居民的意识之中。随着居民对于高品质生活之期待的不断高涨，将迫使其认识到社区之于他们日常生活的极端重要性。然而，在居民的期待与行动之间存在一个"过渡空间"。为此我们必须采取相应的对策对这个"过渡空间"加以填补。鉴于此，《社区报告》从"行政部门的应对举措""社区领导人资质的培养"以及"社区设施的完善"这三个视角进行了探讨，进而提出构建新型社区的具体方法。①

1. 行政部门在新型社区构建中的应对举措

居民诉求及时有效地反映至行政部门，被视为近代民主主义之根基。然而，在当时社区缺位的日本，行政部门与居民之间的沟通渠道极为不畅。针对该问题，《社区报告》建议行政部门不能仅依赖于原有的市民接待窗口，而是应该创造机会充分听取居民诉求，并在必要的时候与居民多次展开对话，以此探寻解决问题的现实方案。为此，行政部门必须改变原有的"上传下达"式的信息反馈机制。对此，《社区报告》从"居民诉求的性质""地方议会型民主主义的缺陷""行政首长制的不足"以及"信息反馈与居民参与"这四个视角提出了构建行政部门新型信息反馈的建议。

（1）明确居民诉求的性质。反映至行政部门的居民诉求应努力满足以下要求：一是基于社区成员的民主对话所形成的居民共识；二是兼具"问题内容"与"问题解决预想方案"这两个要素；三是明确社区成员在问题解决过程中应担负的责任。

（2）弥补地方议会型民主主义的缺陷。在当时的日本，虽然从中央到地方已基本形成较为完善的议会制度。然而，囿于自下而上型社区组织的缺

---

① 参见国民生活審議会調査部会コミュニティ問題小委員会「コミュニティ：生活の場における人間性の回復」(1969 年 9 月 29 日)。

失、议员与居民之间存在的鸿沟、地方议会的政党化倾向、议员选举过程中居民参与度低下等原因，导致议员无法充分发挥作为民意代表的作用。为此，今后有必要构建居民能够自下而上地向议会（议员）进行利益诉求的组织，同时推动政党深入基层听取民意，进而提升居民参与议员选举的积极性。

（3）强化行政首长制度的功能。随着政府业务的分化和专业化、政府行政功能的扩张以及居民诉求的多元化，仅靠议会和政党已难以有效应对。为此，日本宪法创设了基于居民直接选举的地方行政首长制度。然而，如果不随之改变之前"将传统共同体嵌入行政部门"的做法，那么行政部门将很难有效地汲取层出不穷的居民利益诉求。

（4）构建以居民参与为基础的信息反馈机制。充分反映居民的利益诉求并获得居民的认可，是日本继续推动以"国民生活优先"为原则的政府工作的关键所在。为此，《社区报告》提出构建以"公听制度"和"宣传制度"为车之两轮的"信息反馈机制"。首先，关于公听制度。截至1969年，虽然日本各级政府已逐步实施舆论调查、市民监查人、请愿、行政不服申诉、上访受理窗口等公听制度，然而这些制度并未充分发挥作用。今后，政府部门有必要进一步扩充有关居民利益诉求、陈情以及请愿的受理窗口，并强化这些业务的处理效率。同时，为了在更大范围内掌握居民的动向、要求及其意见，有必要就特定行政事项开展舆论调查。此外，强化市民监查人制度，使其不仅发挥民意吸收以及影响和完善政府工作的功能，而且发挥推动居民与政府部门开展对话的作用。另外，积极推进政府与社区之间的集体对话，分门别类地梳理不同居民层的利益诉求，进而推动居民参与到政府决策的全过程。其次，关于宣传制度。与听取居民诉求为目的的公听制度不同，宣传制度的功能在于将政府工作内容告知居民。然而，随着现代民主主义的推进，宣传制度不能仅满足于告知义务，而是要努力做到能让居民充分理解政府工作内容并以此为判断基准进行居民参与活动。为此，今后的宣传制度应努力实现以下目标：一是明确居民的知情权和政府的告知义务；二是深化居民对于政府工作的理解并寻求居民的自发性协助;三是不是将政府单方决定的工作内容告知居民,而是应秉持"听取居民的意见和要求以进一步完善政府工作"的原则;四是宣传内容必须坚持"真实客观"的原则。

2. 社区领导人资质的培养

毋庸置疑,社区领导人在社区自治活动中扮演核心作用,他们不但需要通过整合和协调居民诉求以构建居民之间的信赖关系,还需肩负与行政部门及其他社区的联系和沟通工作。在理想状态下,社区领导人应产生自社区,并且每个社区成员都拥有成长为社区领导人的潜在机会。然而,随着经济社会的发展,日本社区领导人的培养普遍面临两大难题,即人才储备不足及其资质要求的不断变化。关于前者,当时日本社区普遍缺乏有能力、有情怀、擅长与居民和政府打交道以及善于培养后续接班人的社区领导人。

关于后者,与传统共同体价值观相匹配的社区领导人一般由当地的乡贤担任,即所谓的"名望有力型社区领导人"。然而,随着传统共同体的逐步瓦解,名望有力型社区领导人逐渐失去权威式话语权,取而代之的是"职务有力型社区领导人"。这些领导人一般脱胎自行政辅助性组织的负责人。

然而,随着人口流动的加速,这些擅长与政府部门打交道的"职务有力型社区领导人"逐渐形成利益固化并日益年老,更严重的是他们缺乏应对不断变化的社会情势的能力,从而无法发现并代表那些游离于社区之外的居民的利益诉求。为此,《社区报告》建议应着力培养符合新型社区构建之要求的"有限责任型社区领导人"。这里所谓的"有限责任型社区领导人",是指并非代表社区整体利益诉求的领导人,而且那些能够在特定生活领域发挥自身才能的领导人。这些领导人无需背负必须向所有居民负责的带有强制性的责任感和义务感,仅需作为社区一员,通过发挥自身才能解决社区中存在的某些问题。如此一来,不但可以发挥居民作为社区一员参与社区问题解决的积极性,而且能够在不同领域不断挖掘具有领导才能的社区骨干。为了培养这些新型社区领导人,今后需要重视发挥退休老人的余热并开展相关的社区教育。

3. 社区设施的充实与完善

社区设施是构建新型社区的硬件基础,更是社区居民相互交流和沟通的必要性要件。一般而言,作为居民最低限度生活环境基准的社区设施,应由地方政府部门负责建设,包括社区集会所、公园、图书馆以及保育园和幼儿园等学校设施。当然,如何建设这些基础设施,政府部门应与本地居民进行充分协商并最大限度地尊重本地区的历史、传统以及居民习惯。如果居民要求建立超出最低限度生活环境基准的社区设施,那么应由各个社区承担相应的建设费用。此外,关于社区设施的种类布置,应该根据居民的需求以及未来发展规划进行科学设置。从理想状态而言,应将社区设施的管理和运营交由社区居民负责,以此作为社区自治活动的一部分。

4. 新型社区构建的具体方法

如前所述,如果要真正打造出生活丰富多彩且充满魅力的新型社区,那么我们在不断提升社区生活环境水平的同时,还需要持续地提升和充实包括居民间的交流和信赖、居民参与以及市民意识在内的社会性水准。基于这个观点,《社区报告》提出了构建新型社区的具体方法,包括:第一,将物理性生活环境水准的提升与社会性水准的充实进行区分应对;第二,通过公听制度、市民会议、市民监查人制度等具有直接民主主义色彩的手段,以及通过制定特定社区设施整备计划以明确居民的权利和义务关系等方式,在提升物理性生活环境水准的同时,推动以居民参与为核心的社会性水准;第三,采取居民运动的方式,组织居民就社区中出现的问题进行对话、沟通和讨论,进而基于共识寻找解决问题的方案。

（四）本节小结

1969 年,作为日本官方机构的国民生活审议会调查部会召集由地理学者、财政学者、行政学者、都市社会学者以及计量社会学者组成的"社区问题小委员会"并于同年发布具有官方性质的《社区报告》。这份政策报告基于扎实的社区实地调研,在梳理历史背景以及现实需求的基础上,以极其前瞻的眼光勾勒出了战后日本构建符合现代文明社会发展潮流的新型社区的行动方案。当然,这份报告也不可能做到完美无瑕,之后也陆续受到了学者的批判。例如,奥田道大指责这份报告的问题提出并非来自民间,而是来自官方。① 与其相类似,广原盛明甚至认为这是一份"旨在下达国家社区政策意图的政治文书"。② 而牧田实则提出一系列批判,包括城市社区状况被均等化处理、町内会和部落会的负面作用及其解体情况被过度渲染、关于社区与政府合作伙伴关系构建措施的缺失等批判。③ 然而,针对这些批判,高田昭彦进行了有力反驳,认为这些批判基本脱离了当时的社会语境甚至充满了误解。④ 在笔者看来,《社区报告》无可争辩地成为战后日本社区政策的逻辑起点,对之后日本政府陆续出台的《社区(近邻社区)对策要纲》(1971 年)、《社区推进地区设定要纲》(1981 年)、《社区活动活性化地区设定施策》(1990 年)以及近年来的一系列关于日本社区发展的重大决策均产生了积极深远的影响,甚至很多时候成为社区政策制定的指南针。换言之,我们如果缺乏对这份报告的关注和解读,那么将很难真正理解和全面认识现代日本社区发展的来龙去脉及其缘由。

二、战后日本社区治理的制度框架

2019 年 1 月 23 日至 2 月 21 日,笔者赴东京、京都、大阪、名古屋等城市

① 参见奥田道大『都市コミュニティの理論』東京大学出版会,1983 年版,25 頁。
② 参见広原盛明『日本型コミュニティ政策——東京·横浜·武蔵野の経験』晃洋書房,2011 年版,83 頁。
③ 参见牧田実·山崎仁朗「コミュニティ施策の展開」『コミュニティ政策』第 5 巻,2007 年,31—39 頁。
④ 参见高田昭彦「『政策としてのコミュニティ』とその系譜」『成蹊大学文学部紀要』第 51 号,2016 年,33—51 頁。

开展社区田野调查,通过文献收集与查阅、政府官员访谈、权威专家咨询以及社区现场走访等方法,试图探析日本城市社区治理的制度框架与实践动向。

众所周知,与我国一样,日本亦属单一制国家。不过,与我国不太一样的是,当下的日本实行基于"辅助原理"的地方自治制度。关于"辅助原理"的内涵,日本地方自治研究学者今川晃给出如下经典诠释:"一般而言,不管是关于自身所处的现实境况,还是有关自身与外部世界的关系问题,居民都会以自身为起点做出各种判断,并以个人的自觉性和责任感为前提进行自我支配。因此,当居民遭遇某个现实问题时,他(她)首先会在个人或家庭层面寻求问题解决方案。如果依靠该层面无法应对,那么当事人可逐级向社区层面(包括自治会/町内会或者以小学校区为单位的居民协议会等在内的各种地缘性团体)、市町村(基础性自治体)层面、都道府县(广域性自治体)层面、中央政府乃至国际机构层面寻求帮助。这种以居民个人为起点、逐级而上的问题解决方式,即为前述"辅助原理"所提倡的理念。"①

按照日本学界的通行说法,日本的地方自治包括团体自治和居民自治两个方面②。其实,日本自近代化以来,在很长一段时间内也曾实施中央高度集权制度,后来由于种种原因(例如民主化进程的发展、公共财政危机等原因),政府逐渐无法托底市民所需的日趋多样化和专业化的公共服务,迫使其国家治理的逻辑也随之发生变化,转而当下的地方自治制度(见图 10-1)。

在日本,法律对地方政府的正式称谓为"地方公共团体",日本学界和民间则习惯将其称为"地方自治体"或"自治体"。目前,日本的地方公共团体分为普通地方公共团体和特别地方公共团体。其中,普通地方公共团体最为常见,包括都道府县(广域性地方自治体)和市町村(基础性地方自治体)。其中,市町村又可细分为指定都市、中核市和其他市町村。而特别地方公共团

---

① 引自〔日〕今川晃:《日本地方自治的基本原则》,《政治学研究》2016 年第 1 期,第 114—128 页。

② 参见佐藤竺『現代の地方政治』日本評論社,1965 年版。

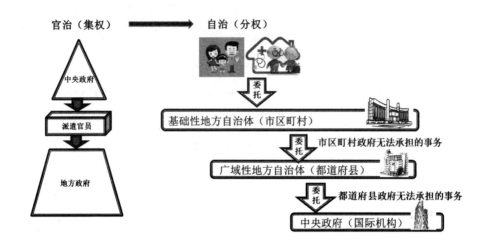

图 10-1 基于辅助原理的日本地方自治框架

资料来源：整理译自今井照『地方自治の仕組み』学陽書房,2017 年版,20 页。

体包括特别区(东京都 23 区)、地方公共团体的组合以及财产区。东京都的
23 个特别区相当于"市"级政府。此外,地方公共团体的组合包括一部事务
组合和广域组合。在日本地方政府体系中,村、町、市均为同级基层政府(见
图 10-2)。所有地方政府的行政首长及其议会议员都是本地市民选举产生,
地方政府根据法律授予的权限执行管辖权限。按照日本法律的规定,日本地
方政府体系不存在上下指挥监督关系,即日本的知事(省长)、市长、町长、村
长在法律上不存在上下等级关系。

以东京都为例。东京都属于广域性地方公共团体,除了设有东京都政
府,还设有 23 个特别区政府、26 个市政府、5 个町政府以及 8 村政府。东京
都政府负责涉及整个东京都区域的公共事务(如警察事务)。而与东京都市
民的日常生活联系最为紧密的是特别区政府、市政府、町政府、村政府。这些
基层政府的划分依据主要是该区域的经济规模与人口规模。

值得特别一提的是,日本于 2000 年前后推行了地方自治制度的重大改

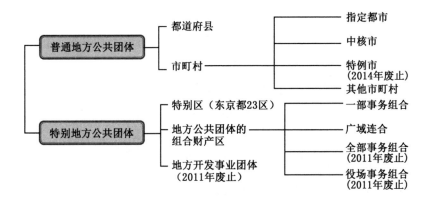

图 10-2　日本地方自治体的类型

资料来源：整理译自今井照『地方自治の仕組み』学陽書房，2017 年版，82—83 頁。

革，废除了饱受诟病的"团体委任事务制度"，①并将其重编为"自治事务制度"和"法定受托事务制度"，从而将绝大多数的地方公共事务让基础性地方自治体直接负责。在我们看来，日本地方自治的基本逻辑可概括为"本地问题，本地人最清楚；本地问题的解决方案，本地人最有发言权"。只有当本地人（本地政府）无法解决其面临的问题时，才会允许其向上一级政府寻求援助，从而尽可能地避免上级政府在不了解民意的情况下擅自替民决策的弊端。

　　日本的社区治理正是以上述地方自治制度为前提的。日本地方自治遵循的"辅助原理"，我们可以将其理解为地方自治体、社区、居民所遵循的"自助·互助·公助"这种逐级而上的行动理念（见图 10-3）。从中央到地方的

————————

① 所谓"机关委任事务制度"，是指地方公共团体的行政首长（都道府县知事和市町村长）根据相关法律要求，以"国家机关"的身份接受中央政府的委任以处理相关事务的制度。通过这一制度安排，日本中央政府强有力地介入并控制了地方自治的行政事务，从而导致地方自治长期无法得到有效实施。1999 年，以《地方自治法》修订为契机，该制度被废止，机关委任事务被重新划定为"自治事务"或"法定受托业务"，从而极大提高了地方自治体的自治程度。

"赋权增能"以及从居民到政府的"层级自治",是我们理解日本社区治理最为关键的制度要素。

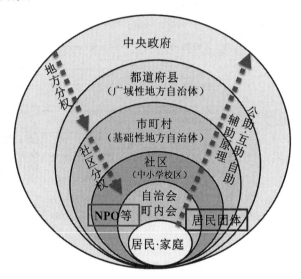

图 10-3　嵌入地方自治框架的日本社区
资料来源：笔者自制。

三、作为日本社区治理核心力量的自治会/町内会

如前所述,1969 年,作为内阁总理大臣咨询机构的"国民生活审议会调查部会"发布咨询报告《社区：生活场所的人性之恢复》。在这份被日本学界视为战后日本社区政策之起点的咨询报告中,日本政府首次提出今后将致力于构建的"新型社区"之概念,即"在生活场所建立的,以具备市民自主性和责任感的个人和家庭为构成主体,拥有地域性和各种共通目标,且富有开放性并在社区成员之间形成信任感的集团组织"。需要说明的是,在日本,"社区"一般被称为"地域社会"或"地域社区",既可指代自治会/町内会所辐射的区域(狭义社区),亦可指代以小学校区或中学校区为范畴的地域(广义社区)。

作为一种类似我国村委会或居委会的基层群众性自治组织,自治会/町内会是指"在一定区域内,致力于将该区域内的家庭户和商业机构等力量组织起来以共同解决本区域内所面临的问题,进而作为该区域的代表性组织开展区域共同管理活动的居民自治组织"。① 换言之,自治会/町内会是日本居民基于地缘关系自发组建的居民自治组织,是城乡社区治理的最小单元。不过,与我国不同的是,日本并未在国家层面出台有关自治会/町内会的法律法规。自治会/町内会属于不具有法人资格的"任意团体"(无权利能力社团)。当然,自治会/町内会如果需要开展租赁和集体资产处置等民事活动,可根据《地方自治法》申请注册为"地缘许可团体"。根据日本总务省的统计,自治会/町内会总数至少达到 19.87 万个,其中 4.4 万个已注册为地缘许可团体。②

自治会/町内会具有几个显著的组织特征,包括地域占据性、全员自动加入制(加入强制性)、家庭单位制(会费制)、统括功能性、非重复覆盖性(含多重组织化,即单位组织—地区联合会组织—全域联合会组织)、全国普遍性、行政末端功能性。③ 其中,值得我们关注的是,自治会/町内会采取会员制,原则上要求本区域的所有家庭户及其他驻区组织以会员身份加入其中并定期缴纳"自治费"。由于没有任何法律法规的规制,有关自治会/町内会的成立程序、辐射区域、会费额度以及内部治理架构等事项,均由居民自主协商决定。

关于自治会/町内会的内部治理架构,一般包括会长、副会长、书记、会计、监事、组长(楼组长)、部长(如总务企划部、灾害对策部、环境卫生部、防犯交通安全部、文化部、体育部、福祉部、调查宣传部、设施管理部等)。这些自治会/町内会的干部属于无薪酬的志愿者。此外,自治会的会长原则上是居

---

① 引自中田实『地域分権時代の町内会・自治会』自治体研究社,2014 年版,12 頁。
② 参见俞祖成:《日本社区治理中的多元主体参与》,《社会科学报》2019 年 3 月 28 日第 3 版。
③ 参见日高昭夫『基礎的自治体と町内会自治会』春風社,2018 年版,17—18 頁。

民选举产生,但现实中更多靠大家推选社区中的精英担任,如退休的大学老师或者在本地有声望的人。如果依靠推选难以选出,则实行"轮番担任",即社区各户的家长轮流担任会长职务。

四、日本社区治理的新动向

由于居民价值观的多元化、生活方式的多样化以及老龄少子化的日趋严重化,越来越多的自治会/町内会面临"会员加入率持续走低""社区骨干缺乏"以及"社区活动僵化"等难题,从而迫使包括东京在内的日本各都市从20世纪70年代开始提出"重建社区"之口号,尝试打破以自治会/町内会为核心的狭义社区(传统共同体)之边界,进而构建以小学校区或中学校区为范畴,以具备市民自主性和责任感的个人和家庭为构成主体,拥有共通性、地域性、开放性并在社区成员之间形成信任感的新型社区。而负责运营和治理这种新型社区的统括型组织,一般被统称为"居民协议会"。

进而言之,在自治会/町内会所开展的居民自治活动的基础上,为了更好地解决跨领域的社区问题以及更有效地协调社区与政府部门之间的关系,日本不少地方自治体以小学校通学区域为范畴,联合本区域内的各个自治会/町内会及其他地域活动团体以组建作为协议型居民自治组织的居民协议会。①

以东京都目黑区"菅刈社区居民会议"为例。近年来,目黑区以小学校通学区域为范畴,将其辖区划分为22个社区(住区),并在各个社区(住区)内组建"社区居民会议"(见图10-4)。根据东京都目黑区政府的定义,所谓社区居民会议,是指"社区(住区)内居住的居民以及自治会/町内会、PTA(家长—教师联谊会)、商店会、社会教育团体、地域活动团体等地域居民组织共同携

---

① 参见東京都目黑区役所ホームページ,URL:http://www.city.meguro.tokyo.jp/kurashi/sumai/chiikicommunity/kaigi.html,2021 年 1 月 6 日最終アクセス。

手组建的,以解决社区问题为宗旨的协议性居民自治组织"。

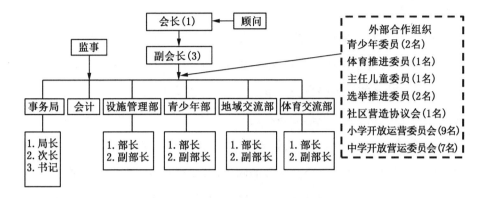

图 10-4　东京都目黑区菅刈社区居民会议的内部治理结构
资料来源：笔者自制。

五、小结

首先,构建并践行社区治理所需的"层-圈结构"。构建以"家庭-居民小组-自治会/町内会-居民协议会"为核心的"层-圈结构",是日本社区实现多元主体协同治理的重要机制。该"层-圈结构"以辅助原理为理念,以居民的高度义务感为基石,激活了社区内各参与主体的积极性,实现了社区多主体的协同治理。截至目前,我国城市社区治理实践更多关注的是"街-居结构"(纵向结构)。而借助日本社区治理中的"层-圈结构"经验,我们可以打造符合本国国情情况的"层-圈结构"(横向结构),即以家为圆心扩展到楼组,楼组扩展到居民区,居民区扩展到街区,街区扩展到城区。这种"层-圈结构"应以党组织作为主线,以贯穿不同层级并连接各个层级,从而将完善城市基层党组织结构和打造先进的社区治理结构进行无缝隙融合。同时,我们要采取各种手段和方式以调动社区内各种力量积极参与社区公共事务。而作为其前提,我们要努力打造能够凝聚各方力量的社区议事平台,同时要求政府部门在尽可能地提供人、财、物等在内的全方位支援的同时,要尽可能地实质性回应社区议事平台形成的共识和诉求。

其次,强化社区居民的"权利与义务对等"意识。日本社区治理之所以能够顺利运转,得益于以居民高度义务感为内生动力的居民自治。如前所述,日本各基层社区的绝大多数公共事务,均由居民或居民组织自行承担。而在我国,我们随处可见"习惯享受各种服务(权利),却拒绝承担相应义务"的居民。为此,今后我们在强调社会治理重心向基层下移,并推动治理资源下沉以更好地为居民提供各种公共服务的同时,需要通过联动学校教育以及普及社区居民教育等手段,强化居民作为社区主人的意识并促使其自觉履行作为社区居民的应尽义务,从而打破目前普遍存在的"居民理性无知",进而重塑基于"权利与义务对等原则"的社区居民素养。①

---

① 参见俞祖成:《日本社区治理中的多元主体参与》,《社会科学报》2019 年 3 月 28 日第 3 版。

第十一章
日本非营利组织参与全球治理：
以 NGO 为例

　　当下世界，以和平、开放、合作、共赢为价值基础的全球治理已成为一股不可逆转的时代潮流，①它倡导基于多元化主体的国际合作，其中不仅包括主权国家政府和正式国际组织的合作，还包括跨国公司和 NGO（即我国话语背景下的"走出去"的社会组织）的参与。② 迄今为止，作为国家对外援助战略的重要组织部分，发达国家积极推动本国 NGO 参与全球治理，并促使其提供国际公共物品以推动国际公共利益的实现，进而提升本国的软实力并丰富其民间外交。③

　　在我国，随着综合国力的日益增强以及企业"走出去"和"一带一路"战略的提出，社会组织"走出去"参与全球治理（以下统称"NGO 参与全球治理"）逐渐成为社会各界共同关注的热点。在政府层面，商务部和民政部等中央部委先后开展有关"社会组织走出去"的课题研究并召开专题研讨会；在实务界层面，中国儿童少年基金会、中国扶贫基金会、中华慈善总会以及中国国

---

① 参见胡键：《全球治理的价值问题研究》，《社会科学》2016 年 10 期，第 3—15 页。
② 参见邓国胜、王杨：《中国社会组织"走出去"的必要性与政策建议》，《教学与研究》2015 年第 9 期，第 28—34 页。
③ 参见陈晓春、刘娅云：《我国非政府组织"走出去"战略研究》，《中国行政管理》2016 年第 2 期，第 77—82 页。

际民间组织合作促进会等社会组织陆续在海外开展项目并积累了宝贵经验；在学界层面，不少研究者从不同的角度对我国社会组织参与全球治理的必要性及其策略进行阐释。① 然而，毋庸讳言的是，我国社会组织"走出去"参与全球治理尚处于起步阶段，面临"数量有限""影响力小""国家法律保护缺失""政府支持力度不足""跨国经营管理能力缺乏"以及"社会认同度不高"等诸多问题。② 为此，我们在不断推进和总结本国实践经验的同时，应积极学习和借鉴发达国家的有益经验。鉴于该问题意识，本章选取邻国日本为研究对象，就其NGO参与全球治理的历史演变、发展现状、支持政策及其同行网络构建等基本问题进行分析并提出若干启示。

一、日本NGO的定义

如本书绪论所述，在日本，由市民自主设立、独立于政府和企业且不以营利为目的的社会组织一般被称为NPO，其组织形态包括任意团体、公益社团法人/公益财团法人、一般社团法人/一般财团法人、特定非营利活动法人（NPO法人）以及社会福祉法人等广义公益法人。③ 在这些NPO中，凡是开展国际性活动的组织则被称为NGO。换言之，与我国不同的是，在日本，NPO侧重指代那些以解决国内社会问题为使命的社会组织，而NGO则特指那些致力于解决国际性或全球性问题的社会组织。例如，1998年颁布的NPO法将"国际协力活动"规定为"特定非营利活动"的一大类别。与之相类

---

① 参见杨义凤、邓国胜：《中国慈善组织国际化的策略》，《行政管理改革》2016年第7期，第25—28页。

② 参见邓国胜、王杨：《中国社会组织"走出去"的必要性与政策建议》，《教学与研究》2015年第9期，第28—34页以及陈晓春、刘娅云：《我国非政府组织"走出去"战略研究》，《中国行政管理》2016年第2期，第77—82页。

③ 参见俞祖成：《日本非营利组织：法制建设与改革动向》，《中国机构改革与管理》2016年第7期，第40—45页。

似，2006 年颁布的《公益认定法》亦将那些"以促进国际间相互理解以及协助发展中海外地区的经济发展为目的之事业"列为法定"公益目的事业"。

关于 NGO 的定义，金敬默等人认为，NGO 是指那些"关注国际问题并开展相关行动（例如支援海外人民生活以及解决全球性问题）的非营利团体"。① 与之相类似，久保田贤一指出，"在日本，与发展中国家产生某种联系并积极开展国际协力活动的市民组织均可被称为 NGO"。② 此外，日本市民海外协力之会提出，"NGO 是指不以营利为目的且从事海外协力活动的民间团体"。③ 与学界和实务界相呼应，日本外务省（相当于我国外交部）将 NGO 定义为"以解决诸如开发、贫困、和平、人道、环境等全球性问题为使命并自主开展相关活动的非政府、非营利性组织"。④

不难发现，日本各界在谈及 NGO 之际，"通常将其置于与 ODA（Official Development Assistance，政府开发援助）相对比的语境中"。⑤ 众所周知，ODA 属于日本政府面向海外推行的"开发协力"项目。而所谓"开发协力"，亦称为"国际协力"，是指"日本政府及其相关组织为了协助海外发展中国家的开发和发展而实施的支援活动"。⑥ 鉴于与国际协力的密切关系，NGO 有时又被称为"国际协力 NGO"。例如，日本 NGO 的行业联盟组织"国际协力NGO 中心"将那些从事国际协力活动的非政府、非营利性市民组织统一称为

---

① 引自金敬默ほか『国際協力 NGO のフロンティア——次世代の研究と実践のために』明石書店，2008 年版，3 頁。
② 引自久保田賢一「NGO の役割と動向」内海成治編『国際協力論を学ぶ人のために』世界思想社，2005 年版，132 頁。
③ 引自シャプラニール＝市民による海外協力の会『NGO 最前線——市民の海外協力 20 年』柏書房，1993 年版，8 頁。
④ 引自外務省国際協力局民間援助連携室『国際協力と NGO：外務省と日本の NGO のパートナーシップ』（2016 年 4 月発行）。
⑤ 引自シャプラニール＝市民による海外協力の会『NGO 最前線——市民の海外協力 20 年』柏書房，1993 年版，7 頁。
⑥ 引自外務省「開発協力 ODA って何だろう」，URL：http://www.mofa.go.jp/mofaj/gaiko/oda/about/oda/oda.html，2017 年 4 月 1 日最終アクセス。

"国际协力 NGO",并将"国际协力"解释为"在国内或海外地区开展有关开发、人权、和平、环境以及紧急救援等全球性问题的活动",具体包括：第一,开展国际协力活动,即面对开发、人权以及环境等全球性问题,通过向海外地区提供资金、技术、物质以及人员等的支援或协助以实现组织使命;第二,开展教育活动或政策倡导,即为了更好地协助国际协力活动的开展,积极从事信息提供、教育和学习以及政策倡导等活动;第三,构建社会网络,即向开展前述两类活动的 NGO 提供联络、交流以及同行网络构建等服务。[1] 为了行文方便,本书将那些以解决开发、人权、和平、环境以及紧急救助等全球性问题为使命的非营利组织(社会组织)统称为"NGO"。

二、日本 NGO 的历史演变

囿于日本国民性格中曾长期存在的闭锁性和整齐划一性、日本传统政治文化中的"官尊民卑"观念、日本在近代化过程中对南半球国家的忽视乃至轻视、国家主导型经济发展模式以及市民社会发育迟缓等原因,日本 NGO 直到 20 世纪 60 年代初期才正式"走出去"参与全球治理,相比欧美发达国家整整滞后了 30 年至 40 年。[2] 尽管如此,日本 NGO 崛起后持续保持了良好的发展势头,其总数呈现逐渐增长之趋势(见图 11-1)。概括而言,日本 NGO 的发展过程主要经历了以下若干阶段。[3]

---

[1] 引自国际协力 NGOセンターウェブサイト,URL:http://www.janic.org/,2017 年 4 月 1 日最終アクセス。

[2] 参见外务省・国际协力 NGOセンター『国際協力 NGOのネットワーキングについての調査研究～より効果的な国際協力の実現に向けて～』(2002 年 3 月発行),9 頁。

[3] 关于日本 NGO 历史演变的论述,主要参考了以下文献：伊藤道雄「日本の国際協力 NGOの歴史とネットワーク化の流れ」(今田克司・原田勝広編著『国際協力 NGO：市民社会に支えられるNGOへの構想』日本評論社,2004 年版),15—37 頁以及外務省・国際協力 NGOセンター『NGOデータブック2016』(2016 年 3 月発行)。

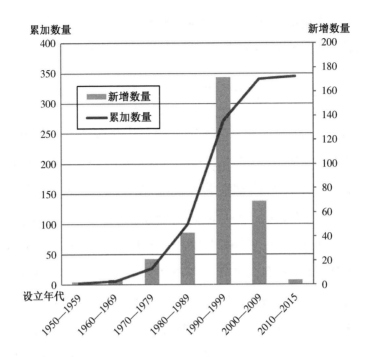

图 11-1　日本 NGO 的数变化

资料来源：笔者根据外务省・国際協力 NGO センター『NGO データブック 2016』(2016 年 3 月発行)，122 頁的相关数据绘制而成。

（一）缘起阶段（1937—1945 年）

在日本正式发动侵华战争的 1937 年，居住于京都市的一位年轻基督教牧师不畏艰难险阻，毅然前往中国战场考察百姓受灾情况，并于翌年召集日本关西地区的 9 名医生、护士和医学部学生，组建日本历史上首个国际性志愿者组织"第一届中国难民救济施疗班"并前往中国太仓开展为期 2 个月的医疗救助活动。[①] 1939 年，该组织更名为"日本基督教者医科联盟"，之后继续派遣医疗班前往中国芜湖地区开展医疗救助活动并于 1942 年在南京创设"朝天医院"。

直到 1945 年 9 月被日本当局强制解散之前，这个由日本普通市民创设

---

① 参见日本キリスト教海外医療協力会ウェブサイト，URL：http://www.janic.org/，2017 年 4 月 1 日最終アクセス。

的志愿者组织克服重重困难,积极开展针对中国战争难民的救助活动。① 从而为战后日本基督教系 NGO 的兴起提供了强大的精神动力。

(二) 第一代 NGO(1960—1974 年)

二战结束后,为了最大限度地集中财力、物力和人力以重建国家,日本几乎停止了所有的国际援助活动。直到 20 世纪 60 年代初期,日本社会才逐渐恢复由普通市民主导的国际援助活动并相继组建真正意义上的 NGO,包括日本基督教海外医疗协会(1960 年)、东南亚农村领导人培养所(1960 年)以及精神文化国际机构(1961 年)。② 其中,日本基督教海外医疗协会的根源可追溯至日本基督教者医科联盟,它主要基于战争赎罪之心理,向印度尼西亚和尼泊尔等东南亚国家派遣医生和护士,同时招收来自东亚诸国的医学进修生。而东南亚农村领导人培养所则主要致力于亚洲国家农村地区领导人的培养,相继开设了一系列的培训课程,并于 1973 年在日本栃木县西那须野组建了"亚洲学院",每年招收大约 30 名来自亚洲和非洲等地区的学员并提供为期 10 个月的免费培训。与之相类似,精神文化国际机构主要在亚太地区开展农村开发和环境保护活动,目前其活动范围已扩展至 34 个国家和地区。

进入 20 世纪 70 年代,日本出现不同于宗教类 NGO 的新型 NGO 并吸引大批年轻人和知识分子参与其中。1972 年,以东南亚农村领导人培养所为核心的基督教系 NGO 组建以年轻人和学生为主要成员的"孟加拉国复兴农业服务团",并派遣相关人员前往孟加拉国开展志愿者活动。这些年轻志愿者回到日本后随即创设"孟加拉国协助组织"(后更名为"市民海外协力之

---

① 参见日本キリスト者医科連盟ウェブサイト,URL: http://homepage3.nifty.com/jcma/,2017 年 4 月 1 日最終アクセス。

② 精神文化机构于 1965 年更名为"オイスカ・インターナショナル(The Organization for Industrial, Spiritual and Cultural Advancement-International)",并于 1969 年组建"财団法人オイスカ産業開発協力団"。

会"），以进一步支援孟加拉国的农民组建互助性组织并协助他们贩卖手工艺品。此外，成立于 1973 年的"亚洲太平洋资料中心"脱胎于反对越战的市民运动，其使命为"反省侵略战争并构建日本人民与东南亚诸国人民之间的平等关系"。该组织成立后曾对东南亚的日资企业破坏当地环境的问题进行独立调查并对外公布调查结果，是日本首家开展政策倡导的 NGO。与此同时，欧美 NGO 陆续进入日本设立分部并开展活动，包括"大赦国际 Japan"（1970 年）以及"世界自然保护基金 Japan"（1971 年）。

（三）第二代 NGO（1975—1983 年）

进入 20 世纪 70 年代后期，随着经济的高速发展以及国民收入的迅速增加，参与 NGO 活动的日本市民阶层出现扩大之趋势。1975 年，日本著名企业家今井保太郎捐出 2 亿日元设立日本首家以"支援发展中国家"为宗旨的公益信托"今井纪念海外协力基金"。1977 年，亚洲开发银行首任总裁渡边武召集了一大批企业退休人员以组建"日本银发志愿者协会"，并向亚非国家输送了一大批拥有专业技能的志愿者。1979 年，日本国际交流中心发起成立日本首家公募型公益信托"亚洲社区信托"，接受来自个人和法人的捐赠（信托金）并将其资助给亚洲诸国的 NGO。截至 2015 年 3 月，亚洲社区信托共获得捐赠 7.2 亿日元，向 14 个亚洲国家和地区的 240 家 NGO 提供了资助。此外，那些完成了育儿任务且时间上较为宽裕的母亲们开始参与国际协力活动，组建诸如"与世界儿童手牵手协会"（1981 年）和"Motherland Academy International"（1982 年）等知名 NGO。

另外，从 20 世纪 60 年代至 70 年代，为了逃离战火，大约 20 万柬埔寨难民涌入泰国边界，从而受到世界媒体的广泛报道。为了救助这些难民，日本市民成立了为数众多的 NGO，其中包括难民救助会（1979 年）、日本国际民间协力会（1979 年）、幼小难民思助会（1980 年）、日本国际志愿者中心（1980 年）以及曹洞宗志愿者会（1981 年）。起初，这些 NGO 普遍缺乏活动经费,同时在难民现场的救助活动也缺乏相应经验,导致更多时候仅起到拾遗补缺的作用(即只能开展欧美 NGO 无暇顾及的救助活动)。然而,这些 NGO 结束柬埔寨难民救助活动后,继续开展活动并拓展业务范围,先后在泰国境内开展了贫民窟儿童救助活动和地方农民支援活动,从而逐渐成长为日本 NGO 的中坚力量。鉴于此,有日本学者将 1979 年视为"日本 NGO 元年"。① 当然,在这个时期,欧美 NGO 继续在日本设立分部或建立合作伙伴关系,例如"FoE Japan"(1980 年)和"Plan Japan"(1983 年)。

(四) 第三代 NGO(1983—1989 年)

进入 20 世纪 80 年代,日本 NGO 所处的国内外环境发生显著变化。首先,1983 年非洲发生了 20 世纪以来最大的一次干旱和饥荒,这引发了包括日本人民在内的世界各国人民的高度关注;其次,各种国际会议和研究报告纷纷指出了包括热带雨林面积锐减和海洋污染等在内的全球环境问题;最后,日本社会开始提出"国际化"口号,促使更多的日本市民关注和参与国际协力活动。在此背景下,日本 NGO 以平均每年 10—15 家的速度迅速增长。例如,成立于 1983 年的"国际保健协力市民之会"为了向埃塞俄比亚难民提供紧急医疗救助服务,于 1985 年向埃塞俄比亚派出医疗救助小组。另外,为了支持巴勒斯坦难民营的遇难者家属和儿童,日本市民成立"巴勒斯坦儿童领养运动组织"(1984 年)和"日本巴勒斯坦医疗协会"(1986 年)。此外,为了积极参与全球环境保护活动,日本市民先后发起"地球之友"(1980 年)、"热带雨林行动网络"(1987 年)以及"热带森林保护团队"(1989 年)等著名环保 NGO 行动。

另一方面,随着日本 NGO 数量的快速增长,NGO 社会网络的构建被提上议程。当然,在此之前的日本也存在以信息共享为宗旨的 NGO 支持型组织。例如在柬埔寨难民救助活动期间,日本政府发起成立由救援团体组成的

---

① 参见金敬黙ほか『国際協力 NGO のフロンティア——次世代の研究と実践のために(初版第 2 刷)』明石書店,2008 年版,16 頁。

联络会,然而该支持型组织属于政府的外围组织,其组织使命和活动期限受到限制。进入 20 世纪 80 年代后期,日本逐渐出现由民间主导的 NGO 支持型组织,包括 NGO 活动推进中心(1987 年)、关西国际协力协议会(1987年)、名古屋第三世界交流中心(1988 年)。① 截至 2016 年 5 月 10 日,面向日本 NGO 的支持型组织多达 30 余家,②它们积极开展诸如 NGO 能力建设、政策倡导以及 NGO 跨部门合作等的活动。③ 与此同时,欧美 NGO 在这个时期也继续推进日本分部的组建,例如"Save the Children Japan"(1986 年)和"Word Vision Japan"(1987 年)。

(五) 第四代 NGO(1990—1999 年)

进入 20 世纪 90 年代,日本 NGO 迎来发展鼎盛期,每年新成立的 NGO 数量至少维持在 30 家以上。尤其值得一提的是,在 1990 年至 1992 年的 3 年间以及 1995 年这 1 年间,新成立的日本 NGO 数量分别达到达到 100 家和 330 家。换言之,这 6 年间新成立的 NGO 数量比前 30 年间新成立的 NGO 总数还多 1 倍④。支撑这种罕见增长速度的因素在于日本市民日益增强的国际协力意识,以及该时期发生的世界大事件所引发的日本市民对于国际社会的强烈担忧。具体而言,包括海湾战争(1991 年)、伊拉克难民潮(1991 年)、菲律宾火山爆发(1991 年)、联合国环境与发展大会(1992 年)⑤、

---

① 后来,这三个组织分别更名为国际协力 NGO 中心、关西 NGO 协会议、名古屋 NGO 中心。
② 参见国際協力 NGO センターウェブサイト,URL：http://www.janic.org/,2017 年 4 月 1 日最終アクセス。
③ 参见外務省・国際協力 NGO センター『国際協力 NGO のネットワーキングについての調査研究~より効果的な国際協力の実現に向けて~』(2002 年 3 月発行),11 頁。
④ 参见伊藤道雄「日本の国際協力 NGO の歴史とネットワーク化の流れ」(今田克司・原田勝広編著『国際協力 NGO：市民社会に支えられる NGO への構想』日本評論社,2004 年版),26 頁。
⑤ 该会议吸引了包括日本市民在内的大约 2 000 名 NGO 人士,从而引发日本市民对于国际环保运动的强烈关注。

卢旺达种族大屠杀(1994)等在内的世界大事件推动日本市民成立一大批以紧急救援和保护环境为使命的 NGO。

此外,日本 NGO 在这个时期成功地将其活动领域从亚洲拓展至非洲,同时成立了诸如"非洲农村营造运动"(1990 年)、"非洲之友会"(1992 年)、"西非农村自立协力会"(1992 年)等著名 NGO。然而,进入20 世纪 90 年代后半期,随着经济发展的逐渐衰退,日本 NGO 获取活动经费的环境日趋严峻,从而导致 NGO 数量增长乏力。所幸的是,经过各方推动,日本政府与 NGO 的对话渠道在该时期得以建制化,加上1998 年《NPO 法》的出台,在一定程度为日本 NGO 的持续发展注入了制度性动力。

(六) 第五代 NGO(2000 年—)

进入 21 世纪以后,日本 NGO 部门不再一味地在各自领域新设组织,而是更加注重构建和强化"跨部门合作网络",即市民、政府以及企业等各方利益主体之间的合作网络。例如,鉴于日本 NGO 在科索沃难民救助活动(1999 年)中遭遇的"无法及时迅速开展全方位援助"的问题,日本 4 家 NGO发出联合倡议并成功推动 NGO、企业界、政府部门(外务省)的三方合作,于2000 年 8 月成功创设"日本合作平台",试图以此调动社会各界的资源和优势,及时地向参与国际紧急救援活动的日本 NGO 提供包括资金、物质、技术、人才和信息等在内的全方位支援。截至目前,"日本合作平台"共集资350 亿日元,资助了一大批的日本 NGO 在 40 多个国家和地区开展多达1 100 项的人道援助项目。另外,在国际协力 NGO 中心的推动下,141 家日本 NGO 达成共识并于 2007 年 1 月联合成立"2008 年 G8 峰会 NGO 论坛",就贫困、和平、环境以及开发等全球性问题向 G8 峰会组织提出政策倡导,同时还举办一系列的市民启蒙教育活动。此外,国际协力 NGO 中心还积极推动 NGO 与企业的合作,于 2008 年 4 月主导设立"CSR 推进 NGO

网络"①并成功促成 33 家 NGO 与 27 家企业之间的合作。

值得我们关注的是，近年来日本 NGO 的发展呈现出以下新动向：首先，活动目标从"MDGs"（Millennium Development Goals，联合国千年发展目标）逐渐转向"SDGs"（Sustainable Development Goals，可持续发展目标）；其次，强化针对武力冲突所引发的人道主义危机的紧急援助；再次，以东日本大地震（2011 年）为契机，强化 NGO 针对国内灾害的救援能力；最后，继续强化与外部组织（联合国和其他国际机构、大学和研究机构、工会组织、政府部门、市民团体）的合作并致力于跨部门合作网络的构建②。

三、日本 NGO 的发展现状

根据国际协力 NGO 中心的统计，截至 2016 年 5 月 11 日，日本 NGO 的数量已超 400 家。③ 为了探析日本 NGO 参与全球治理的最新进展，接下来我们将主要参考日本外务省和国际协力 NGO 中心共同发布的《NGO 数据2016》，从组织形态、活动区域、活动领域、援助对象、项目类型、资金来源以及跨部门合作等视角对日本 NGO 的发展现状进行透视。④

（一）组织形态和活动区域

在接受调查的 425 家日本 NGO 中，已注册为法人的 NGO 占据多数，包括 NPO 法人（68.9%）、财团法人⑤（16.9%）、社团法人⑥（2.8%）、公益信托

---

① 后更名为"NGO 与企业的合作推进网络"。
② 参见外务省・国际协力 NGO センター『NGO データブック 2016』（2016 年 3 月发行），12—13 頁。
③ 参见国际协力 NGO センター「NGO ダイレクトリー」，URL：http://directory.janic.org/directory/，2017 年 4 月 1 日最终アクセス。
④ 参见外务省・国际协力 NGO センター『NGO データブック 2016』（2016 年 3 月发行）。
⑤ 包括一般财团法人和公益财团法人。
⑥ 包括一般社团法人和公益社团法人。

（1.4%）以及其他法人（1.2%）。而未注册为法人的 NGO 仅为 37 家,约占调查总数的 8.7%（见图 11-2）。

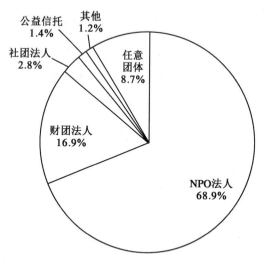

图 11-2　日本 NGO 的组织形态

资料来源：笔者根据外务省·国際協力 NGO センター『NGO データブック 2016』
（2016 年 3 月発行）,16 頁的相关数据绘制而成。

此外,关于日本 NGO 的活动区域,接受调查的 430 家日本 NGO 已在全球 100 多个国家和地区开展活动,其中亚洲地区占 68.5%,其余地区（包括非洲、中东、中南美洲、欧洲、太平洋州以及北美洲等）占 31.5%（见图 11-3）。

（二）活动领域和援助对象

根据对 430 家日本 NGO 的调查结果显示,日本 NGO 所涉足的活动领域极为广泛,包括教育/职业培训（27.2%）、环境保护（19.9%）、农业/渔业/开发（15%）、保健/医疗（12.9%）、粮食救助/灾害救援（9%）、和平/政治（6%）、经济（5.8%）、人权（3.6%）以及其他领域（0.5%）（见图 11-4）。

另外,关于日本 NGO 的援助对象,根据对 231 家日本 NGO 的调查结果显示,其援助对象已覆盖儿童（28.5%）、女性（21.5%）、少数民族（12.4%）、受

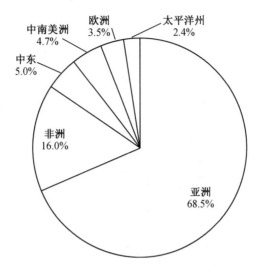

图 11-3　日 本 NGO 的 活 动 区 域

资料来源：笔者根据外务省·国際協力 NGO センター『NGO データブック 2016』(2016 年 3 月発行)，125 頁的相关数据绘制而成。

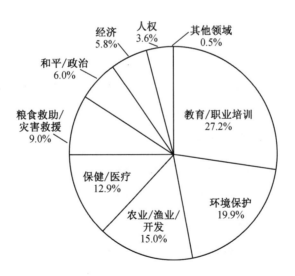

图 11-4　日 本 NGO 的 活 动 领 域

资料来源：笔者根据外务省·国際協力 NGO センター『NGO データブック 2016』(2016 年 3 月発行)，128 頁的相关数据绘制而成。

灾者(10%)、残障人(8.7%)、难民(6.1%)、在日外国人(5.7%)、在押人员(1%)及其他人群(5.1%)(见图 11-5)。

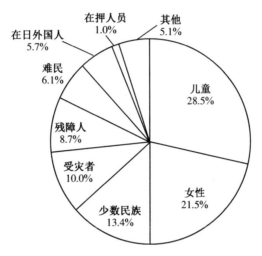

图 11-5 日本 NGO 的援助对象

资料来源：笔者根据外务省·国際協力 NGOセンター『NGOデータブック 2016』(2016 年 3 月発行),131 頁的相关数据绘制而成。

（三）项目类型及其内容

概括而言,日本 NGO 所开展的项目大致分为两类：海外项目和国内项目。关于前者,根据对 124 家日本 NGO 的调查结果显示,超过九成的日本 NGO 开展了海外项目,其中包括资金援助(71 家)、紧急救援(60 家)、人才派遣(57 家)、物质援助(54 家)、信息提供(40 家)、调查研究(39 家)以及其他项目(38 家)(见图 11-6)。此外,日本 NGO 开展海外项目采取了以下五种方式：一是 NGO 自己负责实施;二是本地组织①负责实施;三是属地组织②负责实施;四是"NGO + 本地组织"共同实施;五是"NGO + 属地组织"共同实施。

———————

① 日本 NGO 在项目所在项目主导设立的组织。
② 日本 NGO 在项目所在地单独设立的组织。

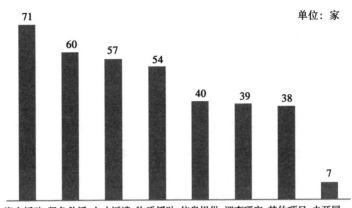

图 11-6　日本 NGO 的海外项目

资料来源：笔者根据外务省·国际协力 NGO センター『NGO データブック 2016』(2016 年 3 月发行)，132 頁的相关数据绘制而成。

另外，关于国内项目，根据对 122 家日本 NGO 的调查结果显示，日本 NGO 所开展的国内项目包括信息提供(74 家)、地球市民教育(55 家)、紧急救援(41 家)、人才派遣(31 家)、调查研究(28 家)、物质援助(25 家)、研修生招收(25 家)、资金援助(24 家)以及其他项目(38 家)(见图 11-7)。

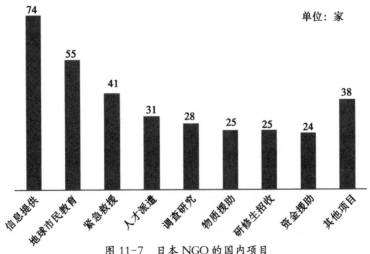

图 11-7　日本 NGO 的国内项目

资料来源：笔者根据外务省·国际协力 NGO センター『NGO データブック 2016』(2016 年 3 月发行)，132 頁的相关数据绘制而成。

（四）资金来源

整体而言,日本 NGO 已实现资金来源的多元化和多样化,具体包括会费收入、捐赠收入、基金投资收入、自主事业收入、政府购买服务收入以及政府补助金收入。以 2004 年度、2009 年度、2015 年度的数据为例,捐赠收入占据日本 NGO 年度总收入的一半以上。同时,来自政府部门的资金(包括政府购买服务收入和政府补助金收入)亦占据较大份额(见图 11-8)。

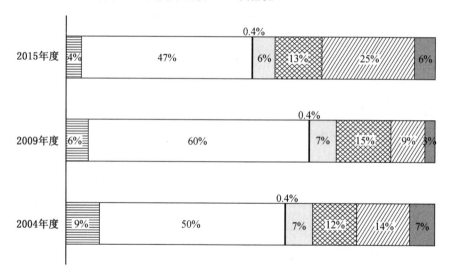

图 11-8　日本 NGO 的资源来源

资料来源：笔者根据外务省·国际协力 NGO センター『NGO データブック 2016』(2016 年 3 月发行),136 页的相关数据绘制而成。

此外,根据对 312 家日本 NGO 的调查结果显示,日本 NGO 的平均年收入维持在 1.4 亿日元左右。其中,年收入超过 1 亿日元的 NGO 虽然仅有 53 家(约占调查总数的 17%),但其年收入总和占据全体 NGO 总收入的 86.6%。与此同时,年收入未满 1 千万日元的 NGO 总数虽然超过 103 家(约占调查总数的 33%），但其年收入总和仅占全体 NGO 总收入的 0.94%。换言之，日本 NGO 在收入层面上已呈现出"两极分化"之状况（见图 11-9）。

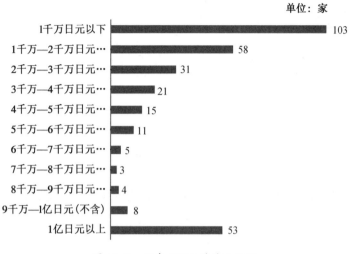

图 11-9　日本 NGO 的收入状况

资料来源：笔者根据外务省·国际协力 NGO センター『NGO データブック 2016』(2016 年 3 月発行)，136 頁的相关数据绘制而成。

（五）跨部门合作

截至目前，日本 NGO 普遍开展了跨部门合作，其合作对象包括联合国/国际性组织、中央政府、地方政府（地方自治体）、工会组织、大学/研究机构以及企业等组织。根据对 123 家日本 NGO 的调查结果显示，接近九成的日本 NGO 已构建跨部门合作网络，其合作内容包括资金援助（以政府购买服务或补助金的形式）、项目实施、信息宣传、政策提案（或舆论动员）、调查研究以及人才合作（见图 11-10）。①

---

① 采取互派挂职人员、人员流动以及专家型志愿者派遣等方式。

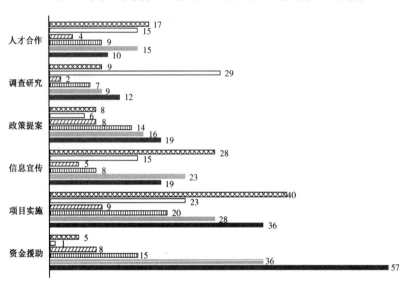

图 11-10 日本 NGO 的跨部门合作

资料来源：笔者根据外务省·国际协力 NGO センター『NGOデータブック2016』(2016 年 3 月発行),133 頁的相关数据绘制而成。

四、日本 NGO 的支持政策

基于前述我们不难发现,日本 NGO 之所以能够在短短 50 余年间迅速崛起并引领亚洲各国,其原因在于国家经济实力的迅速壮大、市民国际化意识的快速提升、非营利法人制度(含税收优惠制度)的彻底改革、NGO 同行网络的构建及其抱团意识的强化、跨部门合作网络的构建以及 NGO 支持政策的创设和完善。限于篇幅,本节仅就其中最为关键的政策——日本政府面向 NGO 的支持政策进行重点分析。

(一) NGO 支持政策的缘起和发展

1989 年,日本外务省出台"NGO 事业补助金制度",从而开创日本政府以政策形式支持 NGO 发展之先河。其后，日本其他政府部门也相继出台 NGO 支持政策，包括农林水产省的"NGO 农林业协力推进事业制度"（1989 年）、邮政省（现总务省邮政事业厅）的"国际志愿者存款制度"（1991 年）、建设省（现国土交通省）的"国际建设协力事业制度"（1992 年）以及环境厅（现环境省）的"地球环境基金制度"（1993 年）。

与此同时，随着日本 NGO 同行网络的构建和完善，面前 NGO 的支持型组织开始与政府部门展开对话并逐渐形成制度化的协商机制。1996 年，NGO 活动推进中心（现国际协力 NGO 中心）、关西 NGO 协议会以及名古屋 NGO 中心联手游说外务省，从而成功推动"NGO—外务省定期协议会"的诞生。1998 年，NGO 与准政府机构"国际协力事业团"①共同创设"NGO—JICA 定期协议会"。2001 年，负责日元国际贷款业务的"国际协力银行"（JBIC）与 NGO 共同创设"NGO—JBIC 定期协议会"。通过上述努力，日本 NGO 与政府（含准政府组织）之间的对话渠道逐渐得到拓宽，并由此推动政府出台一系列的 NGO 支持政策。

（二）外务省的 NGO 支持政策

目前，负责制定 NGO 支持政策的日本核心政府部门为负责实施 ODA 项目的外务省。为了顺利实施 ODA 项目，日本外务省国际协力局专门设立"民间援助连携室"并授权其负责建立和强化与本国 NGO 的合作伙伴关系。为了推动这项工作，现任外务省民间援助连携室室长关泉曾公开向日本 NGO 界发出如下呼吁：

> "对于外务省而言，NGO 是我们在国际协力领域实施'展现日本形象'之援助活动所不可或缺的合作伙伴。为此，近年来我们大幅度地强

---

① 后更名为"独立行政法人国际协力机构"（JICA）。

化了与本国 NGO 的合作伙伴关系。我们殷切期待,通过与作为市民社会核心力量的 NGO 的紧密合作以推动日本国民广泛地参与国际协力活动,借此提升 ODA 项目的效率和效应。"①

从中我们不难发现,日本政府已彻底认识到 NGO 在 ODA 项目实施过程中所发挥的巨大作用。更值得一提的是,日本政府的这种认识并非仅停留于口头宣传,而是将其写入官方文件。2015 年 2 月,日本政府修订《开发协力大纲》并将"与市民社会(NGO)的合作"纳入 ODA 项目的实施体制。② 根据该政策理念,同年 6 月,"NGO—外务省定期协议会"制定和发布《关于 NGO 与 ODA 合作关系的中期计划:今后五年的协动方向》,从中明确了政府支持 NGO 发展所应采取的四大措施,即面前日本 NGO 的资金援助、能力建设、对话协商以及合作伙伴关系构建。

截止目前,在外务省民间援助连携室的主导下,日本政府相继出台和实施了一系列的 NGO 支持政策并业已构建起一个完整的政策体系。概括而言,面向日本 NGO 的政策支持体系包括三大政策群,即"NGO 资金援助政策群""NGO 活动环境改善支援政策群"以及"NGO 对话协商机制"(见图

图 11-11　日本 NGO 支持政策体系
资料来源:笔者自制。

11-11)。以下,我们就这三大政策群进行逐一考察和分析。

---

① 引自外务省国際協力局民間援助連携室『国際協力とNGO:外務省と日本のNGOのパートナーシップ』(2016 年 4 月発行),2 頁。
② 参见「国際協力大綱」(2015 年 2 月 10 日閣議決定),URL:http://www.mofa.go.jp/mofaj/gaiko/oda/files/000072774.pdf,2017 年 4 月 1 日最終アクセス。

1. NGO 资金援助政策群

（1）NGO 合作无偿资金援助制度

"NGO 合作无偿资金援助制度"创设于 2002 年，属于"草根无偿资金援助制度"的延续，其目的在于向日本 NGO 所开展的外海项目提供政府资金援助，包括本地物质和器材购买费、工作坊（workshop）举办费、专家派遣费、本地工作人员工资、本地办公室租赁费、通信费、办公室用品购买费、外部监察费以及在国内本部所需相关经费（包括工作人员工资、通信费和办公室用品购买费等）。根据该制度的规定，提出资金援助申请的 NGO 必须具备以下几个条件：一是必须在日本国内登记注册为非营利法人（包括 NPO 法人、一般社团/财团法人以及公益社团/财团法人）；二是法人本部必须设在日本国内；三是必须以法人身份开展 2 年以上的国际协力活动；四是必须以国际协力活动为核心业务。

截至 2015 年末，日本外务省通过该制度资助了 625 家 NGO，资助项目总数达到 1 086 项，资助总额超过 300 亿日元（见图 11-12）。另外，该制度已惠及全球 140 多个国家和地区，包括东亚、南亚、中亚、非洲、欧洲、中东以及中南美地区①。

（2）NGO 事业补助金制度

"NGO 事业补助金制度"创设于 2003 年，旨在向日本 NGO 的项目策划和调查、项目评估以及研修会等业务提供政府资金援助，以提升 NGO 的自身能力建设。具体而言，该制度的资助对象包括项目调查项目（NGO 在项目策划之前所开展的社会调查和项目结束后所实施的项目评估）以及海内外国际协力项目（NGO 在国内外举办的旨在促进和扩大国际协力活动的讲习会、研修会、研讨会以及国际会议等）。不过根据规定，每个项目的资助额度为该

---

① 参见外务省国际协力局民間援助連携室「日本 NGO 連携無償資金協力実績一覧」，URL：http://www.mofa.go.jp/mofaj/gaiko/oda/shimin/oda_ngo/shien/jngo_j.html，2017 年 4 月 1 日最終アクセス。

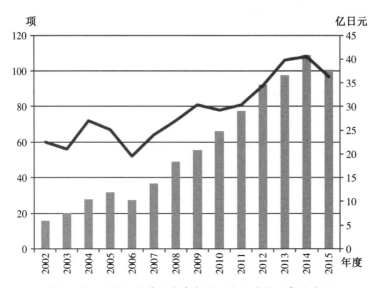

图 11-12　NGO 合作无偿资金援助项目总数及资助总额

资料来源：笔者根据日本外务省网站（http：//www.mofa.go.jp/mofaj/index.html）的相关数据绘制而成。

项目所需经费的一半且不超过 200 万日元。截至 2015 年末，日本外务省通过"NGO 事业补助金制度"向 206 家日本 NGO 提供了资助，其资助项目总数达到 283 项，资助总额接近 7 亿日元。

（3）草根技术协助制度

"草根技术协助制度"创设于 2002 年，属于外务省 ODA 项目的政府服务购买项目，承接主体为日本准政府机构"独立行政法人国际协力机构"（JICA）。该制度的宗旨在于推动和支持 NGO、大学以及地方自治体与 JICA 的合作，以此共同开展面向发展中国家和地区的国际援助活动。

具体而言，该制度主要采取三种方式：一是地域提案型方式。地方自治体或地方自治体推荐的 NGO 等民间组织向 JICA 提交项目提案，通过审查后可获得为期 3 年、资助额度为 3 亿日元的资助（每年限申请 1 次）；二是草根协力支援型方式。在日本国内开展国际协力活动且缺乏海外项目经验的 NGO、大学或其他民间组织可向 JICA 提出共同实施项目的提案，通过审查

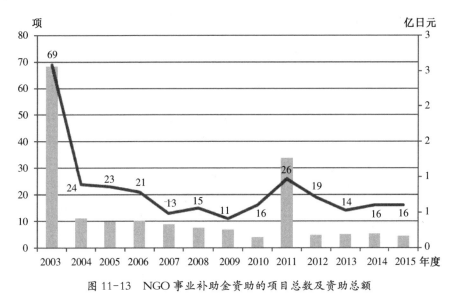

图 11-13　NGO 事业补助金资助的项目总数及资助总额

资料来源：笔者根据日本外务省网站（http://www.mofa.go.jp/mofaj/index.html）的相关数据绘制而成。

后可获得为期 3 年、资助额度为 1 亿日元的资助（每年限申请 2 次）；三是草根合作伙伴型方式。那些拥有较为丰富的国际协力项目经验的 NGO 等民间组织可向 JICA 提出共同实施项目的提案，通过审查后可获得为期 5 年、资助额度为 1 亿日元的资助。

可以说，这项制度属于日本外务省实施 ODA 项目的主要方式，也是 NGO 支持政策体制的核心制度。通过该制度，日本外务省委托 JICA 对 ODA 资金进行再分配，同时鼓励和支持 JICA 与 NGO 进行合作，从而实现 ODA 项目的高效实施。

2. NGO 活动环境改善支援政策群

（1）NGO 咨询员制度

所谓"NGO 咨询员制度"，是指外务省委托在国际协力领域拥有丰富经验和杰出业绩的日本 NGO 担任具有官方性质的"NGO 咨询员"，同时，根据委托契约向其提供一定经费的制度安排。以 2016 年度为例,日本外务省指定的 NGO 咨询员达到了 16 家,其中 NGO 支持型组织占据多数(见表 11-1)。

表 11-1 NGO 咨询员名单(2016 年度)

序号	法人类型	团体名称
1	一般财团法人	北海道国际交流中心
2	认定 NPO 法人	IVY
3	认定 NPO 法人	国际协力 NGO 中心
4	认定 NPO 法人	难民救助会
5	认定 NPO 法人	日本国际志愿者中心
6	NPO 法人	开发教育协会
7	NPO 法人	Word Vision Japan
8	认定 NPO 法人	ICAN
9	认定 NPO 法人	名古屋 NGO 中心
10	NPO 法人	关西 NGO 协议会
11	公益财团法人	PHD 协会
12	公益社团法人	日本国际民间协力会
13	认定 NPO 法人	AMDA 社会开发机构
14	NPO 法人	Ehime Global Network
15	NPO 法人	NGO 福冈网络
16	NPO 法人	冲绳 NGO 中心

资料来源:笔者自制。

通过这项制度安排,NGO 咨询员可以向日本市民或 NGO 提供免费咨询业务(咨询内容包括国际协力活动、NGO 设立手续、NGO 管理和运作以及 NGO 就职等)。此外,根据实际需要,NGO 咨询员还可以向市民或 NGO 提供派遣咨询、外地授课以及举办研讨会等外出服务。以 2014 年度为例,17 家 NGO 咨询员共计提供 12 938 次咨询,同时提供 181 次外出服务。

(2) NGO 实习生制度

随着日本国际协力活动的逐渐推广,有意就职 NGO 的日本年轻人随之增多。然而，日本绝大多数的 NGO 由于普遍缺乏相应的经费和人力，导致无暇顾及组织人才的培养工作。为此，日本外务省专门创设"NGO 实习生制度"，将那些有意从事国际协力工作的年轻人派遣至 NGO 接受为期 10 个月的实习，并向 NGO 提供实习岗位津贴补助（即 NGO 接受 1 名实习生就可获总额为"190 万 + 交通补助费"的岗位津贴）。通过该制度，日本政府成功培养国际协力活动所需人才，同时在一定程度上解决了日本 NGO 所面临的组织人才培养难题。

（3）NGO 海外研修制度

为了提升日本 NGO 职员的素质及其能力以推动其组织能力建设，外务省于 2007 年创设"NGO 长期研修制度"（后更名为"NGO 海外研修制度"），以此向日本 NGO 的骨干职员提供参加海外研修（实务研修和课程研修）所需经费，包括飞机票（25 万日元以内）、每月的生活费（26—39 万日元）、研修补贴（10 万日元）和研修接受费（每月 10 万日元以内）。截至 2014 年底，共有 84 名日本 NGO 职员通过这项制度前往海外 NGO 或其他机构接受进修培训。

（4）NGO 研究会制度

为了强化日本 NGO 的组织能力建设，鼓励和支持 NGO 通过社会调查、研讨会、工作坊以及国际会议等方式，就国际协力领域的重点课题以及 NGO 实务界共同面临的问题展开研究和讨论，日本外务省于 2001 年出台"NGO 研究会制度"。该制度的具体做法是，"外务省民间援助连携室"每年向 NGO 实务界募集研究会的年度议题并进行遴选，然后公开招标年度议题的承接主体并提供相关经费。

以 2015 年度为例，日本外务省共遴选出 5 个研究会的年度议题，包括"非洲开发与 NGO 的角色""NGO 的自我评估能力建设""国际协力活动中的地方 NGO 能力建设""面前海外残障儿童和青少年的支援与 NGO 的作用"以及"遗嘱捐赠市场中的 NGO 优势"。受其组织的研究会结束后，主办方须将研讨内容结集出版并通过外务省官方网站等媒介进行免费公开,从而强化日本 NGO 的组织能力建设。

3. NGO 对话协商机制

(1) NGO—外务省定期协议会

为了强化外务省与 NGO 的对话和合作,就 ODA 项目的相关信息以及与 NGO 的合作政策进行定期协商,日本外务省于 1996 年设置"NGO—外务省定期协议会"。目前,该协议会包括三个层次的协商机制,即 ODA 政策协议会、合作推进委员会和全体会议(见图 11-14)。

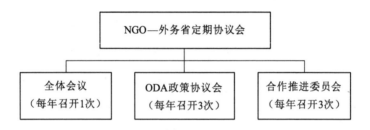

图 11-14 "NGO—外务省定期协议会"的制度架构
资料来源:笔者自制。

其中,"ODA 政策协议会"的讨论议题为 ODA 政策,"合作推进委员会"的讨论议题则为 ODA 实施过程中外务省与 NGO 在实务层面的合作事项。另外,"全体会议"负责对前述两个委员会的讨论结果及其他事项进行审查和讨论。

(2) ODA—NGO 协议会

为了与那些在外海开展援助项目的 NGO 展开对话和协商,日本外务省在海外各国定期召开由海外日本大使馆 ODA 项目事务官员、JICA 海外分部职员以及日本 NGO 职员组成的"ODA—NGO 协议会",就 ODA 项目的实施状况进行定期意见交换并展开协商。

(3) 其他对话协商机制

除了上述两种对话协商机制，日本外务省还推动成立了"NGO—JICA 协议会""外务省与 NGO 关于人口和艾滋病问题的定期恳谈会"以及"国际教育协力联络协议会"等面向 NGO 的对话协商机制。

五、日本 NGO 的同行网络

如前所述，在"一带一路"倡议的背景下，我国社会组织"走出去"的必要性和重要性备受社会关注，被普遍视为"讲好中国故事、增强国家'软实力'和促进'民心相通'的重要手段。"① 令人欣喜的是，近年来我国社会组织的身影在区域性和国际的平台上越来越活跃。例如，中国扶贫基金会在缅甸和尼泊尔设立了合法的办公室，爱德基金会不仅走到发展中国家展开援助，还在西方国家设立了办公室。此外，公益界人士也在积极推动我国社会组织走出去。据此，李小云认为"中国社会组织走出去正在成为一个潮流，是中国走出去的'第三次浪潮'"② 并呼吁"加大支持中国社会组织走出去，打造中国特色的民间援助的新模式，积极配合官方援助，形成一致对外的，统一协调的大援外格局。"③

在此背景下，我国于 2018 年 3 月组建"国家国际发展合作署"，致力于推动形成政府、企业和社会组织"三位一体"的立体援外模式，从而使政府资源向社会组织开放有了想象空间。④ 然而，在当前国内社会组织管理日趋严格的背景下，加上我国社会组织普遍面临起步晚和能力弱等困难，从而使得其

① 参见蓝煜昕：《历程、话语与行动范式变迁：国际发展援助中的 NGO》，《中国非营利评论》2018 年第 1 期，第 1—21 页。
② 引自李小云：《中国民间组织"走出去"给世界带来什么？》，URL：http://www.gmw.cn/xueshu/2017-09/22/content_26279310.htm，2017 年 9 月 22 日访问。
③ 引自李小云：《新时期对外援助体系如何构建》，URL：http://opinion.caixin.com/2018-03-14/101220994.html，2018 年 3 月 14 日访问。
④ 参见田佳玮：《国际发展合作署将成立，中国如何突破"援外碎片化"瓶颈》，URL：http://international.caixin.com/2018-03-13/101220864.html，2018 年 3 月 13 日访问。

在国际 NGO 格局中寻得发展空间的相关实践尚处于起步阶段,成形的案例微乎其微。① 为此,有学者呼吁:"有志于走出国门的 NGO 应共同探讨并提炼出中国 NGO 可能的文化特征、特色、规范和话语,并通过建立行业性组织来设定共同的行为准则",并坦言"在塑造集体特质方面,比欧美 NGO 更加务实的、更注重民间互动的日本 NGO 有很多经验值得中国 NGO 学习。"②此外,如前文所述,日本 NGO 之所以能够在短短 50 余年间迅速崛起并引领亚洲各国,其重要原因之一在于"NGO 同行网络的构建及其抱团意识的强化"。鉴于这一问题意识,本节就日本 NGO 的同行网络(行业性组织)的功能定位、构建历程、组织类型以及发展驱动力等问题进行简要分析。

(一)日本 NGO 同行网络的内涵及其功能

如前所述,与我国不尽相同,在日本,NPO(Non-profit Organization,非营利组织)侧重指代那些以解决国内社会问题为使命的民间社会组织,NGO 则特指那些致力于解决国际性或全球性问题的民间社会组织。③ 而旨在构建 NGO 同行网络的组织被称为"ネットワークNGO"。其中"ネットワーク"音译自"network",指代"网络或关系网"之意。

旅日韩国学者朴宽容认为,"ネットワークNGO"在广义上是指"同行关系网络的构建过程及其背后所蕴含的价值观",而在狭义上则意味着"通过同行关系网络的构建以向整个社会施加某种影响的活动之总和。"④与之相类似,日本学者今田克司等人认为"ネットワークNGO"是指多个 NGO 联盟而

---

① 参见马俊乐:《美国 NGO 是如何参与对外援助的?》,URL:https://mp.weixin.qq.com/s/OR-Bo1cK197ex8RM4FHmqA,2018 年 3 月 12 日访问。
② 引自蓝煜昕:《历程、话语与行动范式变迁:国际发展援助中的 NGO》,《中国非营利评论》2018 年第 1 期,第 1—21 页。
③ 参见蓝煜昕:《历程、话语与行动范式变迁:国际发展援助中的 NGO》,《中国非营利评论》2018 年第 1 期,第 1—21 页。
④ 参见朴容宽「新しい社会運動とネットワーキング」『総合政策論叢』第 4 号,2003 年,51—66 頁。

形成的同行网络化组织,它有别于传统的金字塔式的等级制组织,其组织结构呈现水平状态,提倡尊重各加盟成员的自主性与独立性,强调加盟成员之间的交流与合作。① 进而言之,在日本市民社会中孕育而生的 NGO,其最大的特点在于灵活性、独立性以及自律性。通过采取"ネットワークNGO"这种相对松散的组织形态,能够在确保各加盟成员独立性的同时,通过联合方式以弥补单个 NGO 所面临的诸种困境。

显而易见,"ネットワークNGO"并不直接参与对外援助活动(国际协力活动),而是扮演"支持 NGO 发展"之中介角色。鉴于此,我们倾向将其翻译为"NGO 支持型组织"。概括而言,日本 NGO 支持型组织主要发挥以下功能。

第一,收集并分享行业动态信息。与西方国家的 NGO 相比,日本 NGO 的规模普遍较小,加上囿于人力和财力的不足,其信息获取与处理能力相对有限。为此,NGO 支持型组织通过信息的收集与共享能够帮助加盟成员更好地把握行业发展动态,以提高其行动效率。

第二,强化加盟成员的能力建设。通过向加盟成员提供信息交换和经验交流的场所,为 NGO 之间的未来合作奠定基础。众所周知,NGO 不像政府与企业那样拥有众多的员工和相关利益者,故建立同行之间面对面的接触交流机制对于它们日后开展合作显得尤其重要。同时,NGO 支持型组织还会不定期地面向加盟成员提供各种研修服务,以此协助 NGO 培养和储备人才。此外,部分规模较大的 NGO 支持型组织还出台相关的行业规范,以此提升 NGO 部门的社会信誉度。

第三,开展政策倡议并构建跨部门合作网络。对于资源相对匮乏的NGO 来说,通过联合抱团的方式能够更有效地发挥其政治影响力。例如,NGO 活动推进中心(现为"国际协力 NGO 中心")、关西 NGO 协议会和名古

---

① 参见今田克司・原田勝広『国際協力 NGO：市民社会に支えられるNGOへの構想』日本評論社,2004 年版,10 頁。

屋 NGO 中心于 1996 年联手向外务省（外交部）发起倡议，从而催生作为 NGO 与政府部门的对话窗口——"NGO 与外务省定期协议会"。此外，这些 NGO 支持型组织还于 1998 年与国际协力事业团（现为独立行政法人"国际协力机构"，简称 JICA）共同组建"NGO 与 JICA 协议会"，并于 2001 年与从事日元贷款业务的国际协力银行（简称 JBIC）联手成立"NGO 与 JBIC 定期协议会"。① 更值得关注的是，日本 NGO 支持型组织还在积极构建 NGO 与企业及其他民间团体之间的合作机制。

第四，开展面向市民的启发教育活动。大部分日本 NGO 支持型组织积极通过广告宣传、市民讲座以及其他活动等方式，促进广大市民对国际协力活动的理解和支持，以此动员潜在的参与者和捐赠者。

（二）日本 NGO 同行网络的构建历程

日本最早的跨国境民间对外援助活动，可追溯至侵华战争时期由基督教徒和在校学生自发组织的针对中国战争难民的救助行动，但后来随着战争的激化被迫中止。二战结束后，日本社会由于百废待兴，并无能力开展对外援助活动。直到 20 世纪 60 年代，日本社会才开始出现真正意义上的 NGO。当时日本 NGO 主要出于战争赎罪心理，向东南亚国家派遣医护人员并招收留学生，旨在为受援国培养医疗从业者和农村领导人。之后，以 1979 年对柬埔寨难民的援助为契机，日本 NGO 数量迅速增加，参与阶层也不断扩大。

20 世纪 80 年代末至 90 年代中期，随着日本经济的快速增长、市民国际意识的提高以及政府对民间对外援助事业支持力度的强化，日本 NGO 进入快速发展期，新增 NGO 数量逐年递增，呈现出强劲的发展势头。然而随着泡沫经济的破灭，NGO 的发展势头到 20 世纪 90 年代中后期开始放慢，转而更加注重构建和强化"跨部门合作网络"，即构建市民、政府以及企业等各方

---

① 参见今田克司・原田勝広『国際協力 NGO：市民社会に支えられるNGOへの構想』日本評論社，2004 年版，29 頁。

利益主体之间的合作网络。而 NGO 支持型组织直到 20 世纪 80 年代初才得以出现。概括而言，日本 NGO 同行网络（即 NGO 支持型组织）的构建历程可分为以下四个阶段。

1. 摸索期：20 世纪 80 年代前半期

日本最早的 NGO 支持型组织是 1980 年成立的"中南半岛难民联络会"，旨在为那些在中南半岛从事难民救助活动的日本 NGO 提供信息贡献与经验交流的平台，从而成为地域国别类 NGO 支持型组织之雏形。紧接着，日本若干 NGO 于 1982 年联合成立"开发教育协议会"，致力于开展对外教育援助的社会普及活动。然而，这些 NGO 支持型组织最终未能形成固定的组织形态，活动内容也多局限在特定的领域，并且有些组织异化为政府的外围机构，组织使命及活动期间受到制约，最后导致项目结束后便被宣告解散。①

2. 成长期：20 世纪 80 年代后半期

经历尝试期的摸索后，20 世纪 80 年代后半期开始出现真正意义上的 NGO 支持型组织。例如，以 1983 年设立的"NGO 相关者恳谈会"为母体，日本 NGO 部门于 1987 年成立"NGO 活动推进中心"（后更名为"国际协力 NGO 中心"，英文缩写：JANIC）。此外，同年还陆续组建"关西国际协力协议会"（后更名为"关西 NGO 协议会"）、"京都 NGO 协议会"以及"名古屋第三世界 NGO 中心"等行业性组织。其中，"NGO 活动推进中心"演变为全国性的 NGO 支持型组织。这些组织不在局限于特定的活动领域或国际问题，而是试图通过广泛联合方式将全国或特定区域内的 NGO 团结起来并为各个加盟成员组织提供各种专业性支持服务。这种做法与西方国家的 NGO 支持型组织大相径庭，"尽管日本与欧美的 NGO 支持型组织的起步时间几乎处于同一时期，但由于欧美的 NGO 在当时已经相对成熟，其同行网络的诞生是更多是出于全国层面的通力协作所需，而日本的 NGO 支持型组织则

---

① 参见今田克司・原田勝広『国際協力 NGO：市民社会に支えられる NGO への構想』日本評論社，2004 年版，29 頁。

主要是为了给当时正处于发展初期的 NGO 提供支持而成立的。"①如前所述,该时期成立的 NGO 支持型组织进入 20 世纪 90 年代后积极开展与政府的对话,从而快速提升了日本 NGO 部门的社会地位。

3. 分化期:20 世纪 90 年代

进入 20 世纪 90 年后,日本 NGO 支持型组织的数量开始迅速增加,同时出现功能分化之趋势。换言之,随着日本 NGO 事业在海外的不断拓展以及在国内支持体系逐步完善的情况下,日本 NGO 部门出现了基于不同事业对象以及特定领域而产生的同行网络功能分化之需求,具体而言,一方面,以特定区域为据点开展活动的地域类 NGO 支持型组织相继诞生,例如"NGO 福冈网络"(1993 年)、"埼玉国际协力协议会"(1996 年)、"北海道 NGO 网络协议会"(2000 年)等。之后,这些组织逐渐覆盖日本全国大部分地区并构建起全国范围内相对完整的支持体系;另一方面,相继出现活动领域类和地域国别类 NGO 支持型组织,其中活动领域类 NGO 支持型组织包括"国际禁止地雷运动日本支部"(1997 年)、"气候网络"(1998 年)、"ODA 改革网络·东京"(1996 年)以及"团结外国移民劳动者全国网络"(1997 年)等组织。而地域国别类 NGO 支持型组织包括"印度尼西亚民主化支援网络"(1998 年)、"日本尼泊尔 NGO 网络"(1993 年)以及"柬埔寨市民论坛"(1993 年)等组织。

4. 深化期:2000 年之后

该阶段在延续 20 世纪 90 年代发展趋势的同时,出现了功能深化和升级动向。首先,开始出现跨部门多元主体合作类型的 NGO 支持型组织,其典型代表是"日本平台"(Japan Platform)。该网络平台的运作机制是构建一个涵盖政府界、经济界、基金会界以及广大市民的跨部门合作网络,从而实现资金和物资筹集渠道的多元化,进而有效凝聚社会各界的力量以展开紧急人道

---

① 引自外务省·国际协力 NGO センター「国际协力 NGO のネットワーキングについての调查研究~より效果的な国际协力の实现に向けて~」(2002 年 3 月)。

主义援助活动；其次，出现整合全国各 NGO 支持型组织之力量的尝试。例如，从 2002 年至 2005 年连续召开 5 次"NGO 支持型组织全国会议"，旨在实现 NGO 支持型组织之间的信息共享，并就 NGO 支持型组织共同面临的课题进行探讨；最后，尝试在重大国际会议期间积极开展政策倡议活动，以提升 NGO 的社会影响力。又如，在 2008 年北海道洞爷湖召开的 G8 首脑会谈期间，日本 141 个 NGO 联手成立"NGO 论坛"，围绕环境、人权/和平、贫困/开发等议题，面向政府展开广泛的政策倡导。① 此外，在 2010 年名古屋市召开的"生物多样性公约第 10 次缔约国大会"期间，日本环境类 NGO 联合全国性 NGO、地方性 NGO 以及部分关联企业在内的民间力量开展声势浩大的政策倡导活动。②

（三）日本 NGO 同行网络的组织类型

截至 2016 年 3 月，收录在 JANIC 所开发的"NGO 名录"（NGO Directory）中的日本 NGO 数量已达 434 个，其中约 80% 的 NGO 已加入不同类型的 NGO 支持型组织，另外约 30% 的 NGO 还加盟了国际性 NGO 支持型组织。③ 从中我们不难发现，对于日本 NGO 而言，加入 NGO 支持型组织已成为其谋求发展的必要选项。为了满足日本 NGO 部门日益多元化的发展需求，经过 30 余年的发展和演变，日本 NGO 支持型组织衍生出不同类型，包括国内地域类、活动领域类以及地域国别类。据日本外务省与 JANIC 的统计，日本各类 NGO 支持型组织已达到 78 个，其中国内地域别 15 个、活动领域类 53 个、地域国别类 10 个。④

---

① 参见林明仁「2008 年 G8サミットを巡るNGOネットワーク」（2009 年 3 月）。
② 参见藤田研二郎「生物多様性条約に向けた政策提言型 NGOネットワーク組織の連携戦略と帰結」『年報社会学論集』29 号，2016 年，21—32 頁。
③ 参见外務省・国際協力 NGOセンター「NGOデータブック2016」（2016 年 3 月）。
④ 参见外務省・国際協力 NGOセンター「NGOデータブック2011」（2011 年 3 月）。

1. 国内地域类 NGO 支持型组织

根据业务活动范围,国内地域类 NGO 支持型组织可细化地方级别类组织与全国级别类组织,它们的共同特征在于均属"跨活动领域的综合性组织",即通过联合全国范围内或某行政区域内的 NGO 组建同行网络并为加盟成员提供综合性专业支持服务。而两者的不同之处在于,地方级别类组织主要以特定行政区域为业务活动范围,例如"关西 NGO 协议会"属于关西地区 NGO 的行业性组织。这类组织在为该区域的 NGO 提供支持服务的同时,还积极寻求与当地政府或企业的合作,努力"将当地的产业、历史、文化、技术以及知识等资源作为对外援助资源加以利用"。①

而全国级别类组织的使命在于构建整个日本 NGO 部门的行业网络,例如成立于 1987 年的 JANIC 作为日本 NGO 部门的行业性组织,迄今已吸纳 109 个 NGO 作为其组织成员并积极地开展了以下业务活动: 第一,实施 NGO 能力建设项目。为了提高日本 NGO 的组织运作能力和项目开展能力,JANIC 积极地向加盟成员提供了行业信息、学习资源以及交流平台等支持服务;第二,推动 NGO 的跨部门合作。JANIC 不但与中央政府、地方政府、工会以及企业之间建立常态化合作机制,还积极与国际组织(如联合国开发计划署、世界银行以及亚洲开发银行等)展开交流和对话(见图 11-15),并于 2001 年与联合国开发计划署联合共同举办对话论坛,进而成功推动"亚洲贫困减半协动网络"的成立;②第三,开展政策倡导及市民启蒙教育活动。例如推动成立"NGO 与外务省定期协议会"以及在重大国际会议期间利用自身影响力积极组建 NGO 政策倡议联盟。

---

① 参见埴渊知哉「NGOと『地域』との関わり―日本の地方圏に所在するNGOによる『地域からの国際協力』―」『地理学評論』第 2 号,2007 年,49—69 頁。

② 参见外務省・国際協力 NGOセンター「国際協力 NGOのネットワーキングについての調査研究～より効果的な国際協力の実現に向けて～」(2002 年 3 月)。

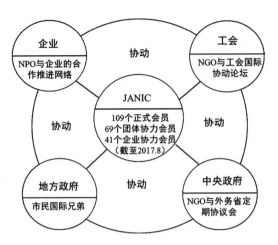

图 11-15　JANIC 所构建的"跨部门合作网络"

资料来源：根据 JANIC 官网（http://www.janic.org/active/promote_collaboration/）资料绘制而成。

2. 活动领域类 NGO 支持型组织

活动领域类 NGO 支持型组织是活跃在特定对外援助领域（如难民救助领域）或旨在解决特定国际问题（如贫困问题）的 NGO 联合组建的行业性组织。例如，"日本平台"得以组建是因为日本 NGO 在 1999 年科索沃难民救助活动过程中各自为政而导致救援效果不佳。为此，"日本平台"旨在建立一个涵盖政府界、经济界、基金会界以及广大市民的跨部门合作网络，以此实现资金和物资筹集渠道的多元化，进而有效调动社会各界力量以展开紧急人道主义援助活动。又如，"教育协力 NGO 网络"是活跃在对外教育援助领域的 NGO 联合成立的同行网络，而"农业与农村开发 NGO 协议会"则是那些专门从事农村和农业开发援助活动的 NGO 行业性组织。

3. 地域国别类 NGO 支持型组织

地域国别类 NGO 支持型组织是指在某个境外地域或国家开展对外援助活动的 NGO 所联合组建的网络化组织，例如"非洲日本协议会"与"尼泊尔 NGO 网络"，其使命在于为活跃在非洲地区或尼泊尔的日本 NGO 提供行业信息或经验分享,从而促使加盟成员能够更有效地开展活动并促使它们携手开展相关项目,同时也致力于开展政策倡导活动。

(四)日本 NGO 同行网络的发展驱动力

如前所述,经过 30 余年的发展演变,日本 NGO 同行网络得到全方位拓展并基于功能属性和地域属性衍生出不同的组织类型,从而形成一整套相对完善的立体式行业性合作网络体系,极大提升日本 NGO 部门的成长和发展。那么,我们需要进一步追问的是,究竟是哪些因素驱动了日本 NGO 同行网络得以快速构建? 在我们看来,日本 NGO 同行网络的发展驱动力至少包括以下几个方面。

1. NGO“抱团取暖”的生存本能驱动

进入 20 世纪 70 年代后,随着日本经济的快速腾飞以及一系列国际重大事件的频发,日本 NGO 部门逐渐获得成长所需的经济基础及舆论支持。然而较之欧美社会,日本社会的捐赠文化和志愿者精神较为缺乏,①从而导致日本 NGO 在诞生之初普遍面临资金不足和人才缺失的困境。

为此,日本 NGO 部门不得不采取“抱团取暖”方式组建同行网络,一方面积极地广大市民宣传国际援助的积极意义,以此提升市民的“国际协力意识”并从中获得市民捐赠与志愿者人才;另一方面,以行业性组织的方式开辟与政府进行对话的渠道,进而改变政府长期以来所秉持的观望与怀疑之态度并寻求政府的相应协助。故而,与欧美国家不同的是,日本 NGO 支持型组织的最初使命在于为那些初生期的 NGO 提供生存所需的经济基础和社会支持。

2. NGO 支持政策体系的外在驱动

随着日本社会对 NGO 对外援助活动关注度的提升及其参与阶层的日

---

① 参见外务省・国际开发中心「我が国における国际协力 NGO 等によるファンド・レイジング方法に係る調査」(2006 年 3 月)。

趋扩大,日本政府逐渐认识到 NGO 在提升国家软实力与国家形象方面的重要作用,并于 20 世纪 80 年代开始主动与 NGO 展开合作,将部分 ODA 经费(由政府或其相关部门所持有的国际协力活动资金)①拨给 NGO 开展对外援助项目。

例如,日本外务省早在 1989 年就已出台"NGO 事业补助金制度"和"小规模无偿资金援助制度",前者属于为提高 NGO 的事业实施能力和专业性而提供的资金援助(单项资助额度不超过总项目经费的 50%,且在 30 万日元以上 200 万日元以下)后者于 1995 年更名为"草根无偿资金援助制度",属于向 NGO 的海外项目提供资金援助(资助上限为 1 000 万日元,但外务省可依据申请项目的性质拨付 5 000 万日元以内的援助经费)。② 仅通过后项政策,外务省在 1989 年度就资助了日本 NGO 在 32 个国家开展的 95 个项目,资助金额高达 2.94 亿日元。而截至 2001 年,该政策向日本 NGO 在 117 个国家开展的 1 731 个项目提供高达 100 亿日元的资助经费。随后,外务省于 2002 年将该政策升级为"NGO 合作无偿资金援助制度"。

此外,除了资金援助,外务省还积极推进 NGO 活动环境整备支援事业与对话协商机制,前者包括派遣咨询员、提供海外研修机会、招募 NGO 实习生以及举行 NGO 相关的研究会等内容,以此强化日本 NGO 的组织能力建设。后者则是在 JANIC 等 NGO 支持型组织的倡议下于 1996 年设立的"NGO 与外务省定期协议会",致力于商讨 ODA 预算使用问题以及政府与 NGO 的合作事宜,随后又相继成立若干协商机制,极大拓展了 NGO 与政府进行对话的窗口和渠道。

与此同时,日本其他政府部门也在 20 世纪 80 年末至 90 年代初相继出

---

① 参见外务省「開発協力,ODAって何だろう」URL：https://www.mofa.go.jp/mofaj/gaiko/oda/about/oda/oda.html,2017 年 4 月 3 日最終アクセス。

② 参见外务省「NGO 事業補助金について」,URL：http://www.mofa.go.jp/mofaj/gaiko/oda/shimin/oda_ngo/shien/hojyokin_g.html,2017 年 4 月 3 日最終アクセス。

台 NGO 支持政策,例如农林水产省的"NGO 农林业协力推进事业"(1989年)、邮政省(现总务省邮政事业厅)的"国际志愿者存款制度"(1991 年)、建设省(现国土交通省)的"国际建设协力事业"(1992 年)以及环境厅(现环境省)的"地球环境基金制度"(1993 年)。

在这些官方政策的直接推动下,日本 NGO 数量得以快速增长,进而催生旨在服务于 NGO 的同行网络。此外,日本政府于 1998 年出台《特定非营利活动促进法》(通称"NPO 法")并于 2008 年实施新公益法人制度,从而在为日本 NGO 获得法人身份提供了便利渠道的同时,还为那些满足一定法定条件的 NGO 提供较为优厚的税收减免优惠。①

3. NGO 功能分化与跨部门合作需求的内生驱动

随着 NGO 支持政策体系的日趋完善以及市民国际意识的不断高涨,日本 NGO 从 20 世纪 90 年代开始出现迅猛发展之态势,其活动领域从农渔业开发、灾害援助、教育职业培训以及医疗保健等传统领域迅速拓展至环境、人权、紧急人道主义援助以及战后和平环境构建等新生领域,活动范围也随之从东南亚地区延伸至中东、非洲以及南美等地区。然而由于这些新成立的日本 NGO 规模普遍偏小,为了更有效地实现组织使命,需要采取联合方式进行分工协助。

基于这种需求,活动领域类和地域国别类的 NGO 支持型组织开始迅速增加,从 20 世纪 80 年代的 3 家增长至如今的 60 余家,而且其增长速度仍在持续。这种现象背后所隐藏的背景在于,由于当今世界各种全球性问题呈现复合性的交织融合,在单一领域内往往会内含多个议题,而单个 NGO 所能覆盖的范围日渐狭窄,因此需要采取广泛联合的方式才能更好地应对日趋复杂化的国际问题。

与此同时,进入 20 世纪 90 年代后期,日本经济日趋衰退,导致日本政府

---

① 参见雨森孝悦『テキストブックNPO(第 2 版)』東洋経済新報社,2012 年版,30 頁。

大幅度削减 ODA 预算,加上日本市民对民间海外援助的支援力度日渐疲软,造成日本 NGO 面临严峻的经费困境。在此背景下,为了继续确保活动经费,日本 NGO 部门开始尝试构建跨部门合作网络,以充分发挥各个 NGO 以及其他民间组织所具备的独特优势,进而实现资源互补。

4. NGO 提升政策倡导能力与政治影响力的拓展驱动

从历史文化传统而言,日本民族所特有的"各得其所,各安其份"的等级制观念,使得日本人敬畏权威并形成务实与内敛的性格特点。这种国民性格也被带入日本 NGO 活动中。

日本 NGO 向来重视在海外的具体实务活动,"员工们都怀着极大的热情投入工作,但同时也给人纯真和腼腆的感觉,虽然擅长召集志同道合者一起做事,但对外界则保持相对封闭的态度,缺乏与媒体等进行互动和沟通的技巧。"①这种务实传统加上相对封闭的文化环境,使得日本 NGO 不善于开展政策倡议活动。

与之相反,欧美国家的 NGO 很早就开始进行政策倡议活动,其最早的活动可追溯至 18 世纪的反奴隶制运动,而现在每逢重大国际会议召开,欧美国家的 NGO 都会召开声势浩大的集会活动并举办相同议题的全球会议,从而能够有力地影响政府决策。为了改变日本 NGO 政策倡导能力弱的局面,以 JANIC 为代表的 NGO 支持型组织开始尝试构建全国性 NGO 同行网络,使其作为与政府进行对话的窗口并开展多次政策倡导活动,从而成功扩大日本 NGO 部门的政治影响力及其社会地位。

通过一系列的政策倡导活动,日本 NGO 支持型组织逐渐学会利用同行网络资源,组建各种的议题型政策倡导组织,例如气候网络(气候变动领域)、CAN-J(气候变动领域)、IUCN-J(生物多样性保护领域)、JNNE(教育领域)、GII/IDI 恳谈会(卫生保健领域)、JANIC(国际协力领域)以及 TNNet

---

① 引自今田克司・原田勝広『国際協力 NGO：市民社会に支えられる NGO への構想』日本評論社,2004 年版,235 頁。

（非洲领域）等组织。

六、小结

（一）日本 NGO 参与全球治理的启示

正如邓国胜等人所指出的，基于参与全球治理体系、完善国家对外援助体制并提高援助效果以及协助海外中资企业履行社会责任等的迫切需求，我国 NGO（"走出去"的社会组织，下同）参与全球治理已然成为一股不可阻挡的时代潮流。[①] 然而正如前文所指出的，我国 NGO 参与全球治理处于起步阶段，目前仍面临各种困境。鉴于此，我们认为日本经验至少能够为我们提供以下启示：

首先，完善"NGO 参与全球治理"的法律法规。按照国际惯例，各国"走出去"参与全球治理的 NGO 均是根据本国法律设立的民间组织。然而在我国，包括"社会组织三大条例"（《社会团体登记管理条例》、《基金会管理条例》、《民办非企业单位登记管理暂行条例》）在内的法律法规并未就 NGO 参与全球治理进行专项规定，更未向 NGO 提供包括税收优惠在内的法律保障。而在日本，正如前文所指出的，《NPO 法》和《公益认定法》等法律法规明确将"NGO 参与全球治理"纳入其中并提供极为优厚的税收减免优惠待遇，从而为日本 NGO"走出去"参与全球治理提供了最为根本的制度保障。鉴于日本经验，今后我们有必要加快有关社会组织法律法规的改革，尽可能地将 NGO 参与全球治理纳入法律保障范畴。

其次，构建 NGO 与企业和政府的合作网络。如前文所述，日本 NGO 之所以能够在短短 50 余年间迅速崛起并极大提升日本的外交形象及其国际地

---

① 参见邓国胜、王杨：《中国社会组织"走出去"的必要性与政策建议》，《教学与研究》2015 年第 9 期，第 28—34 页。

位,很大程度上离不开 NGO 与企业和政府之间的合作网络。进而言之,日本通过提升市民的国际协力活动参与意识、推动 NGO 与企业的合作以及促成 NGO 与政府的对话合作,在全社会范围内成功地营造出鼓励和支持 NGO 参与全球治理的良好氛围。而在我国,普通市民对我国 NGO 参与海外援助的行为不甚认同。与此同时,我国 NGO 海外项目的经费来源单一,迄今未能获得国内企业的合作和协助,而主要依靠少数海外中资企业的援助,此外,NGO 与政府之间的合作伙伴关系仍未建立,从而导致我国 NGO 参与全球治理迄今未能获得来自国家层面的实质性支持。鉴于日本经验,今后我们有必要通过各种方式提升市民的国际主义意识、强化 NGO 与企业的合作以及构建 NGO 与政府的共同行动框架。

最后,制定和出台面向 NGO 的政策支持体系。在笔者看来,日本 NGO 在落后欧美发达国家 30—40 年的境况下能够奋起直追并取得巨大成就,其最根本原因在于日本政府及时地出台了面向 NGO 的支持政策体系。如前文所述,迄今为止,日本政府已成功建构起包括"NGO 资金援助政策群""NGO 活动环境改善支援政策群"以及"NGO 对话协商机制"在内的 NGO 支持政策体系,从而为日本 NGO"走出去"参与全球治理提供了最为强大的支持。这种涵盖财力、物力、人力以及合作资源在内的全方位政策支持体系,在全球各国均属罕见。鉴于此,今后我们有必要全面研究和认真借鉴日本政府面向 NGO 的政策支持体系,以尽快构建符合我国实际国情且契合社会需求的 NGO 支持政策。

(二) 日本 NGO 同行网络构建的启示

经过短短 30 余年的努力,日本 NGO 部门成功构建起一整套"从中央到地方"以及"从综合性服务到专业化支持"的同行网络体系。这些同行网络体系的构建,一方面通过多样化专业化服务的供给以及共同行为准则的制定,强化了日本 NGO 部门的能力建设并提升其行动效率;另一方面整合了

NGO 部门的关系资源,构建了与包括政府在内的社会各界的沟通和合作渠道,实现了政策倡导能力的提升及其政治影响力,同时通过联盟方式确保了NGO 的社会合法性,获得了社会公众的信赖,吸引了源源不断的社会捐赠与优秀人才。

根据 OECD 数据,2016 年 DAC 国家流向发展中国家的发展援助资金中至少 40%来自民间部门,其中日本民间部门(NGO 部门)资金的比例更是高达 73%。① 换言之,日本 NGO 部门带来的资源、知识、就业机会以及基于市场的解决方案在应对全球性问题中起着重要作用,为日本这个国家获得了重要的国际声誉。当然,日本 NGO 部门所获得的成功,离不开其国内同行网络的构建及其发挥的作用。

正如蓝煜昕所指出的,我国 NGO 应尽快"结合国际规范和自身独特的文化、价值、时代背景进行目标和身份建构,形成自己的特质。""由于当下是世界关注的焦点,一个 NGO 走出去的行为往往代表群体的整体形象,有志于走出国门的 NGO 应共同探讨并提炼出中国 NGO 可能的文化特征、特色、规范和话语,并通过建立行业性组织来设定共同的行为准则。"②

值得我们关注的是,亚洲基金会从 2017 年 9 月开始与中国国际民间组织合作促进会合作,共同开发"中国社会组织参与国际项目合作自律行为守则"并将在近期发布守则全文。这可以被视为我国 NGO 构建同行网络的积极尝试。今后,我们需要加快脚步向发达国家尤其是邻国日本学习在构建NGO 同行网络方面的有效经验与做法,以推动我国 NGO 更加有效地投入国际发展工作中。

---

① 参见徐加:《私营部门参与国际发展合作——发达国家的经验》,URL:https://mp.weixin.qq.com/s/LoNPdluu-Irkax2cU5aH5Q,2018 年 3 月 19 日访问。

② 引自蓝煜昕:《历程、话语与行动范式变迁:国际发展援助中的 NGO》,《中国非营利评论》2018 年第 1 期,第 1—21 页。

第十二章
日本非营利组织参与公共危机治理：
以日本红十字会为例

　　新冠病毒肺炎疫情发生后,我国社会各界积极踊跃捐赠款物,体现了中华民族"一方有难、八方支援"的大爱精神。在此次新冠病毒肺炎疫情防控中,地方政府依循以往惯例,迅速指定省、市红十字会和慈善总会作为接受社会捐助的专责机构。截至 2020 年 1 月 19 日 17 时,中国红十字会总会机关和中国红十字基金会共接受用于新冠病毒肺炎疫情防控社会捐赠款物126 321.50 万元,其中接受资金 103 988.44 万元,物资价值 22 333.06万元。①

　　然而,正在新冠病毒肺炎疫情战"疫"吃劲之时,疫情重灾区湖北、武汉的红十字会因救援物资分配不均、捐赠收取管理费等问题被推到风口浪尖上,进而引发公众质疑,甚至连累整个公益慈善界。这无异于在"郭美美事件"等负面影响下,再次大大减损中国红十字会的公信度。中国红十字会还能重获信任吗? 如果我们把目光投向同处于新冠病毒肺炎疫情防控阶段的日本,作为日本具有官方背景的非营利组织——日本红十字会系统是

---

① 参见中国红十字会总会:《中国红十字会总会接受使用新型冠状病毒肺炎疫情防控社会捐赠款物动态》,URL：https://www.redcross.org.cn/html/2020-02/66642.html,2020 年 2 月 21 日访问。

如何参与疫情防控工作？同时又是如何公正透明地分配捐赠款物？基于这一问题意识，本章以日本红十字会为研究对象，从组织使命与内部治理、疫情防控参与机制、捐赠款物分配机制等维度出发进行考察，以供相关研究和务实参考。

一、日本红十字会的组织使命与内部治理

1877 年 2 月，日本发生西南战争。为了开展基于人道主义的战争伤员救护，元老院议官大给恒和佐野常民联名发起成立类似于欧洲红十字会的民间救护团体"博爱社"。之后，鉴于日本政府于 1886 年加入日内瓦条约，博爱社于 1887 年改名为"日本红十字会"。1952 年，日本政府以议员立法方式制定并颁发《日本红十字会法》，从而确立日本红十字会作为许可法人的特殊法律地位。

日本红十字会是以自然人和法人为会员的准社团法人，坚持"人道、公平、中立、独立、奉献、唯一、国际性"七大原则，秉持"集结'希望救助苦难人民'的各界善意并在任何情形下坚守人的生命、健康和尊严"的组织使命，以生命救护、生活援助、人才培养为三大活动领域，致力于开展国内灾害救护、国际救护、红十字医院、看护人员培养、献血事业、急救知识宣讲、青少年红十字、社会福祉以及红十字志愿活动等业务。

目前，日本红十字会已构建由会员、评议员会、代议员会、总会以及都道府县支部组成的内部治理结构。其中，总会设有社长、副社长、理事会及常任理事会、监事、宣传室、总务局、事业局、医疗事业推进本部、血液事业本部、监察室。各都道府县支部下设支部事务局、医疗事业部门、看护士培养部门、社会福祉事业部门以及血液事业部门。截至 2019 年 3 月 31 日，日本红十字会拥有 21.7 万个会员、2 007 名评议员、223 名代议员以及 67 478 名全职工作人员。此外，日本红十字会聘请雅子皇后、秋篠宫皇嗣妃等四位皇族、元厚生劳

动省事务次官大塚义治分别担任名誉总裁、名誉副总裁、会长。①

二、日本红十字会的疫情防控参与机制

日本红十字会所开展的国内灾害救护活动包括两大类，即"基于自主判断所开展的红十字人道主义活动"，以及"作为《灾害对策基本法》和《国民保护法》②所指定的公共机构协助各级政府的救护活动"。为了顺利开展这些活动，日本红十字会根据相关法律的要求，已制定《日本红十字会防灾业务计划》和《日本红十字会国民保护业务计划》并据此开展日常准备工作。此外，日本红十字会作为《新型流感等对策特别措施法》所指定的公共机构，事先制定了《日本红十字会新型流感等对策业务计划》（以下简称"疫情对策业务计划"）。一旦疫情危机发生，日本红十字会将根据疫情对策业务计划迅速参与疫情危机防控行动。概括而言，日本红十字会疫情防控参与机制主要包括以下几个方面。③

（一）疫情防控的基本方针与主要业务

日本红十字会认为，任何国家都难以预测新型流感等未知传染病的发生时间，更难以完全阻止这些未知传染病的发生。此外，在全球化背景下，任何国家或地区发生的传染病疫情都有可能传入或蔓延至其他国家或地区。因此，任何国家或地区一旦发生具有高度传播性的传染病疫情，将无法避免对民众的生命和健康以及国民经济造成某种程度的损害。为此，疫情危机爆发

---

① 参见日本赤十字社「赤十字について」，URL：http://www.jrc.or.jp/about/，2020 年 2 月 21 日最終アクセス。
② 该法律全称为《在武力攻击事态等情形下为保护国民应采取的措施法律》。
③ 如无特殊注释说明，本节论述主要参考日本赤十字社「日本赤十字社新型インフルエンザ等対策業務計画」，URL：http://www.jrc.or.jp/activity/saigai/about/，2020 年 2 月 21 日最終アクセス。

后,如果在某个时期内出现大量感染患者,日本红十字会需要对国家所能提供的医疗服务最大容量加以评估,并及时联合其他医疗机构加以应对。基于上述考量,日本红十字会在疫情对策业务计划中明确了疫情防控业务的两大基本方针,即"尽可能抑制疫情的扩大并守护民众的生命和健康",以及"尽可能将疫情对民众生活和国民经济的影响控制在最小限度"。此外,根据新型流感等未知传染病防控的过往经验,日本红十字会将疫情防控业务锁定为三大项,即医疗服务的保障业务、血液制剂的供给业务以及其他疫情防控所需业务。

(二)红十字会各部门在疫情不同阶段的应对策略

根据过往疫情防控的经验,日本政府在"政府行动计划"中将疫情演变过程划分为"疫情未发生阶段"、"海外疫情发生阶段"、"国内疫情发生初期"、"国内疫情传播阶段"以及"疫情得以控制阶段"。与之相对应,日本红十字会分别制定了总会、都道府县支部、红十字医疗机构、看护士培养机构、血液中心、社会福祉机构等部门在疫情不同阶段应采取的应对策略。

(三)疫情防控对策的实施体制

1. 疫情未发生阶段

日本红十字会应根据相关法规要求,制定疫情防控业务计划并根据需要进行调整。同时,成立"日本红十字会新型流感等未知传染病对策委员会"(以下简称"对策委员会"),并确立疫情发生后的应对机制和疫情应对举措。同时,日本红十字会会长应携手中央政府、都道府县政府、市区町村政府以及其他指定公共机构,就疫情应对准备方案、信息共享方式以及日常演练等事项进行沟通和协商。此外,日本红十字会还应与"红十字会与红新月会国际联合会"建立信息沟通与共享机制。

2. 海外疫情发生阶段

日本红十字会会长应迅速召集"对策委员会",在对疫情信息进行收集、共享、研判的同时，就本机构应采取的疫情应对方针进行谈论和确定。同时对应政府行动，成立以日本红十字会会长为部长的"疫情防控对策本部"并对内部机构下达相关指令。

3. 国内疫情发生初期

日本红十字会会长应根据中央政府的应对方针，迅速召开疫情防控对策本部会议，制定疫情防控的基本方针与主要举措并强化内部机构之间的合作机制。

4. 国内疫情传播阶段

日本红十字会会长应根据中央政府适时调整的应对方针，召开疫情防控对策本部会议以调整红十字会的疫情防控方针及举措。

5. 疫情得以控制阶段

根据中央政府所采取的疫情控制及终止措施，日本红十字会会长应及时召开疫情防控对策本部会议，并调整红十字会的疫情防控方针及举措，同时对本机构在疫情发展各阶段所采取的措施进行评估并据此进一步完善疫情防控参与机制。

（四）疫情信息共享与跨部门合作机制

疫情危机发生后，日本红十字会会长应指示相关部门收集有关国内外机构疫情应对举措的信息，并构建与内外部机构进行信息共享的机制。此外，制定在疫情应对过程中需要携手合作的机构名单并协商构建跨部门合作机制。

三、日本红十字会的捐赠款物分配机制

在包括疫情危机在内的灾害危机发生后，日本红十字会将开展医疗救护、血液制剂供给、救援物资分配以及捐款接受和分配等工作。囿于篇幅限

制,本节仅就其捐赠款物分配机制进行简要分析①。

（一）救援物资的储存与分配机制

一般而言,灾害危机发生后,社会各界将向日本红十字会提出捐赠救援物资的意愿。然而,日本红十字会认为这种社会善意很难在灾民救援中直接发挥作用。原因在于灾害危机状况时刻在发生变化,临时接受的社会捐赠物资很可能出现不符灾民需求的情况。为此,日本红十字会将在日常工作中事先向社会各界开展劝募活动,以储备充足的救援物资(如毛巾、洗漱用品、睡眠用品以及个人急救用品),并通过公开透明的程序分配给相关机构或灾民。当然,一旦出现储备物资紧缺的情况,日本红十字会将启动社会捐赠接受机制。需要补充说明的是,根据《日本红十字会法》的规定,灾害危机救助属于政府法定义务。同时,日本红十字会也负有协助政府开展灾害救助的法定义务,但其在灾害救助活动时所花费的实际费用,包括旅费、医药品费用以及卫生物资费用,均需国家财政负担。

（二）社会捐款的接收与分配机制

在日本,社会捐款被称为"义援金",属于慰问或激励因灾害危机遭受生命和财产损害的受灾者的专项善款。灾害危机发生后,日本红十字会及媒体机构等组织收到社会捐款后,应组建由灾区政府官员、红十字会负责人、媒体代表等利益相关方代表组成的"善款分配委员会",并根据事先制定的善款分配标准,公平透明地分配给灾区地方政府。灾区地方政府收到善款后,应及时且全额下发到灾民手中。

---

① 如无特殊注释说明,本节主要参考日本赤十字社「国内災害救護とは」,URL: http://www.jrc.or.jp/activity/saigai/about/,2020 年 2 月 21 日最終アクセス。

四、小结

（一）完善红字会系统的内部治理机制

如前所述，日本红十字会属于准社团法人属性的许可法人，与我国的红十字会系统一样，具备"官民二重属性"。如果从"官"属性的维度审视，1952 年《日本红十字法》颁布后，日本红十字会总部及地方支部的负责人均为退居二线并拥有相关专业技能的官员。例如，日本红十字会总会现任会长为原主管部门厚生劳动省的实际负责人（事务次官），而其名誉总裁和副总裁均为日本皇室重量级成员。这种做法一方面确保了红十字会负责人的业务水准及其与政府进行沟通和协调的专业能力，另一方面通过皇室核心成员的影响力持续维系红十字系统的社会声誉；如果从"民"属性的维度审视，日本红十字会始终坚持民间立场。这点从其会员及评议员等权力机构的属性即可得到佐证。简言之，同样具备"官民二重属性"的日本红十字会为何几乎未发生丑闻事件，为何始终能够基于民间立场并秉持初心开展活动？在我们看来，这些令人深思的疑惑背后，无疑启迪我们应尽快完善红十字系统的内部治理机制。

（二）构建红十字会系统的疫情应对机制

日本红十字会严格遵循相关法律的规定，针对新型流感等未知传染病所引发的疫情危机，事先制定疫情对策业务计划并根据政府应对方针进行适时调整。这次新冠病毒肺炎疫情传入日本后，其红十字会系统随即启动应对预案并表现得可圈可点，真正发挥了"帮忙而不添乱"的功能。而我国红十字系统在这次疫情防控中暴露出来的一系列问题，充分警醒红十字系统应在总结经验和反思不足的基础上，尽快构建契合红十字系统的疫情危机应对机制。

（三）健全红十字会系统的捐赠款物分配机制

日本红十字会系统的捐赠款物机制的特色在于"捐赠物资和捐赠资金的分流分配模式"。进而言之,关于捐赠物资的分配,日本红十字会通过日常劝募工作以储备充足的救援物资,并在灾害危机发生后通过公平透明的程序分配给相关机构和灾民,同时在储备物资告急的情况下迅速启动社会募捐机制,从而避免因捐赠物资纷沓而至而出现接受和分配工作压力的陡增。而关于捐赠资金的分配,日本红十字会则采取临时募捐的方式,并通过由各利益相关方代表组成的"善款分配委员会"进行公正透明地分配,同时通过本机构官方网站和各级政府官方网站及时披露善款分配信息,以回应捐赠人的监督需求。

反观我国的红十字会系统,尽管红十字会总会事先制定了《中国红十字会捐赠工作管理办法》,并在新冠病毒肺炎疫情发生后颁布了《关于做好新型冠状病毒感染的肺炎疫情防控捐赠款物使用管理的通知》①,然而由于未能事先制定针对疫情危机的应对机制,并且缺失类似日本红十字会的"捐赠物资和捐赠资金的分流分配机制"以及"善款分配委员会制度",从而导致出现救援物资分配不均、捐赠收取管理费等重创组织公信力的问题。今后,我国红字会系统应积极借鉴日本等国家红十字会的有益经验,进一步健全红十字会系统的捐赠款物分配机制。

---

① 参见中国红十字会:《中国红十字会捐赠工作管理办法》《关于做好新型冠状病毒感染的肺炎疫情防控捐赠款物使用管理的通知》,URL: https://www.redcross.org.cn/default.aspx,2020 年 2 月 21 日访问。

第十三章
日本公益捐赠助力乡村振兴：
以故乡纳税为例

　　2020年，我国完成脱贫攻坚目标任务，进入"巩固拓展脱贫攻坚成果"与"乡村振兴有效衔接、全面推进乡村振兴战略"的新阶段。然而在深入推进乡村振兴过程中，我国面临人口老龄化、地区发展不平衡等现实问题。如何处理区域间经济发展关系，强化以城带乡，加快农业农村现代化，全面推进乡村振兴，日本故乡纳税制度也许能够为我们提供了一个有益参考。

　　鉴于地区间税收不平衡之状况，日本政府在2008年的地方税制改革过程中创设"故乡纳税制度"。所谓"故乡纳税"，是指"在限定范围内，市民可向居住地以外的任何一个地方政府提供捐赠。捐赠人实际上只需担负2 000日元，其余捐赠可在个人所得税与住民税中得到扣除。"事实上，故乡纳税并非真正意义上的"纳税"。日本政府在制度设计过程中植入了"个人所得税的捐款抵税优惠政策"，故而使得"故乡纳税"成为与纳税制度相统合的"劝募"和"捐赠"行为。

　　接下来，本章尝试从"制度背景""制度设计""制度成效""制度演变"这四个维度，对日本故乡纳税制度进行全面考察和深入分析，进而结合该制度的相关经验，简要探讨其对我国乡村振兴战略的若干启示。

一、社会捐赠助力缩小地区间税收差距

日本是实行地方自治制度的单一制国家,目前采用"中央—都道府县—市町村"三级行政架构。根据《地方自治法》的规定,作为广域性地方公共团体的"都道府县",与作为基础性地方公共团体的"市町村"具有同等法律地位,不存在上下隶属关系,它们被统称为"地方公共团体"。与此相适应,日本中央政府、都道府县、市町村均对个人所得进行课税,即实行所谓的"三级管理税收制度"。其中,中央政府征收的"个人所得税",属于国税;都道府县和市町村征收的"住民税",属于地方税。① 住民税是日本地方财政收入的重要来源,用于确保地方政府的正常运营、公共产品以及日常行政服务供给。日本中央与地方虽然分别进行课税,但现实情况是地方税收收入低于国税,支出却高于国税,存在财政收支不平衡的现象。② 为缓解地方财政压力和发展地方经济文化事业,中央政府以地方交付税及国库支出金等方式,分配部分国税给地方政府使用。

小泉纯一郎内阁自 2001 年上台以来,提倡"地方能做的事情交由地方来做",积极扩大地方权责,并针对国库补助金制度、税源转移、地方交付税进行所谓的"三位一体"改革。然而,从最终成效上看,这一改革并未能明显缩减中央对地方的国库补贴规模,同时,增加地方税收的渠道也未能得到拓展。③

此外,从 20 世纪 50 年代中期至 20 世纪 90 年代初期,日本经济进入快速增长期。④ 在这一期间,日本国民生产总值翻倍增长,逐渐超越英、法、德

---

① 参见张洪:《日本的个人所得税制》,《中国财政》2009 年第 11 期,第 65—76 页。
② 参见真渕胜『行政学案内』慈学社,2009 年,107 页。
③ 详见総務省「三位一体の改革」,URL:https://www.soumu.go.jp/main_sosiki/jichi_zeisei/czaisei/czaisei_seido/zeigenijou.html,2021 年 12 月 6 日最終アクセス。
④ 日本于 20 世纪 70 年代遭受两次石油危机,经济发展速度有所放缓,进入中速增长期,但总体看来日本在 50—90 年代间经济处于增长期。

等国家并成为仅次于美国的全球第二大经济体。然而，随着城市化进程的持续加速，日本大量人口迅速向东京、大阪、名古屋等大都市集中，进而导致地方的劳动人口大幅减少，并造成中小城市工厂倒闭，农村空巢现象日趋严重，地方可持续发展遭到严峻挑战。换言之，具备纳税能力的大量人口纷纷流向大城市，从而造成地方政府的税收锐减，地区间税收差距持续扩大。

　　针对上述社会问题，时任福井县知事西川一诚于 2006 年 10 月在《日本经济新闻》刊文指出"现行住民税制度未能充分考虑人口流动和循环体系所引发的问题"。① 福井县于 2007 年 7 月公布的《关于故乡纳税制度的'故乡捐赠抵税'的提案》中分析指出，福井县的大学升学率为 50.7%，其中有 2/3 的本县学生会考到外地高校，且大部分学生毕业后不回故乡，致使福井县每年净流出 500 亿日元教育经费，流出部分大约占县税收的 50%（2005 年数据）。② 换言之，在日本，绝对多数国民从出生开始享受本地的公共服务和教育资源。然而，等到他们具备纳税能力后，却迅速流入大城市定居并向流入地政府缴纳住民税。作为人口流入地的几个大城市从而获得流入人口所缴纳的税收，同时又靠着这些人力和资金优势垄断更多的资源。而那些为人才培养支付诸多成本的地方政府最后却一无所获，从而导致许多地方的发展面临乏力之困境。③

　　在地方税收持续减少、中央援助不足的情况下，要想有效激发地方发展活力并真正推动地方分权改革，④必须在充分考虑人口流动等因素进行税制改革。⑤ 正是基于这一考虑，时任福井县知事西川一诚提出"故乡捐赠抵税"

---

① 参见西川一诚『『故郷寄付金控除』導入を』『日本経済新聞』2006 年 10 月 20 日 29 面付き。
② 参见福井県「ふるさと納税制度について―『故郷寄付金控除』の提案―」，URL：https://info. pref. fukui. lg. jp/furusatonouzei/110 _ subject/pdf/kihukin-koujo. pdf，2021 年 12 月 6 日閲覧。
③ 参见黄秋源：《拯救故乡：日本的故乡税》，《杭州（我们）》2016 年第 4 期，第 48—49 页。
④ 日本政府于 20 世纪 90 年代开始实行地方分权改革，旨在推动地方自治体能够自主、综合地提供贴近居民的公共服务，同时促使居民能在自主判断和承担责的情况下自行解决本地问题。
⑤ 参见黄秋源：《拯救故乡：日本的故乡税》，《杭州（我们）》2016 年第 4 期，第 48—49 页。

的政策设想。颇为意外的是,这一政策设想得到时任总务大臣菅义伟的积极支持。2007 年 6 月,日本总务省牵头组建了"故乡纳税研究会",并邀请社会各领域的知名专家学者参与研讨。经过 9 次严密讨论,总务省"故乡纳税研究会"于同年 10 月正式发布关于"故乡纳税"的研究报告。2008 年 1 月,总务省向第 169 届国会提交基于该报告制定的地方税法修正案,4 月 30 日众议院审议通过,"故乡纳税制度"得以实施。

二、以捐赠税收优惠为驱动力的故乡纳税

"故乡纳税"并非真正意义上的纳税,而是一种捐赠行为。所谓"故乡",并非局限于捐赠人的出生地,而是包括对捐赠人有知遇之恩的地方或者捐赠人喜欢或憧憬的地方。总而言之,制度设计中的"故乡"之定义,完全取决于捐赠人自身的理解。值得关注的是,"故乡纳税研究会"不仅对西川一城提出的"故乡捐赠抵税"设想进行了严密论证,而且对"分割个人住民税"等问题进行了深入讨论。

"住民税"(全称为"个人住民税"),是日本地方财政最为核心的收入来源。根据"受益原则",地方居民向本地政府缴纳相应税款,以确保地方政府有能力向本地居民提供福利、消防、警察等公共服务。不过,将部分住民税捐赠给非居住地所在的地方政府的居民,与全额缴纳住民税给当地政府的居民之间可能会产生不公平。因为这种现象违背了"应能负担原则",同时在事实上很难论证纳税人(捐赠人)与居住地之外的地方自治体之间存在"受益—负担"关系,从而造成无法从法律层面给居住地以外的地方自治体授予住民税征税权。然而,即使存在这些问题,鉴于地方间发展差距越拉越大的现实情况,为缩小区域间税收差距以提升地方活力,有必要创设植入"个人所得税的捐赠抵税优惠政策"的"故乡纳税制度"。

此外,我们注意到,"故乡纳税研究会"还对"捐赠税额扣除下限"等问题

进行了研究。具体而言，如果捐赠税额扣除下限为零，将可能导致产生大量的小额捐赠，从而引发接受捐赠的地方政府的工作量剧增，并影响捐赠人对这一制度的重视程度。另一方面，如果严格按照目前的捐赠税收优惠制度，只有达到 10 万日元的捐赠额才能享受税前扣除优惠。不过，如此高额度的捐赠要求可能无法有效激发国民利用故乡纳税制度的积极性。鉴于此，为了降低捐赠者的个人负担，"故乡纳税研究会"最终决定将可捐赠税额扣除下限调整为 5 000 日元，超出部分则从个人所得税和住民税中加以扣除。之后，在 2011 年税制改革过程中，政府将可捐赠税额扣除下限进一步下调至 2 000 日元。这意味着，捐赠人在限定范围内向居住地以外的任意地方自治体以故乡纳税的名义进行捐赠的时候，只需自行承担 2 000 日元，而其余捐赠额可在个人所得税和住民税中得到全额扣除。

根据日本目前实施的公益捐赠税收优惠政策，每位市民的年收入 40%以内的公益捐赠可享受税前扣除优惠待遇。① 为了提高国民参与度，故乡纳税制度规定市民提供的"故乡纳税"可享受同等的优惠政策。关于故乡纳税制度所设计的税额扣除比例，可概括为表 13-1 所示的三种情形。其中，第①②项为税前扣除，免税部分由中央政府和捐赠人居住地所在地方政府共同承担；第③项为住民税税额扣除，规定扣除上限为纳税人当年需缴纳地方税的20%（2015 年以前为 10%）。

表 13-1　故乡纳税的税额扣除比例

适用下限额 2 000 日元	① 所得税扣除额（故乡纳税额 − 2 000）× 所得税率	② 住民税扣除额（基本）（故乡纳税额 − 2 000）× 住民税率（10%）	③ 住民税扣除额（特例）最高可扣除个人住民税所得的 20%

数据来源：笔者根据日本总务省官网（https://www.soumu.go.jp/main_sosiki/jichi_zeisei/czaisei/czaisei_seido/furusato/mechanism/about.html）的相关内容整理而成。

---

① 参见国税厅ホームページ，URL：https://www.nta.go.jp/taxes/shiraberu/taxanswer/shotoku/1150.htm，2021 年 12 月 6 日最終アクセス。

举例而言,居住在东京千代田区的某位市民,其年收入大约为 700 万日元(个人所得税率 20%①)。如果他(她)通过故乡纳税制度向北海道上士幌町捐赠 3 万日元的话,那么他(她)将在第二年度享受税收减免优惠,即个人所得税可被扣除 5 600 日元(28 000×20%),住民税可被扣除 2 800 日元(28 000×10%),而剩余 19 600 日元将从其向千代田区政府缴纳的住民税中得到全额返还。由此可见,这位市民的故乡纳税实际上只需支付 2 000 日元即可。同时,为表示对该市民捐赠的感谢,上士幌町将赠送 600 克本地产黑毛和牛肉,②其价值远不止 2 000 日元。由此可见,综合地方政府的礼品价值,市民在故乡纳税过程中几乎没有实际支出。③

据此,我们不难发现,日本的故乡纳税制度实质上是一个旨在平衡地区间财力状况的税收转移制度。该制度不限定捐赠对象并最大限度地尊重捐赠人的选择。为此,日本学界将这种新型的平衡地区间财力的转移支付方式称之为"以市民个人为核心的地区间财力平衡措施",形成了一种以人为主导的促进地方间财力流动的制度安排。④ 当然,中央政府并不强制每个地方政府必须实施故乡纳税制度,而将制度实施的自由交由地方政府决断。此外,对于因返还税额造成税收减少的地方政府,中央政府会在第二年度以"地方交付税"的方式向其提供财政补贴(即税收减收总额的 75%)。⑤

那么,故乡纳税制度的意义何在?"故乡纳税研究会"认为:首先,通过

---

① 日本个人所得税的边际税率为 0—45%。
② 上士幌町根据市民捐赠额度,以千日元为单位提供不同捐赠额度层级的礼品,以表谢意。具体参见:上士幌町ふるさと納税特設サイト,URL:https://www.furupay.jp/category/00/,2021 年 12 月 6 日閲覧。
③ 赠礼是在故乡纳税制度实施过程中实践产生的,并非制度设计内容,它在吸引市民参与捐赠的同时,成为地区间争夺捐赠人的手段,后续引发的礼品竞争成为制度遭受质疑的重要原因之一。
④ 参见宋健敏:《从中央政府的地区财力平衡措施到地方政府的互联网众筹工具——日本故乡税简介及启示》,《公共治理评论》2018 年第 2 期,67—76 页。
⑤ 参见保田隆明『ふるさと納税の理論と実践』事業構想大学院大学出版部,2019 年版,99 頁。

"故乡纳税"的捐赠方式，进一步推动市民对于"税"之涵义的理解；其次，通过故乡纳税的方式，推动市民意识到"故乡"的重要性，并为他们实现贡献故乡之意愿提供实践渠道；最后，有助于地方政府提升"自治"意识，并强化其主动塑造地方特色的积极性以最大限度吸引市民的捐赠。

三、故乡纳税制度的规范化发展

作为一项创新型公共政策，故乡纳税制度在具体实施过程中也遇到了不少问题。事实上，日本社会对这项制度也一直存在褒贬不一的看法。所幸的是，针对制度实施过程中出现的各种问题，中央政府均能倾听社会各界提出的建议，及时修正和优化故乡纳税制度。在我们看来，日本故乡纳税制度的演化过程可提炼为以下三个阶段。

（一）制度初创阶段（2008 年至 2015 年）

根据日本外务省于 2021 年发布的《关于故乡纳税现状的调研结果报告》相关数据显示，故乡纳税制度在实施后的前 2 年并未取得显著的成效，地方政府获得的捐款额和捐赠次数均处于低迷状态。然而，从第三年开始，故乡纳税制度开始逐渐呈现出成效，地方政府获得的捐款额首次突破 100 万亿日元（见图 13-1）。我们认为，故乡纳税制度之所以从第三年开始获得显著成效，其主要原因包括三个方面：一是 2011 年 1 月开始实施的新税制将捐赠税额扣除下限从 5 000 日元下调至 2 000 日元；二是 2011 年 3 月发生的东日本大地震激发了日本市民采用故乡纳税制度的热情；三是不少地方政府在尝到故乡纳税制度的甜头后开始重视宣传工作，并积极对外展现地域特色和本地品牌，从而在全社会范围内营造出"故乡纳税"的浓厚氛围。

不过，在故乡纳税制度日益凸显成效的过程中，地方政府为了吸引更多的故乡纳税，开始掀起一股"礼品回馈"的攀比浪潮。不少地方政府甚至不惜

图 13-1　故乡纳税捐款额和捐款次数的历年变化

数据来源：日本総務省「ふるさと納税に関する現状調査結果(令和三年度)」,URL:
https://www.soumu.go.jp/main_sosiki/jichi_zeisei/czaisei/czaisei_seido/furusato/
file/report20210730.pdf,2021 年 12 月 6 日最終アクセス。

花费高价购买优质且高档的物品向捐赠人提供赠品。这些赠品包括了大米、水果、蔬菜等本地产品以及电脑、手表以及购物券等高价物品。这些赠品尤其是高价赠品的供给，成为了这一期间出现捐款额迅速增加的重要原因。在我们看来，"礼品回馈"攀比浪潮的出现，一方面确实有助于提高故乡纳税制度的大众知晓度，但另一方面制度本身也开始受到质疑，出现了诸如"违背制度宗旨"等的批判意见。

(二) 制度修正阶段（2015 年至 2019 年）

在"第二次安倍政权"期间，日本中央政府提出"地方创生"的国家战略。在该国家战略的推动下，为了增加地方政府的财政收入以及提升地方政府的运营能力，中央政府于 2015 年对故乡纳税制度进行了局部修正，即将住民税返还额度的上限从 10% 调高至 20%，同时推行"一站式税收返还制度"（ワンストップ特例制度)。① 如此一来,高额回赠礼品的供给、税返还额度的提高以及税收返还手续的简便化,进一步激发了日本市民的故乡纳税热情,迅速推动故乡纳税额度从 2015 年开始实现跳跃式增长(见图 13-1)。不过,故乡纳税制度实施成效的显著提升,并未遮蔽日本学界和实务界的理性批评。例如,日本行政学者嶋田晓文曾严厉地批评道:"持续恶化的礼品回馈攀比现象,使得大量的捐赠流入礼品生产商的口袋,从而大大削减了地方政府实际获得的捐赠额。这无疑违背了故乡纳税制度的政策宗旨,应予以制止。"②

为了规避"礼品回馈攀比"行为带来的负效应,日本总务省在 2015 年4 月至 2018 年 4 月期间,连续 4 年以总务大臣的名义向地方政府发出通告,呼吁地方政府要严格控制赠品费用支出,建议不要向捐赠人提供诸如购物卡、乐器、自行车以及家电等变现率较高的赠品。然而,由于总务省通告并无实质性的约束效力,故未能很好地制止"礼品回馈攀比"行为的频发。根据日本总务省提供的有关数据显示,在 2015 年至 2017 年的 3 年期间,回馈礼品费用在捐赠总额中的占比分别为 38.3%、38.4%、38.5%,呈现出逐渐攀升之趋势(见表 13-2)。

表 13-2　回馈礼品费用及其在捐赠总额中的占比变化

		2015 年	2016 年	2017 年	2018 年	2019 年	2020 年
①	礼品购买费用及其占比①/③	633 亿日元 38.3%	1 091 亿日元 38.4%	1 406 亿日元 38.5	1 814 亿日元 35.4%	1 374 亿日元 28.2%	1 783 亿日元 26.5%
②	礼品寄送费用及其占比②/③	43 亿日元 2.6%	150 亿日元 5.3%	241 亿日元 6.6%	396 亿日元 7.7%	377 亿日元 7.7%	520 亿日元 7.7%

① 该制度规定"捐赠人如果选择不多于 5 个自治体作为故乡纳税对象的话,那么其退税手续可在网上自动生成,不需自行前往税务局申请退税。"
② 参见嶋田晓文「『ふるさと納税』再考-その問題点と制度見直しを踏まえて-」『地方自治ふくおか』第 69 巻,2019 年,95—111 頁。

续表

		2015 年	2016 年	2017 年	2018 年	2019 年	2020 年
③	故乡纳税捐款额	1 653 亿日元	2 844 亿日元	3 653 亿日元	5 127 亿日元	4 875 亿日元	6 725 亿日元

数据来源：笔者根据日本总务省于 2015 年至 2020 年期间每年发布的《关于故乡纳税现的状调查结果报告》相关数据制作而成。

换言之，总务省在这期间发出的 3 份通告并未能起到制止效应。不过，颇有意思的是，总务省在 2017 年 4 月向地方政府下发的通告中首次指出"回馈礼品费用在捐赠总额中的占比"之具体数值，同时严肃提出"占比超过 30%的地方政府，应尽快将其数值控制在 30%以内"的建议。紧接着，总务省在 2018 年 4 月向地方政府下发的通告中提出"所有赠品应来自本地"的要求。根据数据显示，总务省的这些建议在 2018 年度初见成效，回馈礼品费用在捐赠总额中的占比将至 35.4%，同比下降了 3 个百分点（见表 13-2）。不过，如前文所指出的，总务省的这些通告缺乏足够的约束力，从而导致不少地方政府仍然我行我素，坚持向捐赠人提供高价的赠品。

（三）制度优化阶段（2019 年之后）

鉴于"连续 4 年下发的通告未能起到实质性效果"之状况，日本总务省借助 2019 年推行的税制改革，决定将故乡纳税制度中的"故乡纳税自由参与"调整为"故乡纳税参与指定"，即凡是有意实施故乡纳税制度的地方政府必须向总务省提出申请并获得批准（指定），否则无法享受实施故乡纳税制度之权限。根据优化后的新制度要求，从 2019 年开始，地方政府如欲获得总务省的"故乡纳税参与指定"，必须满足以下三个要件：一是规范地开展故乡纳税募捐活动；二是回馈礼品均为本地产品；三是回馈礼品费用在捐赠总额中的占比不高于 30%。令人惊喜的是，优化后的新制度立即产生积极效用，在

2019 年度和 2020 年度，回馈礼品费用在捐赠总额中的占比分别下降至 28.2%、26.5%（见表 13-2）。

颇为有意思的是，在"故乡纳税参与指定制"正式生效的 2019 年 5 月，日本总务省共计收到来自 1 789 个地方政府的"故乡纳税参与指定"申请书。根据"故乡纳税参与指定三要件"，日本总务省于同年 5 月 14 日批准并允许 1 785 个地方政府实施故乡纳税制度。然而，由于大阪府泉佐野市、静冈县小山町、和歌山县高野町、佐贺县美烧町（みやき町）这 4 个地方政府所提交的申请材料无法满足"故乡纳税参与指定三要件"，故被日本总务省禁止实施故乡纳税制度。① 对此，大阪府泉佐野市向"国家地方纷争委员会"提出"行政不服"申请，遭到驳回后，转而向大阪府法院提出诉讼，最后获得胜诉。②

不过，虽然大阪府泉佐野市最终继续获得实施故乡纳税制度的权限，但其一波三折的遭遇给其他地方政府敲响了警钟，即地方政府必须在故乡纳税制度实施过程中规范且合理地向捐赠人提供回馈礼品，否则将可能遭到总务省的处罚。事实上，相关数据显示，在"故乡纳税参与指定制"正式生效的 2019 年度，绝大多数的地方政府在"礼品回馈"问题上均采取了谨慎态度，并随之影响了该年度的故乡纳税额度（见表 13-1）。③ 不过，伴随着新制度的规范实施，从 2020 年度开始，日本故乡纳税额度再次强劲攀升，从而昭示着日本故乡纳税制度成功实现从"无序竞争"向"规范竞争"的转型。

---

① 详见総務省「ふるさと納税指定制度における令和元年 6 月 1 日以降の指定等について」，URL：https://www.soumu.go.jp/main_sosiki/jichi_zeisei/czaisei/czaisei_seido/furusato/file/report20190514_02.pdf，2021 年 12 月 6 日閲覧。

② 参见「令和 2 年（行ヒ）第 68 号不指定取消請求事件　令和 2 年 6 月 30 日 第三小法廷判決」，URL：https://www.courts.go.jp/app/files/hanrei_jp/537/089537_hanrei.pdf，2021 年 12 月 6 日閲覧。

③ 根据日本事业构想大学院大学 2016 年的调查，有 80% 的市民以"可免费获得礼品"为由提供了故乡纳税捐赠。

四、故乡纳税的乡村振兴功能

地方政府通过故乡纳税制度获得的市民捐赠,一般被认为是"地方政府获得的财政捐赠"。故此,与普通税收收入不同,通过故乡纳税获得的市民捐赠一般被用于"社区营造""医疗福利""人才培养"等领域的费用支出。[①] 如前所述,故乡纳税制度的初衷在于"平衡地区间财力"。已有实践证明,故乡纳税制度确实在一定程度上缓解了日本地方政府的财政压力。同时,随着制度的深入实践,故乡纳税制度在地方振兴、灾害救助等领域也发挥出了重要作用。概括而言,日本故乡纳税制度的实施成效集中体现为以下几个方面。

首先,故乡纳税制度强化了地方政府的竞争意识,推动其主动塑造地方特色以实现地方经济的振兴。如前文反复指出的,故乡纳税在实质上属于市民向其居住地之外的地方自治体所提供的捐赠。为了有效获得更多的市民捐赠,地方政府必须有能力塑造和宣传本地特色和本地品牌,进而利用故乡纳税制度提升本地产品的销售量。在这方面,长崎县平户市发挥了"引领示范"作用。故乡纳税制度生效后,长崎县平户市以"利用制度将自己推销出去"为目标,创设并发布以积分制为核心的"平户市故乡纳税优惠目录",规定"提供 1 万日元以上、10 万日元以上、50 万日元以上的捐赠可分别获得 40 积分、45 积分、50 积分"。捐赠人可利用获得积分在"平户市故乡纳税优惠目录"挑选自己喜欢的本地产品作为回馈。通过这个方式,平户市获得日本全社会的广泛关注,并于 2014 年获得高达 1.46 亿元的"故乡纳税"(捐赠),成为

---

① 根据日本总务省历年发布的《故乡纳税现状调查报告》可知,通过故乡纳税获得市民捐赠,主要被集中使用于以下 10 个方面:保健・医疗・福祉、教育・人才培养、儿童・青少年培养、地方・产业振兴、环境・卫生、体育・文化振兴、社区营造・市民活动、观光・交流・定居、安心・安全・防灾、灾害支援・复兴。

日本当年"故乡纳税"排行榜的冠军。平户市之所以获得成功，其秘诀在于"将本地各类产品进行品牌化包装，并以回礼之方式将这些产品回赠给捐赠人，在表达谢意的同时很好地实现了本地品牌的宣传，进而有效带动本地农业、水产等行业的发展，并实现这些产业的可持续发展"。时任平户市市长黑田成彦曾在2017年"全国首长会议"上表示，平户市制定的"故乡纳税优惠目录"受到社会各界的广泛欢迎，促使大量"平户品牌"进入首都圈的百货商场，成功提升了平户市本地产品的知名度。

根据一般惯例，为了感谢捐赠人的支持，接受"故乡纳税"（捐赠）的地方政府会采取"回馈"的方式将本地特产赠送给捐赠人。于是，为了获得市民的更多关注和积极捐赠，日本各地方自治体掀起一场"礼品竞争"运动。针对这个现象，日本国内有人不无担忧地批评道"过度的礼品竞争违反了故乡纳税制度的宗旨"。不过，也有相关人士提出异议"如果礼品是本地产品，礼品竞争将有助于激活地方经济并增加本地经营者的创收"。提出这个意见的理由在于，如果地方政府能以合理的价格收购本地经营者提供的产品，并将其回馈给"故乡纳税人"，那么地方政府在实现感谢捐赠人的同时，可以根据捐赠人对赠品的反馈进行产品的优化和升级，进而增强本地产品的竞争力，打造本地自主品牌，提升本地区的知名度。

其次，故乡纳税制度有助于完善地方基础设施，进而提升本地居民的生活水平和社会福祉。实践证明，实施"地方纳税制度"的地方政府均将获得的市民捐赠投入至医疗卫生、教育发展、文化保护等与本地居民紧密相关的领域，从而改善了本地（主要为中小城市）居民的生活质量。根据日本总务省于2020年发布的调查报告显示，在实施故乡纳税制度的地方政府中，97%的地方政府均能按照捐赠人提出的捐赠使用途径，并主动公布捐赠使用的项目清单以供捐赠人查阅和监督。例如，根据北海道上士幌町政府公开的信息显示，该地方政府在2020年度将总额为18亿日元的"故乡纳税"捐赠用于社区营造、儿童教育、旅游观光、农林业、医疗福祉、工商业、公共交通等领域。其中,上士幌町政府基于故乡纳税制度成功创设了"教育基金",并据此增加了本地学校的教职工人数(含外教人数),实现了本地学校的小班教学,吸引了更多优秀人才加盟本地教育机构。此外,为了更好地向本地老年人提供交通服务,上士幌町政府于 2017 年投入 1.2 亿日元的"故乡纳税"捐款,通过引入自动驾驶巴士的方式解决了本地公共交通司机不足的难题。① 对此,有学者评论道"捐赠人自行决定资金用途的形式,使其得以参与到城市规划建设的决策之中,有利于涵养公民意识,进一步激发国民利用制度的热情。该制度也使得捐赠人更加关注款项的实际使用情况,加强对行政部门款项使用的监督,使捐款能够发挥最大的作用,切实改善当地居民生活"。②

最后,故乡纳税制度发挥了"赈灾救灾"的功能,助力了灾区的灾后复兴。2011 年 3 月,日本发生"东日本大地震"。同年,日本的故乡纳税额度同比增长 20 亿日元,捐赠数量增加 20 万人次,进而提升了"故乡纳税制度"在日本社会的知名度。与普通的捐赠善款不同,通过故乡纳税获得的捐赠能够直接流入受灾地政府部门,进而有效地助力了灾区政府的救援和重建工作。2014 年 11 月,长野县境内发生"神城断层地震"并使大量居民住宅遭到破坏。该地震发生后,长野县白马村立即通过故乡纳税制度创设了"紧急灾害救助募捐"项目,在一个月内即获得了 6 千万日元的"故乡纳税"(捐款),并将这些捐款用于临时安置房的建设、灾民所需家电的购买、倒塌房屋重建费用补贴等领域。更值得关注的是,岩手县陆前高田市在 2011 年东日本大地震中遭受毁灭性打击,由于缺乏人手而不得不暂停实施故乡纳税制度。2015 年重启故乡纳税制度后,一年内即获得 2.9 亿日元的故乡纳税(捐款)。随着捐赠人的剧增,需要雇佣更多的人手以开展回礼工作。为此,陆前高市政府决定

① 参见上士幌町役所ホームページ,URL:https://www.furupay.jp/usage.html,2021 年 1 月 6 日最終アクセス。
② 参见常伟:《日本家乡纳税制度及其对中国的启示》,《现代日本经济》2018 年第 4 期,第 15—22 页。

雇用本地的残障人士和老年人作为临时工作人员，开展面向捐赠人的回馈礼品包装和邮寄工作。① 由此可见，故乡纳税制度不仅发挥了"赈灾救灾"之功能，而且一定程度上助力了弱势群体的临时再就业。

五、小结

人口老龄化和少子化问题，早已被日本政府视为头号国家课题。这个日趋严峻的头号国家课题对日本社会各个领域产生极为深刻的影响。其中，地区间不断扩大的税收差距即为其深刻影响的突出表征之一。为了解决这个问题，日本政府迄今已采取多种措施加以应对。如果从"第三部门"的视角加以审视的话，我们可以发现，日本在"大力发展非营利部门（社会组织部门），以此吸纳社会捐赠和社会力量，进而助力于地域问题的解决"的同时，还通过"故乡纳税制度"的创设，创造性地开辟了地方政府吸纳市民捐赠的新渠道，进而推动地方财政的增长并推动地域间的平衡发展。

必须承认，作为一项极具创新性的公共政策，日本的故乡纳税制度在实施过程中无法完全规避因制度的不完善所引发的一系列问题。例如，日本有关人士对故乡纳税制度曾提出批评："该制度对经济发达地区产生了'剥夺感'，违背了'受益—负担原则'""该制度会制造出新的'地区间发展不平衡'问题，尤其是对缺乏吸引力和对外宣传能力的地区而言是不公平的"。当然，也有意见认为"该制度属于'以个人为核心的地区间财力平衡措施'，有助于培养纳税人的公民意识，能够调动更多的市民主动参与到地区发展过程之中""该制度有助于缓解地方财政压力，在推动地域发展方面发挥了积极作用"。

基于本章的研究，我们认为：日本的故乡纳税制度尽管诸多不尽如意的

---

① 参见须永珠代编集『今こそ知りたい! ふるさと納税、ホントのところ』株式会社トラストバンク,2018 年版,44 頁。

地方,但它在创造更多的地方财政收入、振兴地方经济、提升居民福祉以及救灾赈灾等方面发挥了重要作用,其积极成效远大约负面效应。更值得赞许的是,日本中央政府从未刻意回避制度本身所存在的缺陷,并能及时采取措施加以修正和优化。故而,在可预见的未来,我们认为日本的故乡纳税制度将会产生更大的积极效应。

反观我国,从"改革开放时代"进入"新时代"之后,中共中央和国务院相继提出"扶贫攻坚""共同富裕"以及"第三次分配"等新的国家战略。如果通过制度化的方式吸纳更多的社会捐赠资源以助力全社会走向共同富裕的问题,无疑成为了新时代中国的重要课题。我们注意到,根据我国国家统计局于 2021 年 5 月公布的第七次全国人口普查公报,截至 2020 年末,我国人户分离的人口为 4.93 亿,与 2010 年第六次全国人口普查相比增长了 88.52%。其中,跨省流动人口为 1.25 亿,60 周岁及以上以及 65 周岁及以上人口占全国人口比重分别为 18.7% 和 13.5%。

据此,我们不难推测,在统筹城乡发展、推进乡村振兴的过程中,我国同样面临日趋严峻的人口老龄化、城乡发展失衡、区域间经济差距扩大等难题。故而,我国仍应持续优化中央财政转移支付制度以缓解因地区间发展不平衡所引发一系列问题,同时通过以公益慈善事业为核心力量的第三次分配,支持欠发达地区进一步完善各项公共服务。不过,我们也应正视"地方政府过度依赖中央财政转移支付""财政资金使用效率不高""地方财源渠道拓展乏力"等问题。基于日本故乡纳税制度的经验,我们认为,我国不但需要进一步发展公益慈善事业以吸纳更多的社会捐赠和社会力量,而且需要创造符合我国国情的新型制度,以强化地方政府吸纳以公益捐赠为代表的社会资源的能力。

参考文献

一、中文文献

(中文书籍)

[1] 丁煌：《西方行政学理论概要》，中国人民大学出版社 2005 年版。

[2] 金锦萍：《中国非营利组织法前沿问题》，社会科学文献出版社 2014 年版。

[3] 金锦萍：《外国非营利组织法译汇（三）》，社科文献出版社 2017 年版。

[4] 康晓光等：《NGO 与政府合作策略》，社会科学文献出版社 2010 版。

[5] 王名：《非营利组织管理概论》，中国人民大学出版社 2007 年版。

[6] 王名：《日本非营利组织》，北京大学出版社 2007 年版。

[7] 王名：《中国民间组织 30 年》，社会科学文献出版社 2008 年版。

[8] 王名等：《中国社会组织（1978—2018）》，社会科学文献出版社 2018 年版。

[9] 王世强：《社会组织法律法规与政策》，首都经济贸易大学出版社 2017 年版。

[10] 杨团、朱健刚主编：《中国慈善发展报告（2021）》，社会科学文献出版社 2021 年版。

(中文论文)

[1] 常伟：《日本家乡纳税制度及其对中国的启示》，《现代日本经济》2018 年第 4 期，第
15—22 页。

[2] 程楠：《慈善组织登记管理制度怎么改》，《中国社会组织》2016 年第 6 期，第 22—
23 页。

[3] 陈建民：《中国期待社会转型》，《中山大学公益慈善研究中心简报》2011 年第 12 期，
第 1—10 页。

[4] 陈晓春、刘娅云：《我国非政府组织"走出去"战略研究》，《中国行政管理》2016 年第
2 期，第 77—82 页。

[5] 崔开云：《社区基金会的美国经验及其对中国的启示》，《江淮论坛》2015 年第 4 期，
第 42—49 页。

[6] 邓国胜：《日本非营利组织登记管理制度的变革及其对中国的启示》，《科学新闻》
2003 年第 3 期，第 16—17 页。

[7] 邓国胜、王杨：《中国社会组织"走出去"的必要性与政策建议》，《教学与研究》

2015 年第 9 期,第 28—34 页。

[8] 邓正来:《"生存性智慧"与中国发展研究论纲》,《中国农业大学学报》2010 年第 4 期,第 5—19 页。

[9] 董石桃:《当代西方地方治理中公民参与的实践发展及其启示》,《行政论坛》2015 年第 2 期,第 96—100 页。

[10] 房宁:《国外社会治理经验值得借鉴》,《红旗文稿》2015 年第 2 期,第 15—17 页。

[11] 葛天任、许亚敏、杨川:《战后日本基层社区治理经验及其对中国的启示》,《地方治理研究》2018 年第 2 期,第 53—65 页。

[12] 韩铁英:《日本町内会的组织和功能浅析》,《日本学刊》2002 年第 1 期,第 46—63 页。

[13] 贺东航:《新公共管理的回顾与检视》,《政治学研究》2008 年第 2 期,第 108—115 页。

[14] 〔日〕黑田由彦:《町内会:当代日本基层社区组织》,《社会》2001 年第 8 期,第 43—45 页。

[15] 何艳玲:《"公共价值管理":一个新的公共行政学范式》,《政治学研究》2009 年第 6 期,第 62—68 页。

[16] 何怡帆:《战后日本町内会废止过程》,《黑龙江史志》2014 年第 7 期,第 42—43 页。

[17] 黄金卫:《日本的社区福利及町内会》,《探索与争鸣》2000 年第 8 期,第 35—37 页。

[18] 黄秋源:《拯救故乡:日本的故乡税》,《杭州(我们)》2016 年第 4 期,第 48—49 页。

[19] 黄文炜:《日本的慈善机构运作与善款监察》,《城市与减灾》2014 年第 5 期,第 50—51 页。

[20] 胡键:《全球治理的价值问题研究》,《社会科学》2016 年 10 期,第 3—15 页。

[21] 胡澎:《非营利组织在日本社会发展中的作用》,《南开日本研究》2013 年第 1 期,第 42—80 页。

[22] 胡澎:《日本非营利组织参与社会治理的路径与实践》,《日本学刊》2015 年第 3 期,第 140—158 页。

[23] 贾西津:《资格还是行为:慈善法的公募规制探讨》,《江淮论坛》2017 年第 6 期,第 95—102 页。

[24] 〔日〕今川晃:《日本地方自治的基本原则》,《政治学研究》2016 年第 1 期,第 114—128 页。

[25] 蓝煜昕:《历程、话语与行动范式变迁:国际发展援助中的 NGO》,《中国非营利评论》2018 年第 1 期,第 1—21 页。

[26] 李炳安、李慧敏:《公共慈善募捐准入:规制与放任》,《江海学刊》2015 年第 3 期,第 146—152 页。

[27] 李翠玲、甘峰:《日本公共部门民营化与 NPO 困境》,《北京行政学院学报》2010 年第 6 期,第 37—41 页。

[28] 李健、唐娟:《政府参与公益创投:模式、机制与政策》,《公共管理与政策评论》2014 年第 1 期,第 60—68 页。

[29] 李健:《慈善法如何因应慈善组织商业活动?》,《浙江工商大学学报》2016 年第 3 期,第 99—103 页。

[30] 刘建军:《社区中国:通过社区巩固国家治理之基》,《上海大学学报(社会科学版)》

2016 年第 6 期,第 73—85 页。

[31] 刘星:《日本教育非营利组织研究及对中国的启示》,《日本研究》2012 年第 2 期,第 98—106 页。

[32] 李永军:《域外公益募捐准入制度考评》,《社团管理研究》2011 年第 9 期,第 47—50 页。

[33] 吕鑫:《我国慈善募捐监督立法的反思与重构:全程监督机制的引入》,《浙江社会科学》2014 年第 2 期,第 54—62 页。

[34] 马剑银:《"慈善"的法律界定》,《学术交流》2016 年第 7 期,第 87—93 页。

[35] 潘若卫:《日本城市中的地域集团:町内会的沿革》,《社会学研究》1989 年第 1 期,第 60—67 页。

[36] 乔宏彬:《美国社区基金会与光明新区社区基金会比较研究》,《特区实践与理论》2015 年第 2 期,第 109—112 页。

[37] 饶锦兴、王筱昀:《社区基金会的全球视野与中国价值》,《开放导报》2014 年第 5 期,第 28—33 页。

[38] 沈洁:《福利非营利组织在社区福利供给中的作用》,《华中科技大学学报(社会科学版)》2004 年第 2 期,第 76—81 页。

[39] 宋健敏:《从中央政府的地区财力平衡措施到地方政府的互联网众筹工具——日本故乡税简介及启示》,《公共治理评论》2018 年第 2 期,67—76 页。

[40] 田晓虹:《从日本"町内会"的走向看国家与社会关系演变的东亚路径》,《社会科学》2004 年第 3 期,第 64—72 页。

[41] 田毅鹏:《东亚"新公共性"的构建及其限制》,《吉林大学社会科学学报》2005 年第 6 期,第 65—72 页。

[42] 王冰:《日本地方治理中的公民社会组织参与模式——以自治会为例》,《日本问题研究》2017 年第 2 期,第 55—63 页。

[43] 王名等:《第三次分配:理论、实践与政策建议》,《中国行政管理》2020 年第 3 期,第 101—116 页。

[44] 王名等:《第三次分配:更高维度的财富及其分配机制》,《中国行政管理》2021 年第 12 期,第 19—27 页。

[45] 王浦劬:《国家治理、政府治理和社会治理的含义及其相互关系》,《国家行政学院学报》2014 年第 3 期,第 11—17 页。

[46] 王世强:《日本非营利组织的法律框架及公益认定》,《学会》2012 年第 10 期,第 48—53 页。

[47] 王涌:《法人应如何分类:评〈民法总则〉的选择》,《中外法学》2017 年第 3 期,第 609—644 页。

[48] 吴磊:《"合法性—有效性"框架下社区基金会发展的影响因素分析》,《社会科学辑刊》2017 年第 2 期,第 65—71 页。

[49] 吴晓林、郝丽娜:《"社区复兴运动"以来国外社区治理研究的理论考察》,《政治学研究》2015 年第 1 期,第 47—58 页。

[50] 徐家良、刘春帅:《资源依赖理论视域下我国社区基金会运行模式研究》,《浙江学刊》

2016 年第 1 期,第 216—224 页。

[51] 许耀桐:《基层自治：对社区公共事务和文化生活的管理》,《北京行政学院学报》2001 年第 4 期,第 1—4 页。

[52] 许耀桐、傅景亮:《当代中国公共性转型研究》,《上海行政学院学报》2007 年第 4 期,第 48—54 页。

[53] 杨道波:《公益募捐法律规制论纲》,《法学论坛》2009 年第 4 期,第 80—85 页。

[54] 杨刚、纪政:《日本的共同募捐运动》,《社会福利》2009 第 2 期,第 41—42 页。

[55] 杨义凤、邓国胜:《中国慈善组织国际化的策略》,《行政管理改革》2016 年第 7 期,第 25—28 页。

[56] 晏梦灵、刘凌旗:《日本城市生活垃圾处理的联动机制与居民自治会的重要作用》,《生态经济》2016 年第 2 期,第 48—51 页。

[57] 尹文嘉:《公共价值管理：西方公共管理发展的新动向》,《天府新论》2009 年第 6 期,第 91—95 页。

[58] 原珂、许亚敏、刘凤:《英美社区基金会的发展及其启示》,《社会主义研究》2016 年第 6 期,第 143—155 页。

[59] 俞可平:《重构社会秩序 走向官民共治》,《国家行政学院学报》2012 年第 4 期,第 4—5 页。

[60] 俞祖成:《日本社会治理：兴起过程与发展态势》,《中国发展简报》2013 年第 3 期,第 67—70 页。

[61] 俞祖成:《日本政府购买服务制度及启示》,《国家行政学院学报》2016 年第 1 期,第 73—77 页。

[62] 俞祖成:《如何实现〈慈善法〉的立法宗旨?》,《浙江工商大学学报》2016 年第 3 期,第 104—108 页。

[63] 俞祖成:《慈善组织认定：制度、运作与问题》,《浙江工商大学学报》2017 年第 3 期,第 107—114 页。

[64] 张洪:《日本的个人所得税制》,《中国财政》2009 年第 11 期,第 65—76 页。

[65] 张康之:《论主体多元化条件下的社会治理》,《中国人民大学学报》2014 年第 2 期,第 2—13 页。

[66] 〔日〕中田实:《日本的居民自治组织"町内会"的特点与研究的意义》,《社会学研究》1997 年第 4 期,第 24—37 页。

[67] 周如南等:《社区基金会的动员与运作机制研究：以深圳市为例》,《浙江省委党校学报》2017 年第 2 期,第 50—56 页。

(其他中文文献)

[1] "慈善中国"网站,URL：http://cishan.chinanpo.gov.cn/platform/login.html,2018 年 9 月 29 日访问。

[2] 基金会中心网,URL：http://data.foundationcenter.org.cn/foundation.html,2017 年 2 月 1 日访问。

[3] 金锦萍:《慈善法开启民间与政府共同为社会筑底的时代》,《人民日报》2016 年 3 月 21 日第 23 版。

［4］金锦萍:《慈善募捐之界定与募捐资格之取得》,URL：https://mp.weixin.qq.com/s/
S23S-tg4AudY62CeDSWscA,2021 年 12 月 1 日访问。

［5］李小云:《新时期对外援助体系如何构建》,URL：http://opinion.caixin.com/2018-
03-14/101220994.html,2018 年 3 月 14 日访问。

［6］李小云:《中国民间组织"走出去"给世界带来什么?》,URL：http://www.gmw.cn/
xueshu/2017-09/22/content_26279310.htm,2017 年 9 月 22 日访问。

［7］马俊乐:《美国 NGO 是如何参与对外援助的?》,URL：https://mp.weixin.qq.com/s/
OR-Bo1cK197ex8RM4FHmqA,2018 年 3 月 12 日访问。

［8］美国社区基金会地图官网,URL：http://communityfoundationatlas.org/facts/,
2017 年 2 月 1 日访问。

［9］上海社会组织网:《2017 年 6 月基本业务统计数据》,URL：http://www.shstj.gov.
cn/node2/node3/n8/n132/u8ai13085.html,2017 年 9 月 30 日访问。

［10］上海税务网:《非营利组织免税资格认定名单》,URL：http://www.tax.sh.gov.cn/
pub/ssxc/zlzy/ssyhzl/node5248/fylzz/mdgs/201602/t20160226 _ 422077. html,
2017 年 9 月 30 日访问。

［11］田佳玮:《国际发展合作署将成立,中国如何突破"援外碎片化"瓶颈》,URL：http://
international.caixin.com/2018-03-13/101220864.html,2018 年 3 月 13 日访问。

［12］王名:《国家治理语境下的社会组织发展》,"社会组织参与社会治理高峰论坛"主旨
发言(2017 年 9 月 15 日,上海公益新天地园)。

［13］徐加:《私营部门参与国际发展合作——发达国家的经验》,URL：https://mp.
weixin.qq.com/s/LoNPdluu-Irkax2cU5aH5Q,2018 年 3 月 19 日访问。

［14］杨斌:《重视发挥第三次分配作用 探寻中国特色公益慈善之路》,URL：http://
theory.people.com.cn/n1/2020/0102/c40531-31531793.html,2021 年 12 月 1 日
访问。

［15］俞祖成:《日本社区治理中的多元主体参与》,《社会科学报》2019 年 3 月 28 日第
3 版。

［16］张雪弢、高文兴、张木兰:《四国社会组织登记管理制度观察》,《公益时报》2013 年
5 月 7 日第 8 版。

［17］中国红十字会总会:《中国红十字会总会接受使用新型冠状病毒肺炎疫情防控社会
捐赠款物动态》,URL：https://www.redcross.org.cn/html/2020-02/66642.html,
2020 年 2 月 21 日访问。

［18］中国红十字会:《中国红十字会捐赠工作管理办法》《关于做好新型冠状病毒感染的
肺炎疫情防控捐赠款物使用管理的通知》,URL：https://www.redcross.org.cn/
default.aspx,2020 年 2 月 21 日访问。

［19］中国社会组织公共服务平台网站,URL：http://www.chinanpo.gov.cn/search/
orgindex.Html,2018 年 9 月 29 日访问。

二、日文文献

［1］雨森孝悦『テキストボックスNPO(第 2 版)』東洋経済新報社,2012 年版。

［2］荒木昭次郎『協働型自治行政の理念と実際』敬文堂,2012 年版。

［3］荒木昭次郎『参加と協働：新しい市民＝行政関係の創造』ぎょうせい,1990 年版。

［4］荒木昭次郎ほか『現代自治行政学の基礎理論』成文堂,2012 年版。

［5］稲生信男『協働の行政学』勁草書房,2010 年版。

［6］今川晃編著『地方自治を問いなおす』法律文化社,2014 年版。

［7］今田克司・原田勝広『国際協力 NGO：市民社会に支えられるNGOへの構想』日本評論社,2004 年版。

［8］今田高俊『意味の文明学序説』東京大学出版会,2001 年版。

［9］今田忠『概説市民社会論』関西学院大学出版会,2014 年版。

［10］今村都南雄編著『日本の政府体系』成文堂,2002 年版。

［11］後房雄『NPOは公共サービスを担えるか』法律文化社,2009 年版。

［12］岡本仁宏『市民社会セクターの可能性』大阪関西学院大学出版会,2015 年版。

［13］奥田道大『都市コミュニティの理論』東京大学出版会,1983 年版。

［14］金敬黙ほか『国際協力 NGOのフロンティア——次世代の研究と実践のために』明石書店,2008 年版。

［15］久保田賢一「NGOの役割と動向」内海成治編『国際協力論を学ぶ人のために』世界思想社,2005 年版。

［16］公益法人協会『公益認定申請はやわかり』公益法人協会,2016 年版。

［17］公益法人協会『公益法人・一般法人関係法令集』公益法人協会,2016 年版。

［18］坂本治也編『市民社会論』法律文化社,2017 年。

［19］佐藤竺『現代の地方政治』日本評論社,1965 年版。

［20］シャプラニール＝市民による海外協力の会『NGO 最前線——市民の海外協力20 年』柏書房,1993 年版。

［21］神野直彦・澤井安男編著『ソーシャル・ガバナンス』東洋経済新報社,2004 年版。

［22］須永珠代編集『今こそ知りたい！ ふるさと納税、ホントのところ』株式会社トラストバンク,2018 年版。

［23］田尾雅夫『市民参加の行政学』法律文化社,2011 年版。

［24］田中實『公益法人と公益信託』勁草書房,1980 年版。

［25］田中弥生『市民社会政策論』明石書店,2011 版。

［26］田中弥生『NPOが自立する日：行政の下請け化に未来がない』日本評論社,2006 年版。

［27］辻中豊・ロバート・ペッカネン・山本英弘『現代日本の自治会・町内会』木鐸社,2009 年版。

［28］出口正之『フィランソロピー：企業と人の社会貢献』丸善ライブラリー,1993 年版。

［29］東海自治体問題研究所編集『町内会・自治会の新展開』自治体研究社,1996 年版。

［30］富永健一『社会変動の中の福祉国家』中公新書,2001 年版。

［31］中田実『地域分権時代の町内会・自治会』自治体研究社,2014 年版。

［32］中田実・山崎丈夫・小木曽洋司『地域再生と町内会・自治会』自治体研究社,

2017 年版。

［33］中邨章『自治体主権のシナリオ：ガバナンス・NPM・市民社会』芦書房, 2003年版。

［34］新川達郎『公的ガバナンスの動態研究』ミネルヴァ書房, 2011 年版。

［35］新川達郎監修『NPO と行政の協働の手引き』大阪ボランティア協会, 2003 年版。

［36］日本政策投資銀行地域企画チーム『市民資金が地域を築く：市民の志とファイナンスの融合』ぎょうせい, 2007 年版。

［37］日本ファンドレイジング協会編『寄付白書 2010』日本経団連出版, 2011 年版。

［38］日本ファンドレイジング協会編『寄付白書 2013』日本ファンドレイジング協会, 2013 年。

［39］日本ファンドレイジング協会編『寄付白書 2017』日本ファンドレイジング協会, 2017 年。

［40］野口悠紀雄『1940 年体制：さらば戦時経済』東洋経済新報社, 1995 年版。

［41］橋本徹・古田精司・本間正明『公益法人の活動と税制——日本とアメリカの財団・社団』清文社, 1986 年版。

［42］畑山敏夫・平井一臣『実践の政治学』日本法律文化社, 2011 年版。

［43］初谷勇『NPO 政策の理論と展開』大阪大学出版会, 2001 年版。

［44］林雄二郎・山岡義典『日本の財団』中公新書, 1984 年版。

［45］原田晃樹ほか『NPO 再構築への道：パートナーシップを支える仕組み』勁草書房, 2010 年版。

［46］日高昭夫『基礎的自治体と町内会自治会』春風社, 2018 年版。

［47］広原盛明『日本型コミュニティ政策——東京・横浜・武蔵野の経験』晃洋書房, 2011 年版。

［48］藤井良広『金融 NPO』岩波新書, 2007 年版。

［49］保田隆明『ふるさと納税の理論と実践』事業構想大学院大学出版部, 2019 年版。

［50］本間正明編『フィランソロピーの社会経済学』東洋経済新報社, 1993 年版。

［51］松下啓一『新しい公共と自治体』信山社, 2002 年版。

［52］松下啓一『市民協働の考え方・つくり方』萌書房, 2009 年版。

［53］松下圭一『自治体再構築』公人の友社, 2005 年版。

［54］松野宏ほか編著『現代地域問題研究——対立的位相から協働的位相へ』ミネルヴァ書房, 2009 年版。

［55］三島祥宏『コミュニティ財団のすべて』清文社, 1996 年版。

［56］武藤博巳『分権社会と協働』ぎょうせい, 2005 年版。

［57］森泉章『公益法人の研究』勁草書房, 1977 年版。

［58］山内直人『NPO 入門』日本経済新聞出版社, 2007 版。

［59］山内直人・田中敬文・奥山尚子編『NPO・NGO 事典』NPO 研究情報センター, 2012 年版。

［60］山岡義典・雨宮孝子『NPO 実践講座（新版）』ぎょうせい, 2008 年版。

［61］山口定ほか『新しい公共性——そのフロンティア』有斐閣, 2003 年版。

［62］山脇直司『公共哲学とは何か』筑摩書房,2004 年版。

［63］渡辺光子『NPOと自治体の協働論』日本評論社,2012 年版。

（日文论文）

［1］雨宮孝子「民法 100 年と公益法人制度」『公益法人』第 27 巻第 8 号,1998 年,10—15 頁。

［2］今田高俊「新しい公共性の空間を開く」『学術の動向』第 11 巻第 7 号,2006 年,13—17 頁。

［3］卯月盛夫「市民まちづくり活動資金の支援制度をめぐって」『まちづくり』第 9 号,2006 年,16—17 頁。

［4］江田寛「公益認定制度における『財務三基準』の意義」『公益・一般法人』第 826 号,2012 年,13—19 頁。

［5］岡本勝義「一般社団・財団法人の公益認定基準の検討：公益性判断基準と財務三基準」『非営利法人研究学会誌』第 17 号,2015 年,1—12 頁。

［6］岡本仁宏「NPOと政治：NPO 法における政治規制条項の再検討を通して」『ボランタリズム研究』創刊号,2011 年,25—35 頁。

［7］岡本仁宏「NPOの政治活動の活性化に向けて」『ボランタリズム研究』創刊号,2011 年,3—12 頁。

［8］奥平昇郎「コミュニティ財団考——大阪コミュニティ財団の運営に携わって」『公益法人』第 34 巻第 6 号,2005 年,27—30 頁。

［9］奥田裕之「『新しい公共』における市民ファンドの可能性」『都市社会研究』第 3 号,2011 年,55—70 頁。

［10］金井利之「協働という化粧の下」『ガバナンス』12 月号,2008 年,82—83 頁。

［11］金井利之「市民提案と正統性」『ガバナンス』第 160 号,2014 年,14—16 頁。

［12］『ガバナンス』編集部「提案公募型委託制度と協働事業市民提案制度で市民視点の政策を実現」『ガバナンス』第 127 号,2011 年,34—36 頁。

［13］木原勝彬「自治体再構築と協働：参加から協働、そして自治へ」『地域政策』(2008 年秋季号)公人の友社,2008 年。

［14］小原隆治「書評『ドキュメント・市民が作ったまちの憲法』」『季刊行政管理研究』第 113 号,2006 年,67—68 頁。

［15］斎藤真哉「非営利組織の公益性評価」『非営利法人研究学会誌』第 11 号,2009 年,35—47 頁。

［16］佐野修久「ソーシャルビジネスを支える市民資金」『自治フォーラム』第 613 号,2010 年,20—27 頁。

［17］嶋田暁文「『ふるさと納税』再考－その問題点と制度見直しを踏まえて—》『地方自治ふくおか』第 69 巻,2019 年,95—111 頁。

［18］下澤嶽「日本赤十字社、共同募金にみる日本的募金の展開」『静岡文化芸術大学研究紀要』第 16 巻,2015 年,17—26 頁。

［19］新藤宗幸「『協働』論を越えて」『月刊地方自治職員研修』第 11 号,2003 年,9—10 頁。

[20] 高田昭彦「『政策としてのコミュニティ』とその系譜」『成蹊大学文学部紀要』第51号,2016年,33—51頁。

[21] 出口正之「新しい資金仲介機関の誕生」『NPOジャーナル』第17号,2007年,3—7頁。

[22] 出口正之「長寿社会における民間非営利部門の活用—日本でコミュニティ・ファウンデーションの創設を」(『長寿社会への提案——長寿社会に関する懸賞論文入賞作品集』1987年),16—35頁。

[23] 出口正之「日本における民法施行前の『講』と現代非営利組織(NPO)との特性の共通点」『国立民族学博物館研究報告』第38巻第3号,2014年,299—335頁。

[24] 新川達郎「自治体行政改革における『協働』の展開:アウトソーシングの質的転換」『ガバナンス』6月号,2012年,24—26頁。

[25] 新川達郎「市民提案と公共サービスの再構築」『ガバナンス』第160号,2014年,17—19頁。

[26] 新川達郎「パートナーシップの失敗:ガバナンス論の展開可能性」『年報行政研究』第39巻,2004年,26—47頁。

[27] 朴容寛「新しい社会運動とネットワーキング」『総合政策論叢』第4号,2003年,51—66頁。

[28] 埴淵知哉「NGOと『地域』との関わり—日本の地方圏に所在するNGOによる『地域からの国際協力』—」『地理学評論』第2号,2007年,49—69頁。

[29] 林喜代美「『寄附取締条例』の憲法問題——徳島県条例を中心にして」『法律時報』第55巻第2号,1983年,112—115頁。

[30] 林泰義「コミュニティのためのファンド・バンク・ビジネス」『まちづくり』第9号,2006年,12—15頁。

[31] 深尾昌峰「市民性を支える『市民コミュニティ財団』の定義と役割」『龍谷政策学論集』第3巻第2号,2014年,73—83頁。

[32] 深尾昌峰「京都地域創造基金の戦略と展望」『公益法人』第39号,2010年,4—8頁。

[33] 藤田研二郎「生物多様性条約に向けた政策提言型NGOネットワーク組織の連携戦略と帰結」『年報社会学論集』29号,2016年,21—32頁。

[34] 蒔田清重「募集取締の回顧と展望」『警察時報』第4巻第4号,1949年,17—22頁。

[35] 蒔田清重「寄附金募集取締の回顧と展望(二)」『警察時報』第4巻第5号,1949年,39—41頁。

[36] 蒔田清重「寄附金募集取締の回顧と展望(三)」『警察時報』第4巻第6号,1949年,27—29頁。

[37] 牧田実・山崎仁朗「コミュニティ施策の展開」『コミュニティ政策』第5巻,2007年,31—39頁。

[38] 三浦哲司「自治省コミュニティ研究会の活動とその成果」『同志社政策科学研究』第10巻第1号,2008年,151—166頁。

[39] 三浦哲司「日本のコミュニティ政策の萌芽」『同志社政策科学研究』第9巻第2号,2007年,145—160頁。

［40］宮崎文彦「『新しい公共』における行政の役割」『公共研究』第 5 巻第 4 号，2009 年，186—244 頁。

［41］山田和秀「コミュニティ財団の発展でフィランソロピーの活性化を」『公益法人』第 26 巻第 1 号，1997 年，21—25 頁。

［42］米山秀隆「市民の資金拠出による社会変革活動」『研究レポート』第 311 号，2008 年，1—19 頁。

（其他日文文献）

［1］一般財団法人・全国コミュニティ財団協会「全国コミュニティ財団協会とは」，URL：https：//www.cf-japan.org/，2017 年 5 月 4 日最終アクセス。

［2］外務省「開発協力，ODAって何だろう」URL：https：//www.mofa.go.jp/mofaj/gaiko/oda/about/oda/oda.html，2017 年 4 月 3 日最終アクセス。

［3］外務省「NGO 事業補助金について」，URL：http：//www.mofa.go.jp/mofaj/gaiko/oda/shimin/oda_ngo/shien/hojyokin_g.html，2017 年 4 月 3 日最終アクセス。

［4］外務省・国際開発センター「我が国における国際協力 NGO 等によるファンド・レイジング方法に係る調査」(2006 年 3 月)。

［5］外務省国際協力局民間援助連携室「日本 NGO 連携無償資金協力実績一覧」，URL：http：//www.mofa.go.jp/mofaj/gaiko/oda/shimin/oda_ngo/shien/jngo_j.html，2017 年 4 月 1 日最終アクセス。

［6］外務省国際協力局民間援助連携室『国際協力とNGO：外務省と日本のNGOのパートナーシップ』(2016 年 4 月発行)。

［7］外務省・国際協力 NGOセンター『国際協力 NGOのネットワーキングについての調査研究～より効果的な国際協力の実現に向けて～』(2002 年 3 月発行)。

［8］外務省・国際協力 NGOセンター「NGOデータブック2011」(2011 年 3 月)。

［9］外務省・国際協力 NGOセンター『NGOデータブック2016』(2016 年 3 月発行)。

［10］上士幌町役所ホームページ，URL：https：//www.furupay.jp/usage.html，2021 年 1 月 6 日最終サクセス。

［11］菅直人「第 177 回国会における菅内閣総理大臣施政方針演説」(2011 年 1 月 24 日)，URL：http：//www.kantei.go.jp/jp/kan/statement/201101/24siseihousin.html，2022 年 1 月 6 日最終アクセス。

［12］経済産業省「ソーシャルビジネス研究会報告書」(2008 年)。

［13］公益社団法人経済同友会「こうして日本を変える—日本経済の仕組みを変える具体策—」(1997 年 3 月 27 日)，URL：https：//www.doyukai.or.jp/policyproposals/articles/1996/970327.html，2022 年 1 月 6 日最終アクセス。

［14］「国際協力大綱」(2015 年 2 月 10 日閣議決定)，URL：http：//www.mofa.go.jp/mofaj/gaiko/oda/files/000072774.pdf，2017 年 4 月 1 日最終アクセス。

［15］国際協力 NGOセンターウェブサイト，URL：http：//www.janic.org/，2017 年 4 月 1 日最終アクセス。

［16］国際協力 NGOセンター「NGOダイレクトリー」，http：//directory.janic.org/directory/，2017 年 4 月 1 日最終アクセス。

［17］ 国税庁ホームページ，URL：https://www.nta.go.jp/taxes/shiraberu/taxanswer/shotoku/1150.htm，2021 年 12 月 6 日最終アクセス。

［18］ 国民生活審議会調査部会コミュニティ問題小委員会「コミュニティ：生活の場における人間性の回復」(1969 年 9 月 29 日)。

［19］ 佐藤徹「全国自治体における協働事業提案制度及び先行事例の収集調査と統計分析」(2012 年)。

［20］ 市民ファンド推進連絡会「市民ファンド推進連絡会設立記念フォーラムのご案内」(2011 年)，URL：http://www.jnpoc.ne.jp/?p=1319，2017 年 4 月 1 日最終アクセス。

［21］ 条例 Web アーカイブデータベース URL：https://jorei.slis.doshisha.ac.jp/，2021 年 10 月 8 日最終アクセス。

［22］ 総務省「三位一体の改革」，URL：https://www.soumu.go.jp/main_sosiki/jichi_zeisei/czaisei/czaisei_seido/zeigenijou.html，2021 年 12 月 6 日最終アクセス。

［23］ 総務省「平成 20 年度公益法人に関する年次報告」(2008 年)。

［24］ 東京都目黒区役所ホームページ，URL：http://www.city.meguro.tokyo.jp/kurashi/sumai/chiikicommunity/kaigi.html，2021 年 1 月 6 日最終アクセス。

［25］ 徳島県議会ホームページ，URL：https://www.pref.tokushima.lg.jp/gikai/iinkai/situgi/h21/index5.html/，2021 年 10 月 8 日最終アクセス。

［26］ 豊中市「市民公益活動団体情報」，URL：http://www.city.toyonaka.osaka.jp/machi/npo/salon/npo_dantai.html，2016 年 4 月 1 日最終アクセス。

［27］ 豊中市「平成 24 年度豊中市市民公益活動推進施策実施状況報告書」(2013 年)。

［28］ 豊中市「NPO と行政の協働：豊中の実践」(2014 年)。

［29］ 内閣府「新しい公共支援事業の実施に関するガイドライン」(2011 年)，URL：http://www5.cao.go.jp/npc/unei/jigyou.html，2017 年 4 月 1 日最終アクセス。

［30］ 内閣府「改正特定非営利活動促進法について」(2012 年 12 月 1 日)，URL：https://www.npo-homepage.go.jp/pdf/20111011-hou.pdf，2013 年 7 月 28 日最終アクセス。

［31］ 内閣府「公益法人制度改革の進捗と成果について」(2014 年 12 月 31 日) URL：https://www.koeki-info.go.jp/，2016 年 8 月 1 日最終アクセス。

［32］ 内閣府「新公益法人制度における全国申請状況(速報版)」(2016 年)。

［33］ 内閣府「新認定制度における申請状況等」(2013 年 3 月 1 日)，URL：https://www.npo-homepage.go.jp/about/npodata/kihon_4.html，2013 年 7 月 28 日最終アクセス。

［34］ 内閣府「特定非営利活動法人の認定数の推移」(2013 年 4 月 1 日)，URL：https://www.npo-homepage.go.jp/about/npodata/kihon_1.html，2013 年 7 月 28 日最終アクセス。

［35］ 内閣府「内閣府公益認定等委員会だより」第 5 号，2012 年。

［36］ 内閣府「認証申請受理数・認証数(所轄庁別)」(2013 年 5 月 21 日)，URL：https://www.npo-homepage.go.jp/portalsite/syokatsutyobetsu_ninshou.html，2013 年 7 月 28 日最終アクセス。

［37］ 内閣府「平成 26 年公益法人に関する概況」(2015 年 12 月 31 日)，URL：https://

www.koeki-info.go.jp／，2016 年 8 月 1 日最終アクセス。

［38］内閣府「平成 26 年度公益法人に関する概況」(2015 年)。

［39］内務省「内務省訓令十七号・部落会町内会等整備要綱」『官報』第 4106 号，1940 年 9 月 11 日。

［40］内務省「内務省訓令第四号」『官報』第 6005 号，1947 年 1 月 22 日。

［41］西川一誠「『故郷寄付金控除』導入を」『日本経済新聞』2006 年 10 月 20 日 29 面付き。

［42］日本キリスト教海外医療協力会ウェブサイト，URL：http：//www.janic.org／，2017 年 4 月 1 日最終アクセス。

［43］日本キリスト者医科連盟ウェブサイト，URL：http：//homepage3.nifty.com/jcma／，2017 年 4 月 1 日最終アクセス。

［44］日本赤十字社「国内災害救護とは」，URL：http：//www.jrc.or.jp/activity/saigai/about／，2020 年 2 月 21 日最終アクセス。

［45］日本赤十字社「赤十字について」，URL：http：//www.jrc.or.jp/about／，2020 年 2 月 21 日最終アクセス。

［46］日本赤十字社「日本赤十字社新型インフルエンザ等対策業務計画」，URL：http：//www.jrc.or.jp/activity/saigai/about／，2020 年 2 月 21 日最終アクセス。

［47］鳩山由紀夫「第 173 回国会における鳩山内閣総理大臣所信表明演説」(2009 年 10 月 26 日)，URL：http：//www. kantei. go. jp/jp/hatoyama/statement/200910/26syosin.html，2022 年 1 月 6 日最終アクセス。

［48］深尾昌峰「市民コミュニティ財団が支える共助の社会～官民の役割分担とそれを支える仕組み～」(2013 年)，URL：https://www.npo-homepage.go.jp/index.html，2017 年 4 月 1 日最終アクセス。

［49］横道清孝「日本における最近のコミュニティ政策」財団法人自治体国際化協会・政策研究大学院大学・比較地方自治研究センター，2009 年。

［50］林明仁「2008 年 G8サミットを巡るNGOネットワーク」(2009 年 3 月)。

［51］「若者をつなぎ 心を支える」『朝日新聞(夕刊)』，2010 年 12 月 20 日 4 面付き。

［52］e-GOV 法令検索，URL：https://elaws.e-gov.go.jp／，2021 年 10 月 8 日最終アクセス。

三、英文文献

［1］Akiko, Iizuka. "The nature and characteristics of Japanese NGOs in international

［2］disaster response. " *Disaster Prevention and Management*，27(3)，2018，pp. 306—320.

［3］Cordery，C. J. "Regulating Small and Medium Charities：Does It Improve Transparency and Accountability?" *VOLUNTAS*：*International Journal of Voluntary and Nonprofit Organizations*，24(3)，2013，pp. 831—851.

［4］David Harvey.，*A Brief History of Neoliberalism*，Oxford：Oxford University Press，2005.

［5］Hiroshi，and Cecile Pilot. "Why Are Nonprofit Organizations Financially Strained in

Japan? An Analysis of Japanese NPO Management and Marketing Strategies." *International Review of Management and Marketing*, 5(1), 2015, pp. 1—8.

［6］Itaru, Yanagi, et al. "Distinguishing Providing Public Services from Receiving Government Funding as Factors in Nonprofit Advocacy." *Voluntas*, 32(3), 2021, pp. 534—547.

［7］Kamila Szczepanska. "NGO Capacity Building in the Wake of Japan's Triple Disaster of 2011: The Case of the TOMODACHI NGO Leadership Programme (TNLP)," Asian Studies Review, 44(3), 2020, pp. 401—421.

［8］Okada, Aya, Yu Ishida, Takako Nakajima, and Yasuhiko Kotagiri. "The State of Nonprofit Sector Research in Japan: A Literature Review * ." *Voluntaristics Review*, 2(3), 2017, pp. 1—68.

［9］Powell, Walter W., and Patricia Bromley, eds. *The Nonprofit Sector: A Research Handbook*, Third edition, Stanford, California: Stanford University Press, 2020.

［10］Robert Pekkanen., *Japan's Dual Civil Society: Members Without Advocates*. Stanford: Stanford University Press, 2006.

［11］Rosario Laratta, Sachiko Nakagawa, Masanari Sakurai, "Japanese social enterprises: major contemporary issues and key challenges." *Social Enterprise Journal*, 7(1), 2011, pp. 50—68.

后 记

　　我出生于20世纪80年代。在我印象中,孩提时代的家乡(福建龙岩)还处于物质匮乏的阶段。迫于生计,仅比我年长几岁的姐姐和哥哥初中毕业后就去了厦门打工谋生。于是,从小学三年级开始,一到暑假,姐姐和哥哥便托人将我带去厦门过暑假。在厦门呆过的几个暑假里,我在目睹姐姐和哥哥谋生之艰辛的同时,也被厦门极为繁华的都市生活景象所吸引,尤其是在街头看到不少年轻人用一口流利的英语和外国人交流的场景,更促使我萌发了学习外语的念头。

　　高三毕业那一年,我下定决心报考外语专业,在几个报考志愿栏目中填写了包括英语在内的好几个外语专业,结果机缘巧合地被西南大学(原西南师范大学)外语学院日语专业录取。事实上,在进入大学之前,我几乎未接触过日语,更未看过日本的动漫和漫画。倒也不是不喜欢,而是在那个物质匮乏的年代,我是无法接触到这些东西的。

　　进入西南大学后,由于是从零开始学习日语,在整整四年的大学生涯中,除了背单词和背课文,现在已想不起大学生活还有哪些可以驻留在记忆里的事情了。不过,也正是在极为枯燥的日语学习过程中,我对日本这个极为奇妙的国家产生了兴趣,尤其是我非常好奇作为二战战败国的日本究竟是如何得以迅速崛起的。后来,我零零散散地阅读一些有关日本战后历史的书籍,隐约感觉到"廉洁高效的政府体系"也许是战后日本得以崛起和壮大的重要原因。当然,事实上,这些好奇或疑问,当时并未能促使我萌发继续深造学业的想法。

到了大四下学期,我侥幸应聘上一所大专院校的日语教师岗位,准备从此踏入社会谋生。然而,一次偶然的机会,我认识了时任西南政法大学政治与公共管理学院副教授范履冰老师(现任中华人民共和国司法部监狱管理局局长)。在范履冰老师的鼓励下,我决定报考西南政法大学行政管理硕士专业。虽然那时离硕士研究生招生考试仅剩3个月时间了。意料之外的是,我最后竟然考上了硕士研究生并获得了国家奖学金。后来细想,也许是凭借了日语的优势。因为在硕士外语考试中我选择了日语考试。

进入西南政法大学后,我本想选择日本政府改革作为研究议题,但后来发现范履冰老师指导硕士生的研究方向为"非政府组织管理"。于是,顺理成章地,我便开启了日本非政府组织方面的研究并决定以此作为硕士毕业论文的选题。至今我仍清晰地记得,教育法专业出身的范履冰老师对我选择日本非政府组织作为研究对象给予了莫大的鼓励和支持。一方面,他委托当时专攻日本政治研究的淳于淼泠教授帮忙指导我,另一方面,他积极地向学校国际交流处推荐我前去日本九州大学交换留学。在范履冰老师的全力支持下,我于2008年10月至2009年3月前往日本九州大学交换留学,师从日本行政学者嶋田晓文教授,主攻日本地方自治和NPO研究。也正是得益于这次交换留学,我顺利开展了在日本的田野调查并最终完成以"日本护理NPO"为主题的硕士毕业论文。

日本九州大学的留学经历,极大地加深了我对日本文化的理解,为我继续深造学业奠定了一定的基础。结束九州大学的留学返回西南政法大学后,我决定申报国家留学基金管理委员会"2010年度日本政府(文部科学省)博士生奖学金项目"。2009年5月,我如愿以偿地被录取为"日本政府(文部科学省)博士生奖学金项目留学候选人"。2010年10月,我被国家留学基金委如期派出日本攻读博士。在选择博士生导师的过程中,我先后给在日本 NPO 研究领域享有盛誉的多名日本学者写了表达博士报考意向的邮件。结果,仅有同志社大学今里滋教授给予了回复并允诺招收我。

也许又是一次机缘巧合,经网络检索后,我发现今里滋教授原为九州大学唯一的行政学教授,后因参选福冈县知事而辞去九州大学教职。知事竞选失败后,他才转任到同志社大学。说起今里滋教授,有两件小事给我留下了深刻印象。一是他在我发送报考意向邮件的 2 个小时后就予以回复;二是我前去同志社大学入学报到的那一天,他邀请我去他办公室(研究室)见面,当他看到我进门后迅速从办公椅上站起来并小跑过来和我握手,热情地说"欢迎你,俞桑!很高兴今后能和你一起开展关于 NPO 方面的研究。"

现在回想起来,博士求学的那几年,与枯燥无味的大学四年、吃力艰辛的硕士三年相比,真是"有过之而无不及"。不过,幸运的是,博士生奖学金项目为我们提供了具有一定弹性的留学期限,即我们在正式进入为期 3 年的博士学位攻读期之前,可以选择半年至 1 年半的博士入学过渡期。考虑到自身专业基础不好,我毫不犹豫地选择了为期 1 年半的"特别学生"课程,即先跟从导师学习专业知识,待具备足够的专业基础后参加博士生入学考试。也就是说,我在同志社大学攻读博士学位前后花了 4 年半时间。不得不提的是,在博士求学期间,有几件事情给我带来了特别大的影响。

第一件事,当时讲授博士课程的教授们来自日本各地,日语的口音也是不尽相同,有京都口音、大阪口音、福冈口音,还有北海道口音……对于仅在国内学习过"标准日本语"的我而言,听课过程简直就像在"坐飞机",经常听得云里雾里,内心极为挫败和沮丧,很长一段时间内为自己可能无法如期完成博士学业而感到惶恐不安。这种挫败感和沮丧感,整整持续了 2 年多才得以缓解。现在想起来,在处于彷徨困惑中整整 2 年后的某一天,我的日语听力突然"茅塞顿开""豁然开朗",那种感觉真是让人欣喜若狂,有一种"宛如重生之感"。这个经历,让我深刻地体会到"只要坚持,必有收获"的真谛。

第二件事情，导师今里滋教授从不批评我，但也几乎不表扬我。每月一次的研究指导会上，他听完我的研究进展汇报后，总是重复一样的话："研究辛苦了，请继续努力"。当时我甚为不解，但也不敢多问，更不敢抱怨导师。不过，每次研究指导会结束后，今里滋教授都会叫上所有的博士生一起聚餐，而且必定喝酒。在一次喝酒过程中，今里滋教授知道我携妻留学的情况后，突然向我提了一个要求，即让我在博士求学期间生个孩子。博士三年级期间，妻子生下儿子洛德。今里滋教授知道后很是开心，破例组织同门聚会祝贺，还给孩子包了个大红包。在递给我们红包的时候，今里滋教授开玩笑地说了一句"鼓励你们再生个二胎"。正是今里滋教授这一句话，2年后我和妻子迎来了第二个孩子——女儿洛安。后来，一位同门师兄和我聊天时说，今里滋教授有个很主观的看法，即他认为只有那些身为人父或人母的研究者，才可能做出具有人间情怀的研究成果。听完这句话，我才明白导师的一番苦心。

第三件事，2015年3月，我如期获得博士学位并参加了留校任教的应聘面试。事后，第一时间告知我应聘结果的并不是学校相关部门，而是导师今里滋教授。那天，他打通了我的电话，向我表示了祝贺，并说了一句让我当时瞬间泪流满面的话："从今天起，我们从师生关系转变为同事关系了。"正是这句话，是我跟从今里滋教授四年半后听到的第一句表扬话语。2016年8月，囿于诸多原因，我决定回国求职。今里滋教授获悉后，单独邀请我出去喝酒。借着酒劲，平日几乎不和我闲聊的今里滋教授语重心长地告诫了我几句，大致的意思是希望我回国后尽快忘却海归博士的身份，要谦虚地向本土学者学习。我回国后，一直将这句话铭记在心，也一直在努力践行之。

第四件事，我跟从今里滋教授攻读博士学位期间，逐渐发现他好像不那么热衷理论研究。对此，我在很长一段时间内感到非常困惑。要知道，今里滋教授在日本行政学界享有很高声誉，长期担任包括日本行政学会在内的多个重量级学会的理事，同时也是日本NPO学会的创始人之一。直到有一天，我在他的一次授课中听到"学者的使命不仅仅在于理论研究,更在于社会变革实践"的发言后,才明白他的学术取向发生转变的原因。在同志社大学执教期间,今里滋教授主导创设了全日本首个"社会创新专业"的硕士博士生点,并联合其他志同道合的学者发起设立"日本社会创新学会"。十几年来,今里滋教授通过社会创新专业招收了一大批有志于社会变革和社会创新的硕博士生。在这些毕业生当中,很多人成为了日本知名的社会创新家。

在同志社大学求学期间,除了今里滋教授之外,我还得到两位副导师——今川晃教授和新川达郎教授的诸多指点。今川晃教授是日本地方自治研究的权威学者,以贯彻"现场主义"而闻名。他曾多次带领我前往市町村等进行田野调查。正是通过这些田野调查,打开了我回国后所拓展的"基层治理"研究领域。新川达郎教授是日本公共治理研究的代表性学者,更是日本 NPO 研究的权威学者。他曾对我的博士论文提出极为严厉的批评,并给予了诸多建设性的修改意见。正是在这两位副导师的鼓励下,我的博士论文最后才得以在日本出版。2018 年,我斗胆将拙著《现代中国の NPO セクターの展開》(日本山口书店,2017 年)提交至日本 NPO 学会进行评奖审查,最后侥幸荣获"第 16 届日本 NPO 学会优秀奖"。

2016 年 8 月,我从同志社大学大学院综合政策科学研究科转任至上海外国语大学国际关系与公共事务学院,同时兼任公共管理系执行主任。令我颇感意外的是,尽管我所在的公共管理学科在上海外国语大学属于"非主流学科",但学校和学院仍为我提供了友好而宽松的教学科研环境,从而让我得以将在日本所学的知识转化为教学和科研成果。借此机会,我谨向上海外国语大学党委书记姜锋老师、人事处处长梁薇老师、人事处副处长兼党委教师工作部部长皮凡倩老师、人事处副处长赵秋艳老师以及我所在学院的领导及同事汪段泳副研究员、王联合研究员、武心波研究员、陈金英研究员、郝诗楠副教授等给予的支持和帮助表示感谢。

转任上海外国语大学后,我之所以能够将研究领域从"社会组织研究"拓展至"基层治理研究",主要得益于复旦大学国际关系与公共事务学院刘建军教授的指导和帮助。刘建军教授时刻秉持"求贤若渴"的治学精神,得知我对日本基层治理略有了解后,热忱邀请我加入其领导的研究团队。加入刘建军教授团队后,我有幸与李锦峰副研究员(上海社科院)、汪仲启副教授(上海市委党校)、李威利副教授(复旦大学)以及葛天仁副教授(同济大学)相识并成为"肝胆相照、荣辱与共"的研究伙伴。此外,在开展与本书议题相关的研究过程中,也有幸得到罗峰教授(上海市委党校)、唐有财教授(华东理工大学)、韩福国教授(复旦大学)、何海兵教授(上海市委党校)、彭勃教授(上海交通大学)、叶敏副教授(华东理工大学)、徐选国副教授(华东理工大学)、冯猛副教授(上海师范大学)、马旭东博士(上海市委办公厅)、徐晓菁科长(上海市嘉定区社建办)等师友的指点和帮助。在此一并感谢。

近年来,我尽管将主要精力放在了基层治理研究,但正如本书所提出的基本观点,我国基层治理的现代化离不开社会组织(NPO)的在场及其功能发挥。在这个意义上,可以说,我迄今为止的研究从未绕开社会组织(NPO)领域。事实上,在我十几年的研究生涯中,通过社会组织(NPO)和公益慈善研究,在国内有幸结识了一大批优秀的青年学者,包括李健教授(中央民族大学)、徐宇珊研究员(深圳社科院)、马剑银副教授(北京师范大学)、吴磊教授(上海工程技术大学)、赵文聘研究员(上海市委党校)、罗文恩副教授(深圳大学)、杨志伟副教授(北京师范大学珠海校区)、赖伟军助理研究员(深圳社科院)。正是得益于与这些青年才俊的交流和切磋,我在学术上才得以逐步成长。可以说,他们一直是我学习的榜样。当然,包括我在内的青年学者的成长,也绝离不开前辈学者的指导和帮助。借此机会,我谨向王名教授(清华大学)、邓国胜教授(清华大学)、徐家良教授(上海交通大学)、金锦萍副教授(北京大学)、袁瑞军副教授(北京大学)、胡澎研究员(中国社会科学院)、白智立副教授(北京大学)、邹东升教授(西南政法大学)、谭建川教授(西南大学)等师长表示谢意。

需要补充说明的是,本书的大部分内容已作为学术论文进行了公开发表。为了呈现本人在日本 NPO 领域的研究轨迹,本书各章尽可能地保留论文发表时的原始内容。当然,如本书相关章节所指出的,日本 NPO 参与社会治理的政策演变及其实践历程长达 150 多年。在这漫长的历史时期,日本非营利法人呈现多元化发展之趋势,目前不仅囊括了基于特殊目的而设立的学校法人、社会福祉法人、更生保护法人以及医疗法人等广义类公益法人,而且还涵盖了作为一般性制度的公益法人、NPO 法人以及其他法人。囿于笔者自身的研究能力,本书无法就每一种类型的日本 NPO 的制度安排进行全面研究,仅能选取与我国社会组织(NPO)政策紧密度较高的 NPO 法人政策、公益法人认定制度以及公益募捐政策进行研究。与此相关联的,本书也无法就所有类型的日本 NPO 参与社会治理的具体实践进行网罗式的研究,也仅能结合我国社会治理发展的现实需要,选取城市治理、基层治理、社区治理、公共危机治理、全球治理以及乡村振兴这几个领域进行研究。今后,笔者将以本书的研究成果为基础,持续关注日本 NPO 参与社会治理的最新进展,与日本学界积极地展开合作,就日本其他类型的 NPO 参与社会治理的制度安排及其具体实践进行追踪研究,以期为我国学界和实务界提供更多的参考和借鉴。

本书第二章至第十二章的发表情况,具体如下:

第二章:发表于《太平洋学报》2011 年第 12 期,原文标题为《战后日本公共性的结构转型研究》;

第三章:发表于《北大政治学评论》2018 年第 4 期和《中国机构改革与管理》2016 年第 7 期,原文标题分别为《日本非营利法人制度改革及启示》(与出口正之合作)、《日本非营利组织:法制建设与改革动向》;

第四章:发表于《国家行政学院学报》2013 年第 6 期,原文标题为《日本 NPO 法人制度的最新改革及启示》;

第五章:发表于《清华大学学报(哲学社会科学版)》2017 年第 6 期,原文标题为《日本公益法人认定制度及启示》；

第六章：发表于《广西师范大学学报（哲学社会科学版）》2022 年第 2 期，原文标题为《日本募捐政策：演变历程与规制逻辑》；

第七章：发表于《中国第三部门研究》2012 年第 2 期（第四卷），原文标题为《日本 NPO 与政府的合作伙伴关系：一个初步研究》（与邹东升合作）；

第八章：发表于《行政论坛》2016 年第 4 期，原文标题为《市民提案：日本合作治理的新动向》（与李健合作）；

第九章：发表于《社会主义研究》2017 年第 3 期、《中国机构改革与管理》2017 年第 5 期以及《中国非营利评论》2012 年第 2 期（第十卷），原文标题分别为《日本社区基金会的发展及其启示》、《日本社区基金会：兴起背景与运作模式》、《日本第三部门的"资源格差"困境及其对策创新：以"京都地域创造基金"为例》；

第十章：发表于《社会科学》2019 年第 1 期和《社会治理》2021 年第 2 期，原文标题分别为《战后日本社区政策的逻辑起点：基于政策文本的分析》、《日本社区治理的制度框架与实践动向》。

第十一章：发表于《社会科学》2017 年第 6 期和《中共福建省委党校学报》2018 年第 11 期，原文标题分别为《日本非政府组织参与全球治理研究》、《日本非政府组织同行网络：功能、历程与驱动力》（与秦胜祥合作）；

第十二章：发表于《日本学刊》2020 年第 2 期，原文标题为《日本红十字会参与疫情危机应对的机制及启示》（与王金钰合作）。

第十三章：发表于《乡村振兴研究》（第二辑），原文标题为《日本故乡纳税制度及启示》（与杨琼合作）。

此外，一并感谢我指导的几位研究生，包括彭扬、欧阳慧英、沈雨薇、杨琼、刘震、秦胜祥等几位同学，他们为本书的资料整理和文字校对做出了许多贡献。

最后，感恩我的家人。英年早逝的父亲，成为我学生时代不断求学的原

始动力;宽厚仁慈的母亲,一直是鞭策我时刻充满活力且勤勉做事的精神力
量;十几年如一日无微不至地照料家庭的妻子,让我得以专心从事教学科研
工作;活泼可爱的儿子洛德和女儿洛安,成为我直面困难并勇往直前的不竭
动力。

2022 年 1 月 19 日于上海外国语大学虹口校区